JN233459

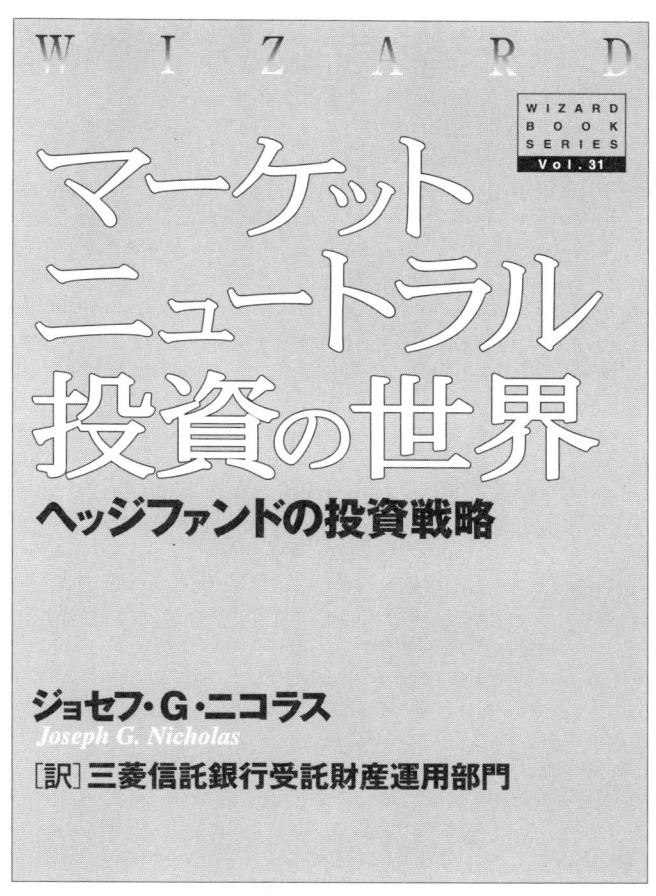

日本語版への序文

　1990年から1999年のデータを分析した結果、マーケットニュートラル投資戦略は、優れたリスク調整後リターンを達成するという結論に達した。それは、2000年と2001年の下落相場や不況下においても証明された。株式市場が高ボラティリティとともに、かつてない下落を記録したにもかかわらず、この投資戦略は一貫して良好なリターンを記録してきたのである。例えば、HFRIファンド加重平均インデックスで見た場合、2000年1月以降のヘッジファンド戦略のパフォーマンスは、S&P500を3000ベーシス・ポイント以上アウトパフォームしてきた。本書で扱ったそれぞれのマーケットニュートラル戦略を見ても、この2年間で、転換社債アービトラージは28％、株式マーケットニュートラルは20％、債券アービトラージは9％、買収合併アービトラージは19％、レラティブバリュー・アービトラージは22％と、すべての戦略が良好なパフォーマンスを記録した。その結果、こうした戦略を組み入れたポートフォリオは、そうでないものに比べ素晴らしいリターンを残すことになったのである。

　日本の投資家の方々も、本書によって、伝統的資産運用にマーケットニュートラルを組み入れることがパフォーマンスの向上につながるという事実を知ることになるだろう。この投資戦略は、リターンの一貫性や資産価値の維持性、低ボラティリティ、下落相場でも良好なリターンを達成する能力といった特徴を持っている。この特徴が相互に作用し、リターンの相乗効果を生むことで、資産はさらに増加することになる。

　慎重に投資を行うためには、投資のメリットだけでなく、避けることのできない潜在的なリスクについても理解しなければならない。この投資戦略が優れたリターンを上げることは、すでに世に認められて

いる。そのため、マーケットニュートラル投資を慎重に行うのであれば、投資家は、運用マネジャー以外の者が投資資産の管理とモニタリングを行うように要請しなければならない。こうすることで、運用マネジャーの才能を利用しつつ、第三者のカストディアンに投資資産の管理を委ねることができるようになり、真の透明性や日次レベルでのリスク管理を行うことが可能となるのである。

　私は、この日本語版が、さまざまなマーケットニュートラル戦略の性質、つまり収益の源泉はどこにあるのか、なぜ収益が期待できるのかなどについて、読者の理解の助けになればと願っている。それぞれの投資戦略の理解を深めることで、投資家はリスクを減らすこと、ポートフォリオ全体を管理することに集中できるようになるであろう。マーケットニュートラル投資戦略を理解し、適切な管理手段をとることで、日本の投資家の方々もこの投資戦略を投資アプローチに組み入れ、その恩恵を受けることができるであろう。

　2001年12月

ジョセフ・G・ニコラス

翻訳によせて

　オルタナティブ投資商品は、日本の企業年金運用の世界においても、ここ数年、ポートフォリオのなかに組み入れを検討する年金基金などが増加してきた。当社でも顧客から、その際のアセット・アロケーションの考え方や商品選定についての相談を受ける機会が増えている。

　米国の企業年金運用におけるオルタナティブ投資は、プライベート・エクイティ投資と不動産投資が中心となっているが、ヘッジファンドは必ずしも広く一般に採用されている状況ではない。しかし、日本においては、財政運営上の理由や年金制度そのものが移行期にあるとの事情から、年金資金本来の長期投資という側面よりも、より流動性を重視した投資商品選択が行われている。つまり、ヘッジファンドのほうが、プライベート・エクイティ投資や不動産投資よりも好まれる傾向にある。

　ところで、オルタナティブ投資商品は、名前のとおり必ずしも運用の主役になることはない。その一番の目的は、株式や債券といった伝統的資産と低相関である性質を利用することにある。従来型のポートフォリオに一部組み入れることによってポートフォリオのリスク・リターン特性を改善できるという効果が期待できるのである。また、このような平均分散法（M-V法）を行う場合にも、ヒストリカル・データの信憑性には十分留意する必要があるものの、ヘッジファンドはほかのオルタナティブ商品に比べると基礎データが比較的そろっており、投資しやすいという利点も備わっている。

　当社では、2001年からマルチ・ストラテジー型のヘッジファンドの商品提供を行っているが、このファンドは、異なった運用戦略のファンドを組み合わせたファンド・オブ・ファンズとなっている。そして、各ストラテジーのパフォーマンス分析にヘッジファンド・リサーチ社

のインデックスを利用している。そのようなご縁もあって、このたび同社の社長であるジョセフ・ニコラス氏が執筆した『Market-Neutral Investing』の翻訳をすることになったものである。

　本書は、米国を代表するヘッジファンドのデータベース会社社長が書かれたものだけあって、マーケットニュートラル戦略の勘所をバランスよく、かつ分かりやすく解説している。今後、ヘッジファンド投資を検討されている投資家のみなさまにぜひともお読みいただきたい書である。

　2001年12月
　　　　　　　三菱信託銀行執行役員（投資企画部長）　岡田康

ジョージ、フランキー、ジョニー、ジュリア、
アレクサンドラ、エリック、イザベラ、そして、ニコラスに

CONTENTS

日本語版への序文————————1
翻訳によせて————————3
謝辞————11
序言————13
イントロダクション————————17

第1章　資産間の相関に着目した投資　———————— 21
マーケットニュートラルとは……………………22
基本コンセプト……………27
相関関係に着目した投資………………………29
マーケットニュートラルにおけるアプローチ……………………31

第2章　ヘッジファンド業界の発展　———————— 37
ヘッジファンド業界の運用資産…………………38
ヘッジファンドの投資家……………………41
ヘッジファンドの戦略……………………43

第3章　マーケットニュートラル戦略による投資の実践　———————— 47
リターンの線形分析………………48
リスク・エクスポージャの低減………………56
マーケットニュートラル戦略とヘッジ戦略………………62
　　転換社債アービトラージ………………62
　　債券アービトラージ………………63
　　モーゲージバック・セキュリティーズ・アービトラージ………………65
　　買収合併アービトラージ………………67
　　株式ヘッジ………………69
　　株式マーケットニュートラルとスタティスティカル・アービトラージ………………71
　　レラティブバリュー・アービトラージ………………73
優れたリスク調整後リターンの達成………………75
リスクの評価………………75
透明性………………77
基本戦略………………79

第4章　転換社債アービトラージ　———————— 81
転換社債の評価………………82

スタティスティカル・アドバンテージ……………82
　　　転換社債の価格決定要因……………83
転換社債アービトラージのアプローチ……………90
　　　定量分析に基づくスクリーニング……………90
　　　ヘッジの種類……………91
　　　マーケットニュートラル・ヘッジの設定……………91
　　　ブリッシュ・ヘッジの設定……………96
　　　ベアリッシュ・ヘッジの設定……………97
リスクとリスク管理……………97
　　　ファンダメンタルズ分析……………97
　　　ヘッジ分析……………99
　　　ポートフォリオの構築……………101
　　　流動性……………102
　　　レバレッジ……………103
収益の源泉……………104
転換社債市場の歴史……………104
最近の成長と発展……………106
逆境でのパフォーマンス……………107
過去の実例……………109

第5章　債券アービトラージ —— 115

債券アービトラージのアプローチ……………117
　　　ベーシス取引……………117
　　　アセット・スワップ……………119
　　　TEDスプレッド……………120
　　　イールド・カーブ・アービトラージ……………123
　　　レラティブバリュー取引……………126
リスクとリスク管理……………127
　　　リスク……………127
　　　金利リスクの計測と管理……………131
収益の源泉……………133
　　　資金調達……………134
　　　レポ取引……………134
　　　テクノロジー……………135
　　　流動性……………135
　　　イベント……………136

マネジャーのスキルと努力……………136
最近の成長と発展………………………136

第6章　モーゲージバック・セキュリティーズ・アービトラージ───145

モーゲージバック・セキュリティーズ(MBS)の構造と種類……………147
　　　モーゲージバック・セキュリティーズの発達………………147
　　　パススルー証券……………150
　　　CMO………151
　　　CMOのトランシェ………………154
評価方法………………159
　　　オプション調整後スプレッド（OAS）……………159
　　　情報システム………………160
リスクとリスク管理………………160
　　　デュレーション………………161
　　　エフェクティブ・デュレーションとパーシャル・デュレーション………………162
　　　イールド・カーブの平行移動と形状変化………………163
　　　コンベクシティ………………163
　　　プリペイメント・デュレーション………………163
　　　レバレッジ………………164
　　　時価評価………………164
収益の源泉………………164
　　　評価モデル………………165
　　　レバレッジ………………165
　　　流動性………166
　　　資金調達………………167
　　　ヘッジ・テクニック………………167
最近の成長と発展………………………167

第7章　買収合併アービトラージ───173

買収合併アービトラージのアプローチ………………176
　　　現金による買収または株式公開買い付け………………176
　　　株式交換による買収合併………………177
　　　株式交換による条件付き買収合併………………180
　　　複数企業競合下の企業買収………………186
　　　レバレッジド・バイアウトと敵対的買収………………192

リスク……………………197
　イベント・リスク……………197
　ディール・フロー……………199
　流動性…………199
リスク管理………………200
　分散投資…………200
　レバレッジ……………200
収益の源泉………………201
最近の成長と発展………………202
　ディール・フローへの株価などの影響………………202
　逆境の時期——1998年第3四半期………………205
リターン……………………208

第8章　株式ヘッジ —— 209

投資テーマとファンダメンタルズ分析…………………211
　投資テーマ……………211
　ファンダメンタルズ分析………………213
株式ヘッジ戦略のアプローチ………………213
　定量分析と定性分析の比率………………214
　株式ユニバース………………214
　投資スタイル………………215
　流動性…………221
　ネット・エクスポージャ………………221
　リサーチ……………223
　レバレッジ……………225
リスクとリスク管理………………225
　銘柄選択リスク………………225
　マーケット・リスク………………226
　株式ユニバース………………227
　分散…………228
　売却ルール………………229
　レバレッジ……………229
収益の源泉………………230
最近の成長と発展………………231

第9章　株式マーケットニュートラルとスタティスティカル・アービトラージ ── 239

株式マーケットニュートラルのアプローチ……………………242
　銘柄スクリーニング──投資対象銘柄ユニバースの作成…………242
　銘柄選択………………244
　ミーン・リバージョン（平均回帰）に基づくアプローチ……………250
リスクとリスク管理………………254
　ポートフォリオ構築と最適化…………254
　マネジャーの投資スタイル……………258
収益の源泉………………260
最近の成長と発展………………261

第10章　レラティブバリュー・アービトラージ ── 269

レラティブバリュー・アービトラージのアプローチ……………………270
　転換社債アービトラージ………………271
　買収合併アービトラージ………………272
　株式スタティスティカル・アービトラージ……………275
　ペア・トレーディング……………275
　債券アービトラージ……………276
　オプション・ワラント取引……………277
　キャピタル・ストラクチャー・アービトラージ……………279
　レギュレーションD（ストラクチャード・ディスカウント転換証券）アービトラージ……………279
リスクとリスク管理………………280
　戦略ミックス……………281
　戦略のウエート付け……………281
収益の源泉………………281
最近の成長と発展………………282

あとがき────287
用語集────289
訳者あとがき────299

謝辞

以下の人々に謝意を表します。

ベン・ボートン氏の投資戦略の詳細な調査と、本書の執筆に関するあらゆる尽力に。

ジョン・パグリ氏、ジョン・ザーウィック氏、ジョン・カラモス氏、ベージル・ウィリアムス氏、ティム・パーマー氏、ジョン・カールソン氏、ジャック・バリー氏、マスード・ハイダリ氏、バリー・ニューバーガー氏、ピーター・ドリップ氏、マーカス・ジャント氏、ロジャー・リヒター氏、ダン・ナイト氏の投資戦略を詳細に描くにあたっての助言に。

ジョージ・ベンソン氏、ブレンナ・バーマン氏、ロバート・M・パイン氏、ピーター・スワンク氏の深い洞察力をもって草稿を読んでくれたことに。

ローリー・ランクイスト氏のヘッジファンド・リサーチ社（HFR）コンサルティングビジネスへの惜しみないアドバイスと援助に。

チェンミン・マオ氏、ポール・アレニャーニ氏のマーケットニュートラル投資戦略に関するシステマティック・リスク低減効果に関する研究に。

現在、そしてこれまでのヘッジファンド・リサーチ社（HFR）社員のヘッジファンド・リサーチ・データベース構築にかかわる努力に。

キャスリーン・ピーターソン氏、ブルームバーグ・プレスのスタッフの文体や編集に関するさまざまな進言に。

序言

　投資家にとって、株式や債券などの伝統的資産からなるポートフォリオを構築したうえで次に考えるべきことは、分散投資をさらに進めることである。これはベンチャー・キャピタルやプライベート・エクイティ、天然資源、不動産などのほか、ヘッジファンドやマーケットニュートラル戦略のようなオルタナティブ投資戦略を投資対象に加えることによって実現できる。
　マーケットニュートラル戦略の魅力は、伝統的資産運用ポートフォリオのパフォーマンス特性を大幅に改善できるところにある。優秀なマネジャーならこの戦略を用い、市場を上回るリスク調整後リターンを上げることができるのである。これは、この戦略においてロング（買い）とショート（空売り）の双方のポジションを建て、またレバレッジを効かせることで可能になる。マネジャーには、だれも目を付けていない市場の非効率性を発見し、それを利用できる手際の良さが必要とされるほか、経験と才能も必要となる。これらは、あいまいではっきりしないものだが、成功を収めるマネジャーの重要な要素である。
　ただし、マーケットニュートラル戦略はあらゆる難題を解決してくれるような万能薬でもなく、よく誤解されるように、リスクがないというものでもない。マネジャーは、市場の影響を受けることもあり、誤りを犯すこともある。また、投資におけるリスクを完全にヘッジすることができるわけでもなく、マーケットニュートラル戦略におけるマネジャーのパフォーマンスも、ベンチマーク対比で変動する。期待できるのは、従来の投資手法に比べてその変動幅が相対的に小さいということである。この変動幅は、複数のマネジャーでポートフォリオを組成することによってさらに小さくなり得る。このポートフォリオ

では、各マネジャーがそれぞれ定められたサブストラテジーごとにパフォーマンスを追求する。

「分からないものには投資するな」という格言は、マーケットニュートラル戦略にもよく当てはまる。この投資戦略が伝統的な投資手法と比べて複雑になっているのは、ロングとショート、さらにはレバレッジが組み合わされているからである。それはまるで、2次元から3次元の世界に移行したという感じに近い。これらの基本要素を自由自在に組み合わせ、慎重な運用から、投機的な運用まで、さまざまに行うことができる。また、マネジャーがこのツールを用いてどのように収益を上げるのかを理解することも重要である。なぜなら戦略によって、市場の非効率性や投資機会を見つけだすことは、マネジャーの才覚によるところが大きいからである。

マーケットニュートラル戦略を理解するのは難しいことではない。この戦略を理解する最良の方法は、まず戦略を各基本要素に分解し、それぞれの特徴を把握したうえで、それらがどう相互にかかわり合ってひとつのシステムを構成しているのかを知ることである。本書もそのような流れで構成されている。これを忘れなければ、ポートフォリオ内の各戦略の役割を評価し、マネジャーの選択を適切に行い、さらにマーケットニュートラル投資戦略の有効性を、自信をもって判断できるようになるであろう。

ジョー・ニコラスと私は、ここ数年ミシガン州立大学の基金におけるオルタナティブ投資ポートフォリオの開発・運営を共同で行ってきた。彼との共同作業を通じて、私の投資に関する見識は広がったが、彼がその該博な知識を本書のような形で出版したことは、私にとっても大変喜ばしいことである。

分散投資のひとつとしてマーケットニュートラル戦略が徐々に認知されてきたことを思うと、彼が今回、このテーマで執筆したことはとてもタイムリーだと言える。本書は一般投資家や投資コンサルタント、

さらには投資のプロの人々にとっても、この分野の理解を深めるのにまたとない貴重な本となるだろう。

ミシガン州立大学基金エグゼクティブ・ディレクター
ジョージ・ベンソン

イントロダクション

　1998年秋に前作『ヘッジファンドのすべて――世界のマネーを動かすノウハウ』（東洋経済新報社）を出版した。それ以来、ヘッジファンド・リサーチ社（HFR）には、マーケットニュートラル投資に関する質問が多数寄せられた。これは、この年にLTCM（ロング・ターム・キャピタル・マネジメント）が破綻したことに加え、マーケットニュートラル・ファンドの運用状況から関心を寄せてくれた読者が多かったことによるものであろう。当時はパフォーマンスの良いファンドもそうでないものも、すべて「マーケットニュートラル」として宣伝されていたからである。

　今日のような変動の激しいマーケットでは、マーケットニュートラル戦略という、うたい文句がついているだけで、人々がそのファンドに引かれてしまうのも無理はない。価格変動リスクからポートフォリオの価値を守ることが強く求められるなかで、株式へのエクスポージャをヘッジし、かつ債券投資以上の高いリターンを生む投資戦略を組み入れることを望む投資家は多い。目端が利くブローカーたちは、マーケットニュートラル戦略の活用をその解決策として勧めてきた。だが、マーケットニュートラルがまったくリスクのない戦略だと思うのは危険であり、そもそも、リスクがないというのは誤りである。本書の目的は、マーケットニュートラルの本質を明らかにするとともに、この戦略によってどのような効果とリスクが生じる可能性があるのかを示すことにある。

　ここ数年の激しいマーケット変動を受け、マーケットニュートラル戦略に目を向ける投資家層は広がってきたが、そのような投資家でさえ、その特性を正確に理解していた者はほとんどいなかったと思われる。それどころか、投資している（もしくは投資を計画している）フ

ァンドもしくは戦略のリスク・リターン特性すら、正しく理解していなかったのではないか。「マーケットニュートラル」が特定の戦略の名称であると勘違いし、さまざまな投資戦略の集合体であることを知らない者もいた。「マーケットニュートラル」という言葉には「無リスク」という印象があり、ブローカーはそれを巧みに利用してマーケティングを行ってきた。しかし、マーケットニュートラルに含まれる投資戦略は、どれも無リスクではない。しかも、そのリスクの量は、戦略ごとにかなり異なっているのである。

　本書ではこうした疑問に答えつつ、さまざまなマーケットニュートラル戦略について詳しく解説している。過去の個別事例を引き合いに出し、一般化して解説することで、いつの時代においても共通する投資とリスク管理の本質を語るものとした。また、HFRのデータベースに収められた3000を超えるファンドの情報や、HFRが管理をしているヘッジファンドのために行った日次のポートフォリオ分析の結果も利用している。加えて、それぞれの戦略の運用マネジャーやマネジャーが提供してくれた実例についても数多く記すことにした。

　第1章ではマーケットニュートラル戦略の基本的なコンセプトについて説明する。つまり、ロング（買い）・ポジションとショート（空売り）・ポジション、レバレッジの使用、アービトラージなどについてである。これらの基本コンセプトの次に、マーケットニュートラル戦略の共通の特徴となっているコンセプト、つまり相関関係に着目した投資について触れる。市場の方向性にベットしたロングやショートといった投資戦略とは異なり、マーケットニュートラルでは関連性のある2種類の対象に投資して、その価格変動の違いからリターンを得る。このことは、マーケットニュートラル戦略にはディレクショナル・エクスポージャが存在しないということではなく、こうしたエクスポージャやリスクの性質が、伝統的な投資手法とは異なっているということを意味している。

第2章では、マーケットニュートラル戦略の最大の利用者であるヘッジファンドの運用マネジャーについて、その業界の隆盛ぶり、過去10年間のマーケットニュートラル戦略のパフォーマンスを紹介する。

　第3章では、マーケットニュートラル戦略を使った投資の世界について概観してみる。ここで取り上げるのは、モダンポートフォリオ理論（MPT）、伝統的なポートフォリオへのマーケットニュートラル戦略の導入、ディスクロージャー、リスク管理などである。さらに、マーケットニュートラルとして一般的に知られている投資戦略をいくつか紹介する。

　これ以降の各章では、マーケットニュートラル戦略を具体的にひとつずつ詳述している。ただし第8章では株式ヘッジ（株式のロング／ショート戦略）について扱った。この戦略は、方向性にベットしたロングやショート（通常はロング）を行うことが多いため、マーケットニュートラルには分類されないのが普通である。しかし株式ヘッジは投資戦略を比較するうえで重要であり、相関関係に着目した投資の原理がこの戦略にも適用できることから、あえて触れることにした。本書の最後では、マーケットニュートラル投資戦略の将来について考えるとともに、このニッチな投資手法ともいうべき戦略を総括する。

第1章
資産間の相関に着目した投資
Investing in Relationship

- ■マーケットニュートラルとは……………22
- ■基本コンセプト……………27
- ■相関関係に着目した投資……………29
- ■マーケットニュートラルにおけるアプローチ……………31

マーケットニュートラルとは

　マーケットニュートラル投資とは、マーケット・リスクを中立化する一連の投資戦略のことであり、実質的あるいは理論的に相関関係を有する複数の投資対象についてロング（買い）とショート（空売り）のポジションを持つことである。この投資アプローチの目的は、マクロ経済指標や市場のセンチメントの変化による運用対象資産のシスマティックな価格変動へのエクスポージャを限定化することにある。

　本書では、転換社債アービトラージ、債券アービトラージ、モーゲージバック・セキュリティーズ・アービトラージ、買収合併アービトラージ、株式マーケットニュートラル、スタティスティカル・アービトラージ、レラティブバリュー・アービトラージおよび株式ヘッジといった代表的なマーケットニュートラルおよびヘッジ戦略について解説する。これらの戦略が対象とする投資資産は実に多様で、株式から米国債、オプション、モーゲージバック・セキュリティーズにまで及ぶ。この投資対象資産の多様性は、同時に、投資対象資産の種類ごとに投資戦略にかかわる分析を試みる従来のようなやり方では、投資戦略上の類似性・共通性を見いだすことができないことを意味する。

　転換社債アービトラージでは転換社債をロングし、株式をショートする。債券アービトラージでは異なる種類の債券についてロングとショートのポジションを組み合わせて保有する。買収合併アービトラージの場合は、買収合併にかかわる一方の企業の株式をロングし、もう一方の企業の株式をショートする、という具合である。これらの戦略すべてがマーケットニュートラルと呼ばれている。これらの投資戦略は本質的に別物であるにもかかわらず、なぜマーケットニュートラルというひとつのグループに分類することができるのだろうか。その答えは「**マーケットニュートラル戦略はすべて、そのポートフォリオを構成しているロング・ポジションとショート・ポジションの間の相関**

からリターンを得るものであり、この相関は、個別投資対象商品のレベルであっても、ポートフォリオのレベルであっても構わない」ということになるだろう。

　マーケットニュートラル戦略は、マーケット・リスクをロング・ポジションとショート・ポジションによって相殺し、ポートフォリオの「市場に対する」エクスポージャを「ロング・ポジションとショート・ポジションの間の相関に対する」エクスポージャへと変換することを目的としている。このマーケットニュートラル戦略におけるロングとショートの相関は、必ずしも市場の価格変動よりも変動幅が小さいとは限らない。ただ、最近の傾向としては、債券や株式といった伝統的資産のパフォーマンス指標との比較において安定性が高いことが明らかになっている。マーケットニュートラル投資は、伝統的資産の投資戦略にとって代わるものではない。むしろ、債券や株式投資といった伝統的資産投資における運用手法を補完するものである。なぜなら、マーケットニュートラルは伝統的資産運用との低相関が投資収益の源泉だからである。つまりマーケットニュートラルは「無リスクの投資」を意味するものではない。従来の伝統的資産運用におけるロングのみの投資手法において、市場価格が変化することによって生ずるリスクとは別のリスクをとっているというだけのことである。株式や債券からなる伝統的資産ポートフォリオに、新たに低相関の収益の源泉を加えることで、投資家は分散効果によりポートフォリオ全体のリスクを軽減し、リスク・リターン特性を改善することができる。

　図1.1のように、過去10年間のマーケットニュートラル戦略のパフォーマンスは魅力あるものとなっている。このリスク・リターン特性は、ロングのみの投資戦略をしのいでいる。マーケットニュートラル関連のインデックスの大半が、リスクフリーの国債の切片からスタンダード・アンド・プアーズ（S&P）500のリスク・リターン特性をプロットした点までの間を結んだ直線よりも上側を占めた。

図1.1 ヘッジファンド戦略のリスク・リターン特性（1990/1～1999/12）

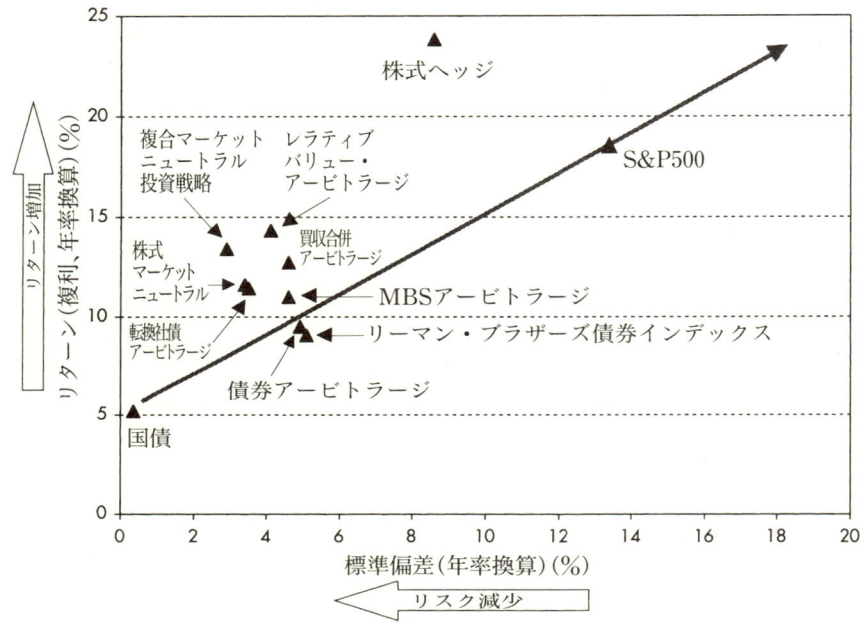

注＝MBSアービトラージは1993/1～1999/12のデータを使用

　しかし、この結論については注意が必要である。1998年第3四半期に私たちは、過去の実績が必ずしも将来の結果を保証するものでないことを思い知らされた。そのため、マーケットニュートラル戦略を理解するうえで、次に掲げるいくつか重要な視点を認識する必要がある。

　1．多くの投資戦略は市場の非効率性に着目し、そこから超過収益を獲得している。この非効率性をうまくコントロールすることこそが、投資家としての競争力を確保することにつながる。マーケットニュー

トラル戦略の運用者にとって、その運用手法の持つアドバンテージとは証券を空売りできることにほかならない。この違いこそ、ほとんどのミューチュアルファンドや伝統的資産運用におけるロングのみの投資戦略と、マーケットニュートラル戦略を分けるものである。最初にマーケットニュートラル戦略を実践したのは、ミューチュアルファンドとは異なる規制監督下にある大手金融機関のトレーディング担当者やヘッジファンド・マネジャーだった。

2．マーケットニュートラル投資を行うには、情報技術（IT）とインフラストラクチャーへの新規投資が必要である。過去の例を見ると、このシステム投資ための固定費がこの投資戦略を導入する際の障壁となっていた。しかし1990年代になると、ITの進歩とその利用・開発コストの低下によって、金融マーケットにかかわるシステムや技術が急速に普及し、新たに誕生したブティック運用機関においても、この戦略を利用することが可能になった。

3．安定したリスク調整後リターンを生み出す投資戦略は、投資ファンドだけでなく新たな運用者の参加をも呼び込んでいく。大手機関投資家が今後、どの程度この戦略を利用するのかを見極めるのは難しいが、ヘッジファンド投資を通じてマーケットニュートラル戦略への関心と実際の投資残高がますます増加しているのは確かなようである。より多くの運用者や資金がこの投資手法に加わり、マーケットニュートラルの主要なリターンの源泉である証券間の価格の相関に着目しだすと、そのうちのいくつかの非効率性によるミスプライシングは減少し、なかにはいずれ解消してしまうものもあるだろう。マーケットニュートラルの代表的な投資戦略について解説した章では、このリスクについて触れている。重要なことは、マーケット参加者の増加によって、非効率性に基づくミスプライシングによるいくつかの収益獲得機会は失われるものの、金融市場の構造上、関連性を有する証券間での非効率性によるミスプライシングは常に生じ得るということである。

マーケットニュートラル戦略は、非効率性ゆえのミスプライシングに着目し、将来的にその歪みが是正されることを期待してポジションをとる手法である。

4．HFR社の内部調査では、マーケットニュートラル戦略を採用するある運用者が一定期間そのインデックスを上回るパフォーマンスを上げたとしても、その運用者が次の期間も同じようにインデックスを上回る成績を収め続けることは難しいと結論づけている。同様に、同じ戦略を採用する2人の投資マネジャーからなる分散投資ファンドが、これらのマネジャーが採用する戦略のインデックスをパフォーマンス上、凌駕することも困難である。このような見解は、株式のアクティブ運用を行っているポートフォリオが長期的に見て株価指数を上回るパフォーマンスを上げることはほとんどないという学術上の調査結果とも一致するものである。

ポートフォリオにおけるコア・リターンは、株式などの資産クラスから得られるのと同様に、マーケットニュートラルの手法によっても得ることができると言える。投資家にとって大切なことは、マネジャー選択のための時間ではなく、採用する戦略をしっかり理解するために十分な時間をとることである。こうした見解に基づき、投資家のなかには、マーケットニュートラル戦略のインデックスを構築したり、そのような投資戦略を投資家にとって使いやすいものにするためのアイデアを考えようとする者もいる。このような試みにより、コア・リターンを投資戦略のみに依存するように切り離し、市場インデックスの変動によって生じる価格変動の影響を軽減することができるだろう。

5．多かれ少なかれマーケットニュートラル戦略において、そのリターンは資産クラスの相場の方向性ではなく、個別証券間の相関に基づくものである。つまり、マーケットニュートラル戦略と伝統的な資産運用は収益の源泉が異なっているのだ。こうした手法は最近になってようやく成熟しつつある。マーケットニュートラル戦略全体で見る

と、過去10年間、リスク調整後で、伝統的資産運用を明らかに上回るパフォーマンスを記録している。このことをもって、将来も同様の成果が期待できるというものではないが、過去の成果について調査・分析したうえで、将来の予想を試みたいと気持ちにはなるだろう。それにはまず、戦略を理解することが必要だ。これがまさに本書の目的である。

基本コンセプト

　ニッチを狙った投資手法の多くがそうであるように、マーケットニュートラル戦略の場合においてもその戦略を理解するために必要なコンセプトというものがある。ヘッジ、レバレッジ、ショート・セリング（空売り）、市場、エクスポージャ、デリバティブズ（金融派生商品）、アービトラージなどがそれに当たる。混乱を避けるため、本書で繰り返し登場する重要な投資上のコンセプトについて、ここで定義しておこう。経験豊かな投資家諸氏にとっては、ここでの説明はやさしすぎるかもしれないが、本書中の文脈に沿った語義を定めておくことも重要であろうと思われる。

ポジション　ポートフォリオで保有する個々の持分（例──シティ・グループ株1000株）。

市場　証券の買い手と売り手が取引を行う場。これまで市場といえば、ニューヨーク証券取引所やシカゴ商品取引所など、実在する市場を指すことが多かったが、コンピューター・ネットワークの出現で「取引」の多くはシステム上で処理されるようになっている。

エクスポージャ　あるポジションが市場でさらされているリスクの大

きさ、あるいはその量。個々の市場にはリスクが存在するため、こうした市場でポジションを持つことは、投資家を市場のリスクに「さらす」ことになる。投資家のエクスポージャは、例えば株式や債券、通貨といった個別の対象資産だけでなく、市場セクターのような部分に対しても存在する。

ディレクショナル・エクスポージャ　ロングとショートのポジションを持つことでヘッジを行っている場合のネット・エクスポージャに対して、ヘッジが行われていないポジションが市場に対して負っているリスクの大きさあるいは量。

ヘッジ　ディレクショナル・エクスポージャを低減する目的で、対となるポジションに対してとられる投資手法。古典的な例としては、農家が穀物の売り値を確定するため先物取引を利用した場合が挙げられる。これによって、将来、売り値として受け取る金額の不確実性を払拭することはできるが、将来の値上がり益を放棄したことにもなる。

ショート・セリング　証券を借り受けてオープン市場で売却し、その後同じ証券を（できればより安値で）買い戻すこと。証券価格の下落によって利益を上げることを意図したもの。ショート・ポジションは、ロング・ポジションに対するヘッジとしても、また単独の投資方法としても用いられる。

デリバティブズ　ほかの金融資産価格と直接連動して価格が決定する金融商品。オプション（株式オプションの価格は、原資産となる株式の価格によって決定される）、先物取引（先物価格は、原資産の価額によって決定される）などがある。

レバレッジ 投資元本を上回る規模のエクスポージャを作り出すため、借り受けた資金やデリバティブズを利用すること。例えば、投資額1ドルに対してエクスポージャを1.50ドルにすることができる。

流動性 投資家の求めに応じて資産を売却換金することについての対応力。ある資産に対して買い手がほとんど存在しない場合は、流動性がないことになる。

純粋アービトラージ リターンに対するリスクがゼロのとき、同一の投資対象商品に対して異なる価額で同時に買いと売りを行うこと。例えば、金を100ドルで買う一方、110ドルで売りを出したとする。この場合、買いと売りを同時に行うことで、10%の「確実な」利益を確保しようとしていることになる。

レラティブバリュー・アービトラージ 関連性のある投資対象資産に対して、同時に買いと売りを行うこと。この場合、投資対象資産の相関関係が意図した方向に動くことによってリターンが得られる。

相関 回帰分析の用語で、従属変数と独立変数の関係と強度を表す。同様の市場環境下で得られるリターンが同じであれば、投資対象資産間や複数の戦略の間に正の相関があることになる。

相関関係に着目した投資

「マーケットニュートラル投資」という用語に関しては実に多くの定義がなされているが、一般的には、本章の初めで記したように、ひとつまたは複数の市場におけるエクスポージャを消し去るようなポートフォリオを構築するアプローチを指す。市場のエクスポージャのい

くつかはショート・セリングを行うか、ロング・ポジションを相殺するような新たなエクスポージャを設定することで中立化できる。これは、金利に対するヘッジのように投資資産全体について行うことも、また、テクノロジー株などの特定セクターについてそのエクスポージャを中立化するというように、部分的に行うこともあり得る。最も一般的なテクニックは、ロングのエクスポージャを有している投資対象と関連性の強い投資対象でショート・ポジションを持ち、双方のポジションが同じように影響を受ける「マーケット・リスク」へのエクスポージャをヘッジすることだ。マーケットニュートラル戦略は、ロングとショートのポジションを相殺することで、こうしたシスマティックなマーケット・リスクを「中立化」することを意図している。

本書は、マーケットニュートラルと呼ばれる多数の戦略について解説しているが、ここでは各戦略を必ずしも網羅的に取り扱うことはせず、それぞれの戦略の一般的なアプローチ方法について分析してある。なかには、本質的に異なるアプローチを用いた戦略もあるが、共通して言えるのは、いずれも2つ以上の証券価格間の相関に着目してリターンを獲得することを意図しているということである。

相関関係に着目した投資には、ノンディレクショナル・アプローチが含まれる。この戦略におけるリターンは、ロングとショートのポジションを組み合わせた結果から生じることになる。しかし、リターンは必ずしも、ノンディレクショナル・エクスポージャからのみ得られるとは限らない。明確なペア・トレーディング戦略を採用したファンドにおいては、ロングとショートのポジションの合成によるポートフォリオの価格変動からリターンが生じる。しかし、多くの場合は、ロング・ポジションのエクスポージャの一部分のみをショート・ポジションでヘッジする。つまりディレクショナル・エクスポージャがヘッジされずに残される。マーケットニュートラルのアプローチは、必ずしもリスクを完全に排除するわけではない。むしろ、避けたいリスク

をヘッジする一方で、残したいリスクはそのままエクスポージャとして維持するのである。

マーケットニュートラルにおけるアプローチ

　マーケットニュートラル戦略を理解するためのカギとなるのは、異なるロングとショートのエクスポージャを見極め、どちらをヘッジし、どちらをヘッジしないのか、あるいは、両方の組み合わせを用いるのかを決定するまでのアプローチを理解することである。

　例としてここに、株式Aと株式Bがあると想定しよう。両者は、金利政策の変更に対しては、過去同じ値動きをしたと仮定する。しかし現時点での大方の予想は、株式Aのほうが収益予想が良いというものである。伝統的資産運用のロングのみのポジションを有するマネジャーなら、株式Bは無視して株式Aのみにロングのポジションを保持することになるだろう。このリターンは株式Aの価格上昇によってのみ得られることになる（この場合、株式Aの価格上昇の要因は、株式Bと共通した株式Aの特性、および株式A独自の特性の双方である）。

　一方、マーケットニュートラルのマネジャーなら、株式Aについてロングのポジションを持つ一方で、同じだけ株式Bをショートしてポジションを相殺するだろう。これによって、株式A・株式B双方に共通の特性からくるエクスポージャは排除することができ、リターンは株式A・株式B間の相関に基づくパフォーマンスによって得られる。株式Aは値下がりする可能性があるが、その場合でも、株式Bがそれ以上の値下がりとなれば、リターンを確保することができる。残念ながら、実際の市場では2つの証券間の相関であってもこれほど単純なものではない。次に、さらに証券の数が増えた場合、2証券間の関係がどれほど複雑なものになるか見てみよう。

　3種類の株式、株式A、株式B、株式Cに投資することにしよう。

前例と同様、株式A、株式Bおよび株式Cはともに共通の特性を有することにする。株式Aの特性のうち50％を株式Bと共有しているものとし、これをA（B）とする。また、株式Aは株式Cとも50％の特性を共有しており、これをA（C）とする。ファンドのポジションは、株式Aを100株ロング、株式Bを50株ショートとする。このとき、株式Aのロング・エクスポージャは、A（B）とA（C）のロング・エクスポージャを合成したものと同一であり、リターンは株式Aと株式Bの間の相関、つまり、ロング・ポジションである株式Aとショート・ポジションである株式Bの価格変動を合算したものとなる。ここでさらに深く考えてみよう。それぞれの株式の価格を動かすものは何なのか。

具体例に基づいて、エクスポージャとその収益構成についてさらに検討を加えてみたい。株式Bのショート・エクスポージャにより、A（B）のロング・エクスポージャは中立化されている。ただしその前提は、A（B）は株式Aに対する相関が高く、中立化後に残存するA（C）がロングのディレクショナル・エクスポージャとなることである。この場合の収益の源泉は、次のとおりである。

1．A（B）と株式Bの間の相関の変化
2．A（C）のバリューの変化
3．この2つの組み合わせ

表1.1は、期間1から期間3におけるエクスポージャとそれぞれの収益構成を示している。まず、株式Aを100株ロングし、株式Bを50株ショートする。このときの株式Aのポジションは、株式B50株分と株式C50株分に相当する。当初のバリューは、株式Aが195、株式Bが100である。株式Aのバリューは、2つの構成要素に分解することができる。A（C）の100とA（B）の95である。株式B50株は、A

表1.1　エクスポージャと収益源での比較

エクスポージャ	当初	期間1	期間2	期間3
100 A	**195**	**200**	**184**	**212**
(50) B	**(100)**	**(100)**	**(90)**	**(110)**
0 C	100	100	90	102
A(B)	95	100	94	114
A(C)	100	100	90	98
収益（損失）		**5**	**(6)**	**8**

　（B）のエクスポージャを相殺するためショート・ポジションとなっている。この株式Bのショート・ポジションは株式BとA（B）の相関関係によって、ヘッジとして完全なものにも不完全なものにもなり得る。また、あとに残されたA（C）のエクスポージャが、ディレクショナル・エクスポージャとなる。

　期間1では、当初のバリューが変動したことによって、株式Aと株式Bのネット・エクスポージャが5だけ変化した（株式Aのバリューが195から200に変化したのに対し、株式Bのエクスポージャはマイナス100のままであった。よって株式Aのロング・ポジションと株式Bのショート・ポジションによって構成されるポートフォリオのネット・エクスポージャは当初95から100に変化した）。このとき株式Bのバリューには変化がなかった。株式Aの価格が変化したのは、A（B）のバリューが95から100に上昇したためである。一方、A（C）の要因部分のバリューは変わらなかった。このケースでは、株式Bのバリューが不変であったのに対し、A（B）のバリューは95から100に変化したことから、株式BとA（B）の相関は不完全なものだったと言える。A（B）のバリューは、株式BとA（B）が共有している特性のため増加したのに対し、株式Bのバリューはほかの要因の影響もあ

り、結果的に不変であった。この場合のヘッジは不完全なものとなり、明確なリスクに対するヘッジというよりも、運用マネジャーの割高割安感がポジションに反映された格好になった。つまり運用マネジャーが、株式Aのバリューが市場の構造的な問題や需給要因から株式Bと比べて割安になっているか、またはミスプライシングの状態にあると判断し、このようなヘッジ戦略を採用したということである。将来的に市場の歪みが是正され、株式Aのバリューは200、株式Bは100となるような正当な評価を受けることになるはずであると運用マネジャーが考える場合、当初の時点におけるA（B）と株式Bのバリューは両社の相関関係を正しく反映していなかったことになる。結果としてこの期間のリターンは、A（B）とB間の相関関係の変化がもたらしたことになる。

期間2では、期間1に比べて株式Aと株式Bのネット・エクスポージャが6減少した。株式Aの価格が200から184へと16値下がりし、株式Bのエクスポージャは100から90へと10減少した。ここでは、ショート・ポジションの株式Bの価格は100から90へ10下落したものの、A（B）は6の下げにとどまっており、株式BとA（B）によるヘッジ戦略上は4の収益を上げたことになった。このケースでのヘッジは不完全であったが、株式Aがロング・ポジションを持っていることから生じる損失をある程度抑えることができたことになる。ここでは、株式Aの構成要素のうちA（C）が10下げており、株式BとA（B）によるヘッジ戦略から得られた収益の4と合わせて、全体での損失は6にとどまった。このケースでは、ディレクショナル・エクスポージャの部分の下落が大きく、ヘッジ戦略による収益だけでは全体としてプラスのリターンを確保できなかったということになる。

期間3では、期間2に比べて、株式Aのロングと株式Bのショートによって構成されるポジションのバリューはプラス8変化した。この期間においては、株式BとA（B）が100％の相関となっており、A

(B) は20上げたものの、株式Bのショート・ポジションのロスにより完全に相殺された。つまり、A (B) のプラスのエクスポージャと株式Bによるマイナスのエクスポージャによって、A (B) のリスクが相殺された。ポートフォリオ全体のバリューが上昇しているのは、ヘッジされていないディレクショナル・エクスポージャとなっているA (C) のバリューが8だけ増加したためにほかならない。この例はまさに、マーケットニュートラルのマネジャーが特定のリスクを中立化し、より妙味のある別のリスクをとろうとする戦略の一例である。

マーケットニュートラル戦略においてレバレッジがリスク・エクスポージャに対して及ぼす影響について理解するには、ロング・ポジションのショート・ポジションに対する相関関係を理解する必要がある。レバレッジを用いることによって、ヘッジされずに残ったディレクショナル・エクスポージャのリスクは増幅することになる。理論上は、完全にヘッジされたポジションであれば、レバレッジを効かせた場合もリスクが増幅することはない。しかし、これまでの例で示したように、わずか3銘柄の株式についてであっても完全なヘッジが常に成立するものではなく、またそれが望ましいとも限らない。対象となる銘柄が何千もの数になれば、ポートフォリオ・レベルでの銘柄選択がどれほど困難なことか、想像してみてほしい。

ここでは、マーケットニュートラルの運用マネジャーがいかに投資対象の分析を行っているかについて、可能なかぎり一般的な形で示した。ここで示した一般例が、特定の戦略や市場においてどのように展開されるかは、第4～11章で述べることになるが、とりあえずここではマーケットニュートラル戦略の個々のポジションがとっているエクスポージャについて構成要素として分解し、それぞれの資産間の相関を見極めたうえで、ヘッジによってリスクを低減させたいエクスポージャに対してどれだけヘッジすべきかを決定する必要があるということを認識するだけで十分だろう。ある資産について、享受したいエク

スポージャと、完全なヘッジが可能であり、かつリスク回避したいエクスポージャの両方があれば、マネジャーは後者をヘッジし、前者をそのままにしておくだろう。仮にリスク回避したいエクスポージャを完全にヘッジできなかった場合、ヘッジされていないディレクショナル・エクスポージャによるリターンが、ヘッジ戦略における損失分を上回る確率を高くしておく必要がある。そうでなければ、運用マネジャーは純粋に相関関係に着目してポジションを持ち、歪みが是正されるのを待つという戦略をとることになろう。

　第2章では、ヘッジファンド業界の発展について述べる。第3章では、マーケットニュートラル戦略の基本的な指針と代表的な戦略について紹介する。その後の各章では、それぞれの戦略について詳述していく。

第2章
ヘッジファンド業界の発展
Developmenets in the Hedge Fund Industry

- ■ヘッジファンド業界の運用資産……………38
- ■ヘッジファンドの投資家……………41
- ■ヘッジファンドの戦略……………43

マーケットニュートラル戦略を最も利用しているのは、大手金融機関のトレーディング担当者とヘッジファンドのマネジャーである。金融機関の自己売買部門が、どの程度マーケットニュートラル戦略にかかわっているかを特定するのは困難なため、ここではマーケットニュートラル戦略を利用しているヘッジファンド・マネジャーに対象を絞って話を進めることにする。投資の世界でも最もエキサイティングかつ目覚しく成長したこの分野を、さまざまな専門的投資戦略によって作り上げてきたのは、世間的にはあまり知られていない、これらファンドマネジャーである。

　多くの市場参加者や政治家、投資家らにとって、ヘッジファンドというものを最初に知った、あるいはその存在について考えるきっかけとなったのは、あのLTCM（ロング・ターム・キャピタル・マネジメント）の大損失とそれに続く破綻だった。このような不幸な形でヘッジファンドが世に知られることとなったため、多くの人々はヘッジファンドというだけで一くくりにして考えてしまっている。だが、たった1社のことだけでその業界全体のことを決めつけるべきではない。ヘッジファンドは各社各様であり、規模が大きいとはいえ特異な一業者の行為を理由にほかのすべての業者を退けるのは得策ではない。各社が基本に据えている投資戦略をもとにそれぞれのファンドの善し悪しを判断するほうが得るものは大きいはずである。本書は、個々のマネジャーというよりは基本投資戦略に重点を置いて記述を行っていく。

ヘッジファンド業界の運用資産

　1990年1月から1999年12月にかけて、ヘッジファンド業界の運用資産は劇的に増加した。200億ドルから5000億ドルにまで増えたのである。この時期、ヘッジファンドの数も200から推定3500にまで増加した。こうした全体のパイ拡大の背後で、ヘッジファンド・マネジャー

図2.1 ヘッジファンド業界の成長——ヘッジファンド運用資産の増加（1990/1〜1999/12）

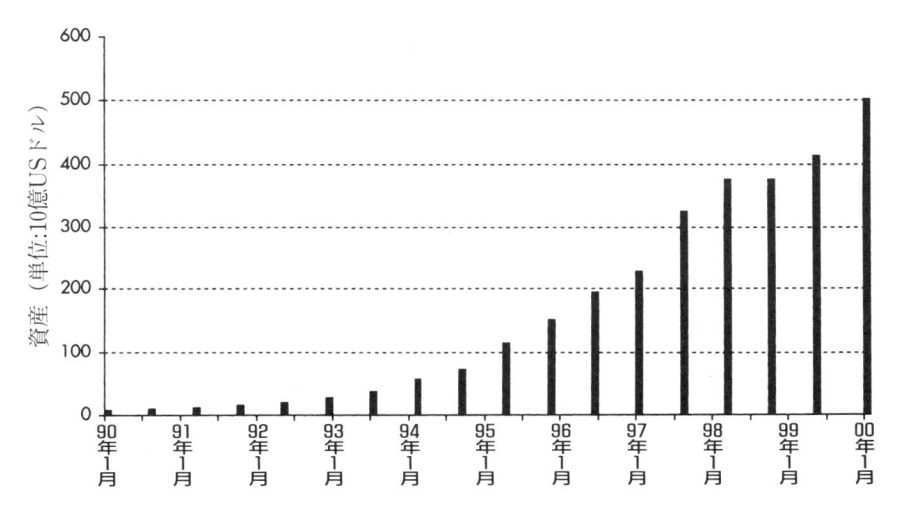

が採用する基本戦略の構成にも変化が生じている。1990年以前、ヘッジファンド業界はまだ業界としてまとまるに至っておらず、少数の大手グローバル・マクロ・ファンドマネジャーによる動きがその大部分であった。彼らはマクロ経済事象を材料とし、大規模でレバレッジを効かせた投機的取引を行っていた。現在のヘッジファンド業界は多様化し、成熟度も増している。史上最長の上昇相場に加え、急速な技術革新のために、ヘッジファンド関連の情報が投資家にとって入手しやすくなったことも追い風となった。このため、伝統的資産運用における株式・債券などによるポートフォリオとは異なる収益の源泉やリスク・リターン特性を提供するヘッジファンドへの投資に対し、投資家たちは以前に比べてより安心感を抱くようになった。図2.1は、1990年代のヘッジファンド運用資産の増加を示したものである。ヘッジファンドの数とその資産の急速な増加の背景には、多くの要因があると

考えられるが、そのうち最も重要な要因としては、以下のようなものが挙げられる。

1．代替的な収益源泉
ヘッジファンド、特にマーケットニュートラル戦略ファンドのリターンは、伝統的資産クラスとの相関関係が低いという性質を持つため、分散によるメリットそのものを提供することができる。

2．投資機会
グローバルマーケットが拡大し、新たな資本市場の発展が続くなか、有能なマネジャーにとっては市場の非効率性から利益を生み出していく機会が広がっている。

3．ツールとサポートサービス
投資技術の爆発的な進歩によって、正確な情報がタイムリーに入手できるようになった。同時に、市場参加者にとって、こうした情報をより安く、早く、かつ徹底して分析することが可能となった。

4．才能と専門技術
テクノロジーやデータのコストが低下したことによって、大規模で高コストなインフラがなくても収益を上げていくことが可能になり、また、専門的な投資戦略をしっかり身につけたマネジャーの価値は高まった。そのため自然に、投資資金は知識、専門技術、才能のあるヘッジファンド・マネジャーに向かうようになった。

5．市場の活況
1990年代の上昇相場により、巨額の富が創造された。こうした背景から、ヘッジファンド・マネジャーは容易にその資本を増強することができた。

6．パフォーマンス
以上のような要因のすべてがあったとしても、ファンド自身が好成績を出さなければ、業界の成長はなかっただろう。ごく一部の例外を

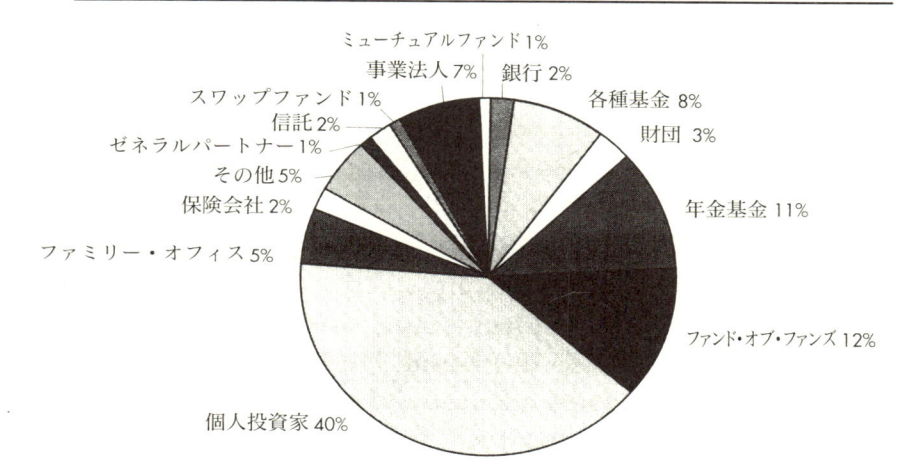

図2.2　米国内投資家によるヘッジファンドへの投資内訳推定

（円グラフ）
- ミューチュアルファンド 1%
- 事業法人 7%
- 銀行 2%
- スワップファンド 1%
- 信託 2%
- 各種基金 8%
- ゼネラルパートナー 1%
- 財団 3%
- その他 5%
- 保険会社 2%
- 年金基金 11%
- ファミリー・オフィス 5%
- ファンド・オブ・ファンズ 12%
- 個人投資家 40%

比率は統計データの四捨五入値

除き、ヘッジファンド・マネジャーがその投資戦略を追求することによって獲得したリスク調整後リターンは魅力的なものとなっている。

ヘッジファンドの投資家

　1990年以前は、ヘッジファンドに投資するのは富裕な個人投資家がほとんどだった。しかし、ヘッジファンドの戦略やリスク・リターン特性に関する情報が知られてくるにつれ、機関投資家の割合が高まっている。

　今日でも依然として、ヘッジファンドの米ドル建て投資額の40％は、富裕な個人投資家で占められている。しかし、図2.2に見られるように、ほかの投資主体の存在も大きく、年金基金11％、各種基金8％、事業法人7％、ファミリー・オフィス5％、財団3％、保険会社2％、

図2.3　米国外投資家によるヘッジファンドへの投資内訳推定

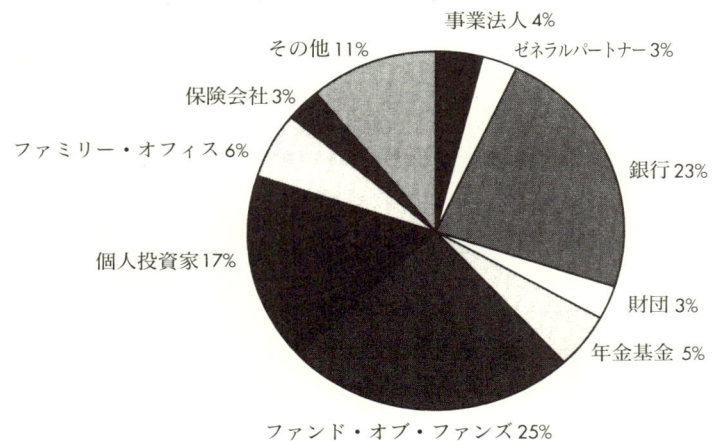

- 事業法人 4%
- ゼネラルパートナー 3%
- その他 11%
- 保険会社 3%
- ファミリー・オフィス 6%
- 個人投資家 17%
- 銀行 23%
- 財団 3%
- 年金基金 5%
- ファンド・オブ・ファンズ 25%

比率は統計データの四捨五入値

銀行2％などとなっている。これよりやや割合は小さいが、スワップ・ファンドやミューチュアルファンドなども参入している。また、ファンド・オブ・ファンズからの投資も12％に達している。ファンド・オブ・ファンズへの投資家を特定することは難しいが、その多くは機関投資家と見られる。

　面白いことに、米国より規制の緩やかな海外からの投資では、さらに多様化が進んでいる（図2.3）。海外からの投資においては、個人投資家の占める割合は17％にすぎない。ただし、海外個人投資家は海外の銀行を通じて投資を行っているケースが多い（海外からのヘッジファンド投資における外国銀行の占める比率は23％）。年金基金とファミリー・オフィスは、それぞれ5％と6％を占めている。海外の保険会社や事業法人、各種財団もヘッジファンドへの投資を始めている。

　投資家層の幅広さは、投資戦略ごとにかなり異なっている。転換社

債アービトラージや株式マーケットニュートラルのようなマーケットニュートラル戦略の場合には、機関投資家の参加が多い。

　各種基金や財団、年金基金、ファミリー・オフィス、銀行、保険会社、そしてその他の事業法人などは、ポートフォリオの収益源の分散とリスク低減を目的としてヘッジファンドへの投資を行っている。新たに代替的投資へのアロケーションを行った投資家の好例として、ネスレのスイス年金基金（41億ドル）が挙げられる。『ペンション・アンド・インベストメンツ』誌の推定によると、このファンドはスイスの年金基金中、上位10％に入るリターンを上げている。このファンドは、50％を株式（このうち5分の2はインデックス運用）に、29％を債券（うち欧州債とそれ以外の地域の債券とを半分ずつ）に投資している。1997年の時点で、6％をヘッジファンドなどの代替投資に振り向けている。実際には、ネスレは「ユニジェスチョン・アセット・マネジメント・ガーンジー」という別会社を設けて、ヘッジファンド・マネジャーの選定に当たっている（『ペンション・アンド・インベストメンツ』誌1999年6月26日付、61ページ）。この別会社は、株式との相関関係が低くかつリターンが高い投資を行っているマネジャーを見つけるために設立された。

ヘッジファンドの戦略

　「ヘッジファンド」という用語は「ミューチュアルファンド」と同様、特定の投資アプローチや資産クラスを指すものではない。正式な定義があるわけではないが「ヘッジファンド」とは通常、各種の代替的投資戦略で、①流動性資産およびそれに準ずる資産を対象とし、②私募の合同運用ファンドをビークルとしている。ヘッジもレバレッジも行わないファンドもあるが、多くのマネジャーはショート・セリングやヘッジ・テクニックを利用し、さまざまな形でレバレッジを効か

図2.4 ヘッジファンド戦略の構成（1990年）

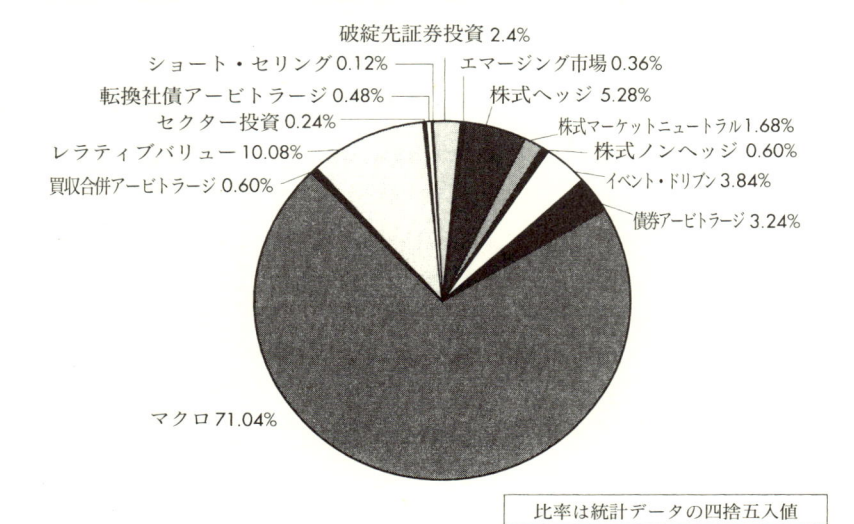

- 破綻先証券投資 2.4%
- ショート・セリング 0.12%
- エマージング市場 0.36%
- 転換社債アービトラージ 0.48%
- 株式ヘッジ 5.28%
- セクター投資 0.24%
- 株式マーケットニュートラル 1.68%
- レラティブバリュー 10.08%
- 株式ノンヘッジ 0.60%
- 買収合併アービトラージ 0.60%
- イベント・ドリブン 3.84%
- 債券アービトラージ 3.24%
- マクロ 71.04%

比率は統計データの四捨五入値

せている。ヘッジファンド業界を理解するには、時としてまったく関連性のない投資戦略がさまざまに混在して成り立っていることを認識することがカギとなる。

　1990年代の目覚しい技術革新によって、金融業界における競争力は平準化された。この結果、マーケットニュートラル戦略を駆使した小規模で専門性の高いファンドマネジャーが多数出現し、ヘッジファンド業界における投資戦略ごとの構成は一変した。図2.4と図2.5は、1990年と1999年のヘッジファンドの戦略別構成を示したものである。

　本書で扱ったマーケットニュートラル戦略とヘッジ戦略（株式マーケットニュートラル、株式ヘッジ、買収合併アービトラージ、転換社債アービトラージ、レラティブバリュー・アービトラージ、スタティスティカル・アービトラージ、モーゲージバック・セキュリティーズ・アービトラージ、そして債券アービトラージ）は、この10年間、非

図2.5　ヘッジファンド戦略の構成（1999年）

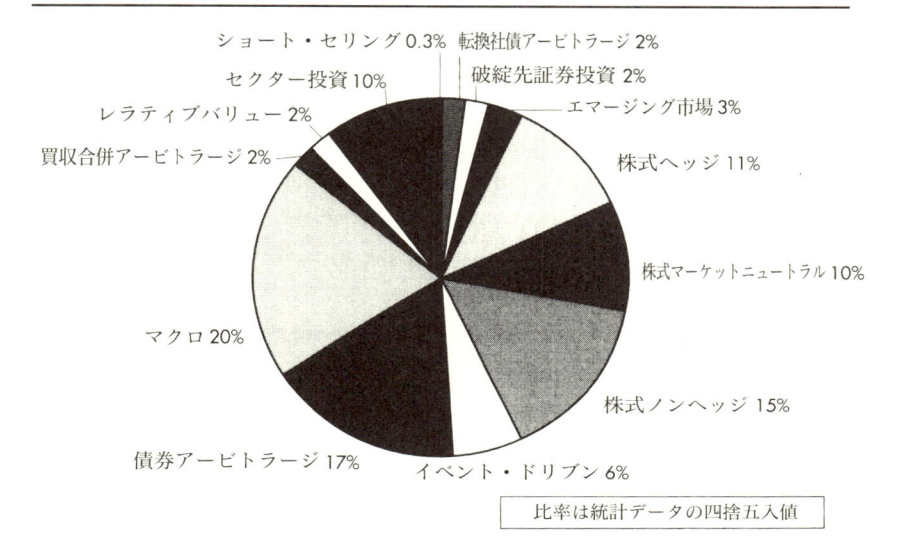

- ショート・セリング 0.3%
- 転換社債アービトラージ 2%
- セクター投資 10%
- 破綻先証券投資 2%
- レラティブバリュー 2%
- エマージング市場 3%
- 買収合併アービトラージ 2%
- 株式ヘッジ 11%
- 株式マーケットニュートラル 10%
- マクロ 20%
- 株式ノンヘッジ 15%
- 債券アービトラージ 17%
- イベント・ドリブン 6%

比率は統計データの四捨五入値

常に大きな利益を生み出している。

　これらの戦略は、伝統的資産のポートフォリオに加えることでパフォーマンス向上を狙うことができるほか、相場下落に対するヘッジとしても利用できる。また、ほかの市場や投資対象への分散も行うことができ、相関関係のないエクスポージャを持つためにも使うことができる。戦略を採用するに当たっては、投資家の目的や制約に合っている投資戦略を選択することが肝要である。ヘッジファンド・マネジャーは、ただひとつのアプローチ（または関連した一連のアプローチ群）に専念するケースが多いため、投資家は、その戦略自体が持っているリスク・リターン特性をよく理解するべきである。

　ヘッジファンド業界を理解するには、基本戦略の持つリスク・リターン特性や、それに影響を与える市場の要因を理解することが大切である。ヘッジファンド以外の投資機会でも同様であるが、リスクの可

能性を理解せずにリターンを分析しても不完全に終わるだけである。第３章では、投資家にとってマーケットニュートラル戦略での投資が検討に値するものである根拠を示すほか、本書の後半で詳述する投資戦略について簡単に紹介し、これらの戦略にどう取り組めばいいのかを考えることにする。

第3章
マーケットニュートラル戦略による投資の実践
Making an Investment in Market-Neutral Strategies

- ■リターンの線形分析……………48
- ■リスク・エクスポージャの低減……………56
- ■マーケットニュートラル戦略とヘッジ戦略……………62
  - 転換社債アービトラージ………62
  - 債券アービトラージ………63
  - モーゲージバック・セキュリティーズ・アービトラージ………65
  - 買収合併アービトラージ………67
  - 株式ヘッジ………69
  - 株式マーケットニュートラルとスタティスティカル・アービトラージ………71
  - レラティブバリュー・アービトラージ………73
- ■優れたリスク調整後リターンの達成……………75
- ■リスクの評価……………75
- ■透明性……………77
- ■基本戦略……………79

マーケットニュートラル戦略は、株式や債券をロング（買い）するだけという伝統的資産運用における投資手法よりも低いボラティリティで、高いリターンを実現することができる。さらに、全体としては伝統的資産運用における株式・債券投資との相関も低い。この２つの特性によって、投資家は、株式・債券によって構成した伝統的資産ポートフォリオの一部に、低相関のマーケットニュートラルを組み入れることで、リスク調整後リターンをより高めることができる。

　本章ではこの根拠を、線形分析や平均分散法（M-V法）による最適化手法を使って明示していきたい。つまり、本書の後半で詳述することになるマーケットニュートラル戦略の核心部分へと踏み込みながら、ポートフォリオのアロケーションを決定する前に検討しておくべき事柄を記す。ここでは、投資家の投資目的に応じた収益機会の組み合わせや、マーケットニュートラル戦略を採用するときに考えられるリスクについても述べることになる。また、本章では、賢明な投資家がこうしたリスクを軽減するための有効な手法として、新たに利用し始めた日次レベルでのリスク・モニタリングについても紹介する。

リターンの線形分析

　過去のリターンを検証する場合、一般的にはベンチマーク・リターンとの比較を行うことになる。最もよく行われるのは、S&P500のような株式市場全体を代表する指標との比較である。伝統的な線形回帰分析を用いることで、投資戦略によって生み出されたファンドのリターン（従属変数）と市場全体の動きから得られたリターン（独立変数）との相関を測定することができる。この２つのリターン系列を回帰分析して得られる線形方程式は、$y=\alpha+\beta x$という形となる。すなわち、ファンドのリターンは、ファンド独自の戦略によって生み出された部分（α）と市場全体のリターンに応じて生じた部分（βx）に分

解できる。ここでのファンドや市場全体のリターンというのは、厳密には株式投資やマーケットニュートラル投資のリスクをとることによって得られるリターンであることから、キャッシュ運用等の無リスク運用によって得られるリスクフリー・レートを差し引いたものである。

　線形回帰分析では、次の3つの重要な指標を得ることができる。まず最初は、相関係数である。これは、2つのリターンの間に存在する相関関係の方向と強弱の度合いを表す。つまり、相関係数が「1」だとすれば、市場全体のリターンが1％増加すると、それに比例して投資戦略によるリターンも1％増加することになる。次は、ベータ（β）である。これは市場とファンドの連動性の強さを示し、通常は株式市場のシステマティック・リスクの指標として使われる。例えば、ベータが2.0だとすると、株式マーケットのリターンが1％増加した場合、それに連動する投資戦略のリターンが2％増加することになる。最後はアルファ（α）である。これは、株式マーケットのリターンからは説明のつかないファンドのリターン部分を示す。この指標は、アクティブ運用の成果を計るものとして広く使われている。

　表3.1から分かるように、マーケットニュートラル戦略は株式市場との相関も、ベータも低い。このため、マーケットニュートラル戦略を採用するファンドのリターンは株式市場の動向にほとんど左右されない。ここで注目すべきなのが、株式市場の変動からは説明のつかないリターン部分、つまりアルファである。一般にアルファは運用マネジャーのスキルとしてとらえられることが多いが、投資戦略自体によって生み出される部分もあることは強調しておいてもいいだろう。マーケットニュートラルは金融市場の価格の歪みを利用する手法であり、アルファ志向の戦略と言える。

　伝統的資産のポートフォリオにマーケットニュートラル戦略を加えることで、ポートフォリオ全体のリターンを維持したまま、ボラティリティ（標準偏差）やシステマティック・リスク（ベータ）を低減す

表3.1 統計的プロファイル
（1990/1～1999/12、リスクフリー・レート控除後）

戦略	平均リターン（月次）	標準偏差（月次）	相関係数（対S&P500）	ベータ（対S&P500）	アルファ
S&P500	0.8620	3.870	1	1	0
転換社債アービトラージ	0.5159	1.019	0.4027	0.401	0.425
債券アービトラージ	0.3609	1.429	−0.0956	−0.100	0.393
MBSアービトラージ（1993/1～1999/12）	0.4838	1.337	−0.0310	−0.040	0.499
株式ヘッジ	1.4256	2.527	0.6453	0.645	1.063
株式マーケットニュートラル	0.5178	0.973	0.2548	0.253	0.463
スタティスティカル・アービトラージ	0.5273	1.088	0.4735	0.472	0.413
買収合併アービトラージ	0.6054	1.339	0.5040	0.502	0.456
レラティブバリュー・アービトラージ	0.7213	1.191	0.3477	0.346	0.630

表3.2 マーケットニュートラルとヘッジ戦略の相関行列（1990～1999）

1990/1～1999/12の相関行列	転換社債アービトラージ	株式ヘッジ	株式マーケットニュートラル	債券アービトラージ
HFRI転換社債アービトラージ	1			
HFRI株式ヘッジ	0.516	1		
HFRI株式マーケットニュートラル	0.183	0.466	1	
HFRI債券アービトラージ	0.124	0.036	0.067	1
HFRI買収合併アービトラージ	0.482	0.473	0.149	−0.082
HFRIレラティブバリュー・アービトラージ	0.552	0.518	0.201	0.308
HFRIスタティスティカル・アービトラージ	0.187	0.252	0.577	0.096
HFRI債券（MBSアービトラージ）	0.360	0.138	0.234	0.658
リーマン・ブラザーズ債券インデックス	0.230	0.137	0.184	−0.274
S&P500（配当込み）	0.398	0.642	0.246	−0.100

注＝HFRI債権（MBSアービトラージ）は1993～1999のデータを使用

ることができる。一見矛盾しているように思えるが、この喜ばしい結果から言えることは、金融市場は非効率であり、その機会を生かす投資戦略を活用するマネジャーが、市場を上回るリスク調整後リターンを上げる可能性があるということを意味する。市場を上回るリターンを得られたときは、各マーケットニュートラル戦略によって生み出されたアルファのおかげと言ってほぼ間違いない。

　ポートフォリオのリスクは、そのリターンの分散によって表されるが、それは個々の保有資産における分散の平均ではなく、保有資産間の相関によって左右される。つまり、現時点で保有するポートフォリオとの相関が高い投資対象を加えても、ポートフォリオ全体のボラティリティが低くなることはない。一方、ポートフォリオとの相関が低い投資対象、特にその投資対象自体のボラティリティが低いものを加

買収合併アービトラージ	レラティブバリュー・アービトラージ	スタティスティカル・アービトラージ	MBSアービトラージ	債券	株式
1					
0.392	1				
0.244	0.200	1			
0.089	0.331	0.116	1		
0.114	0.042	0.427	0.111	1	
0.499	0.345	0.483	−0.033	0.395	1

えた場合、ポートフォリオ全体のボラティリティをより引き下げることができる。異なる市場環境下で良好なパフォーマンスを得られるような投資戦略をアロケーションに加える、と考えておけばよい。表3.2は、マーケットニュートラル戦略およびヘッジ戦略と、リーマン・ブラザーズ債券インデックスやS&P500との相関、ならびに各戦略間の相関を示している。

　注意してほしいのは、マーケットニュートラル戦略同士もマーケットニュートラル戦略と株式・債券指数間の相関も、それほど高くないということだ（ただし、債券アービトラージとモーゲージバック・セキュリティーズ・アービトラージ、転換社債アービトラージとレラティブバリュー・アービトラージのように、それぞれの戦略に重複部分のあるものは別である）。つまり、マーケットニュートラル戦略のポートフォリオは、伝統的資産運用における投資よりもリスクを低く抑えながら、リターンを確保できるということになる。マーケットニュートラル戦略を伝統的資産運用における株式・債券ポートフォリオと組み合わせることで、リターンを減少させずにリスクを減らせることがM-V法による最適化によって確認できる。

　今では、マーケットニュートラル・ファンドのポートフォリオ構築ツールとして、M-V法が使えるようになったが、これまで、こうした分析はデータ不足のため難しかった（1990年より前のヒストリカル・データは数が少なく、仮に存在したとしても信頼性の低いものだった）。なぜならヘッジファンド業界は関係者の限られた閉鎖的な世界であり、マネジャーたちはパフォーマンス情報を公開する義務はなかったからである。しかし、機関投資家を中心とした投資家側からの強い要望によって、今では多くのヘッジファンドがさまざまなデータ・ベンダー会社にパフォーマンス・データの提供を行っている。現在では、10年分のデータが入手可能で、M-V法に基づいた過去の最適アセット・アロケーション分析を行うこともできるうえ、将来のアロケ

ーション設計をすることも可能になった。

　M-V法による最適化手法は、定量分析モデルを用いて、許容し得る一定のリスクを前提とした場合のポートフォリオの期待リターンを最大化したり、または、一定の期待リターンを前提とした場合のポートフォリオのリスクを最小化するための手法である。このモデルが導くのは「有効フロンティア」と呼ばれるもので、一定の分散（リスク）を前提として期待リターンを最大化するか、一定のリターンを前提として分散（リスク）を最小化するために選択が可能なアロケーションの組み合わせを示している。このモデルは、統計的にも分散投資が望ましいことを示している。M-V法による最適化手法によって、株式、債券、マーケットニュートラル戦略を含むアセット・アロケーションに関する興味深い事実を知ることができる。

　マーケットニュートラルのリターンは、伝統的資産運用における株式・債券投資のように市場の方向性にベットすることによって得られるものではなく、証券間の相関関係によって得られるものである。マーケットニュートラル全体で見ると、リターンの変動は免れないが、過去10年間に得られたリターンは総じて、伝統的資産運用での株式・債券運用よりも安定し、また伝統的資産運用との相関関係も低かった。このことをM-V法による最適化を行って図示したのが図3.1である。有効フロンティアは、各リスク（標準偏差）水準での、（マーケットニュートラル、株式、債券の）ヒストリカル・リターンによる最適解を示している。

　有効フロンティア上の点は、いずれも「最適ポートフォリオ」となる。つまり、リスクが所与の場合に期待リターンを最大化するか、リターンが所与の場合にリスクを最小化する点である。この曲線より左に位置するような結果を実現する組み合わせは存在しない。実現可能なアロケーションは、債券100％や株式100％の場合を含め、このフロンティア上かその内側にある。シャープレシオを用いたリスク調整後

図3.1　有効フロンティア――マーケットニュートラル戦略を組み入れた場合 (1990/1〜1999/12)

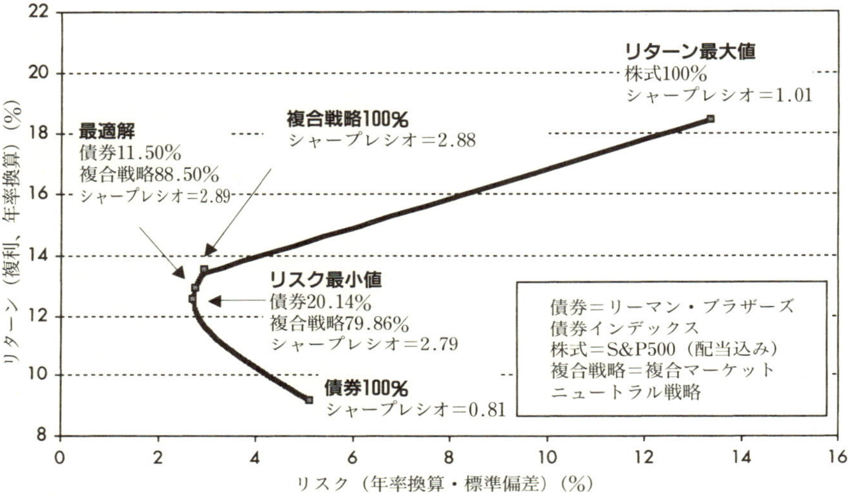

リターン最大値
株式100%
シャープレシオ＝1.01
複合戦略100%
シャープレシオ＝2.88
最適解
債券11.50%
複合戦略88.50%
シャープレシオ＝2.89
リスク最小値
債券20.14%
複合戦略79.86%
シャープレシオ＝2.79
債券100%
シャープレシオ＝0.81
債券＝リーマン・ブラザーズ
債券インデックス
株式＝S&P500（配当込み）
複合戦略＝複合マーケット
ニュートラル戦略
リターン（複利、年率換算）(%)
リスク（年率換算・標準偏差）(%)

リターンが最大になる点が、最適なアロケーションとなる。

このケースでは、株式100%と債券100%の場合のアロケーションが、フロンティアの上限と下限に位置しており、最適なアロケーションは、複合マーケットニュートラル・インデックス88%強、債券インデックス12%弱の組み合わせとなった。この結果は、マーケットニュートラル・インデックスが、広範囲に、相関性の低い運用手法を組み合わせた投資戦略の複合体であることを思えば、当然予想されたことであるとも言える。しかし、図3.1はポートフォリオの88%を実際にマーケットニュートラルに配分することを推奨しているわけではないにしても、マーケットニュートラルをアロケーションに加えたことによるリスク調整後リターンの改善効果には着目する必要があるだろう。マーケットニュートラルのアロケーション比重を増すことで、リスクを抑制しつつ、債券投資よりも高いリターンを実現できる。図3.2は、伝

図3.2 シャープレシオの改善──株式60％債券40％のポートフォリオにマーケットニュートラル戦略を組み入れた場合（1990/1～1999/12）

債券＝リーマン・ブラザーズ債券インデックス
株式＝S&P500（配当込み）
複合戦略＝複合マーケットニュートラル戦略

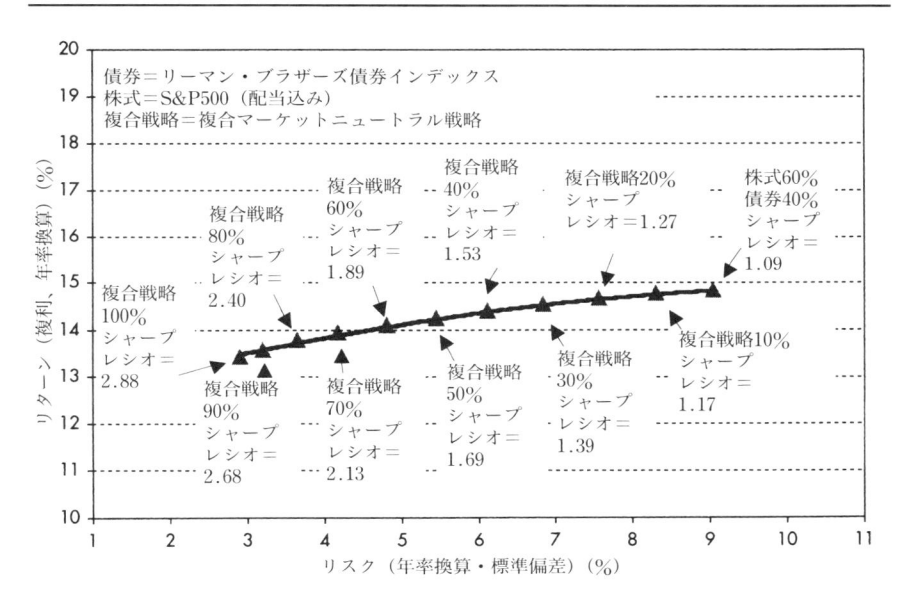

- 複合戦略100％ シャープレシオ＝2.88
- 複合戦略90％ シャープレシオ＝2.68
- 複合戦略80％ シャープレシオ＝2.40
- 複合戦略70％ シャープレシオ＝2.13
- 複合戦略60％ シャープレシオ＝1.89
- 複合戦略50％ シャープレシオ＝1.69
- 複合戦略40％ シャープレシオ＝1.53
- 複合戦略30％ シャープレシオ＝1.39
- 複合戦略20％ シャープレシオ＝1.27
- 複合戦略10％ シャープレシオ＝1.17
- 株式60％債券40％ シャープレシオ＝1.09

縦軸：リターン（複利、年率換算）（％）
横軸：リスク（年率換算・標準偏差）（％）

統的資産の運用ポートフォリオに組み入れるマーケットニュートラル戦略の割合を10％ずつ増やしていった場合、ポートフォリオ全体のボラティリティが、リターンが低減することなくどれだけ減少していくかを示したものである。なお、伝統的資産の運用ポートフォリオでは株式と債券の比率を6対4としている（例えば、マーケットニュートラル戦略を20％組み入れた場合は、株式が48％、債券が32％のアロケーションとなる）。

　株式・債券といった伝統的資産にマーケットニュートラルを加えていくと、リスクが低下するほどに、リターンが低下することはない。マーケットニュートラル100％のポートフォリオの場合、リスクは伝統的資産運用のわずか3分の1まで低下するが、リターンは10分の1程度減少したにすぎない。

リスク・エクスポージャの低減

　マーケットニュートラルを伝統的資産運用のポートフォリオ（株式60％・債券40％と仮定）と組み合わせることで、市場のシステマティック・リスクへのエクスポージャを低減することができる。このシステマティック・リスクはマーケット・リスクとも呼ばれ、ベータによって表されるが、すべての証券に共通して存在するリスクである。システマティック・リスクは、マクロ経済や投資家サイドの要因によって生じる。そのため、銘柄や業種、規模、スタイルの分散という伝統的資産運用における投資手法では、回避することが難しい。しかし、マーケットニュートラル戦略は、証券間の相間関係からリターンを得るものであり、伝統的資産運用における株式・債券投資のようにマーケットの方向性からリターンを得るものではないため、そのリスク・リターン特性は市場全体との相関関係が低い。

　すでに述べたように、伝統的資産運用のポートフォリオに、一部マーケットニュートラル戦略を組み入れることで、リスク調整後リターンを引き上げることができる。また、その場合にアロケーションは、ベータで表されるような、株式市場に対するリスクのエクスポージャをも低減できる。

　伝統的資産運用におけるポートフォリオ、すなわち、S&P500を運用指標とするような株式60％、リーマン・ブラザーズ債券インデックスを指標とするような債券40％で構成されるポートフォリオでは、過去10年間のリターンは、14.73％（ベータは0.66）だった。この株式60％・債券40％の伝統的資産運用型ポートフォリオにマーケットニュートラルを組み込み、その割合を10％単位で高めていく（例えば、マーケットニュートラル20％、株式48％、債券32％）と、ベータで表されるマーケット・リスクを低減しつつ、リターン水準を維持することができる（図3.3）。

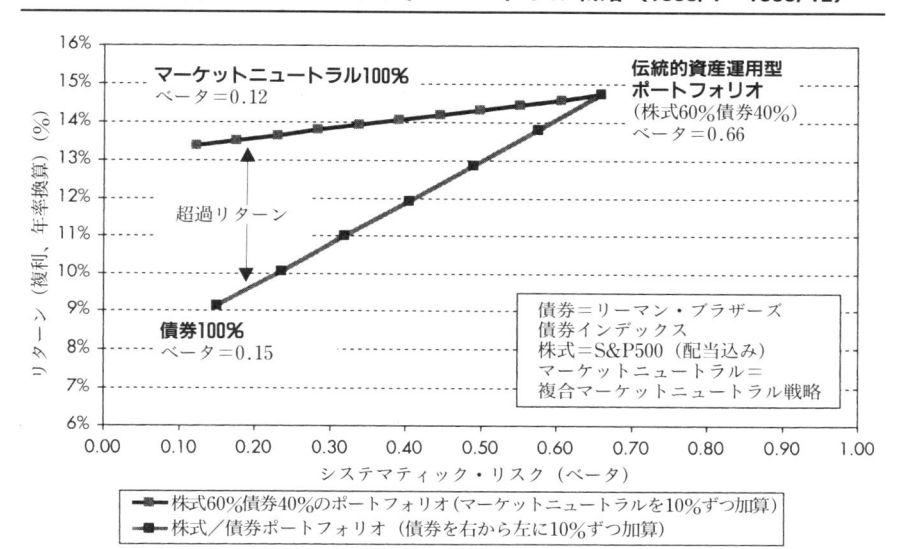

図3.3 債券代替としてのマーケットニュートラル戦略（1990/1〜1999/12）

グラフ内容：
- マーケットニュートラル100％　ベータ＝0.12
- 伝統的資産運用型ポートフォリオ（株式60％債券40％）ベータ＝0.66
- 債券100％　ベータ＝0.15
- 超過リターン
- 債券＝リーマン・ブラザーズ債券インデックス
- 株式＝S&P500（配当込み）
- マーケットニュートラル＝複合マーケットニュートラル戦略
- 縦軸：リターン（複利、年率換算）（％）
- 横軸：システマティック・リスク（ベータ）
- 株式60％債券40％のポートフォリオ（マーケットニュートラルを10％ずつ加算）
- 株式／債券ポートフォリオ（債券を右から左に10％ずつ加算）

　またシステマティック・リスクのすべてのレベルにおいて、マーケットニュートラルを組み込んだポートフォリオは、伝統的資産（株式と債券）のみで構成されたポートフォリオに対して、より高いリターンを示している。図3.3で分かるように、債券のアロケーションを高めることでシステマティック・リスクを軽減することができるが、その場合、株式60％・債券40％の割合を維持しつつマーケットニュートラル戦略を組み入れていく場合に比べて、リターンをより大きく損なうことになってしまう。伝統的資産運用型のポートフォリオのグラフを左にたどっていくと、どの地点で見てもマーケットニュートラル戦略を組み入れたポートフォリオのほうが、同じリスクで高いリターンを示していることが分かる。この理由はシステマティック・リスクの低減にある。株式60％・債券40％で構成されるポートフォリオに徐々にマーケットニュートラル戦略を組み入れていくと、マーケットニュ

ートラル戦略の組み入れ割合が0％の場合と100%の場合で、ポートフォリオのリターンは、わずか9％強（14.73%から13.38%に）低下したにすぎないが、ベータで計測したシステマティック・リスクは、80%超（0.66から0.12に）も低下している。これは、マーケットニュートラル戦略が市場における非効率性ゆえのミスプライシングによって、さらに大きな利益を生み出しているからこそ可能になっている。

　もちろん、伝統的資産とマーケットニュートラル戦略を組み合わせたポートフォリオのリスク・リターン特性は、伝統的資産運用のそれよりも優れている。トレイナーの測度は、この要因を計測するためのもので、シャープレシオとよく似ているが、分母の分散をベータで置き換え、1単位当たりの超過収益を測定する尺度である（図3.4）。

$$\text{トレイナーの測度} = \frac{\text{ポートフォリオのリターン} - \text{リスクフリー・レート}}{\text{ベータ}}$$

　図3.4では、マーケットニュートラル戦略のアロケーションを増加させると、トレイナーの測度は大きく上昇することを示している。なぜならマーケットニュートラル戦略のアロケーションが増えることで、マーケット・リスクのエクスポージャが低減され、ベータがリターン以上の速さで低減するからである。この結果、トレイナーの測度は大きく上昇している。さらに、ベータが低下するにつれてトレイナーの測度が上昇する割合は、債券のアロケーションを増加させる場合よってマーケットニュートラル戦略の組み入れを増加させるほうがかなり大きい。伝統的資産からなるポートフォリオに、マーケットニュートラル戦略を組み込むことで、株式60%・債券40%という伝統的資産からなるポートフォリオと同等のリターンを確保しつつ、システマティックなマーケット・リスクのエクスポージャを低減することが可能となる。

図3.4　トレイナー測度の改善――マーケットニュートラル戦略で債券の代替をした場合（1990/1～1999/12）

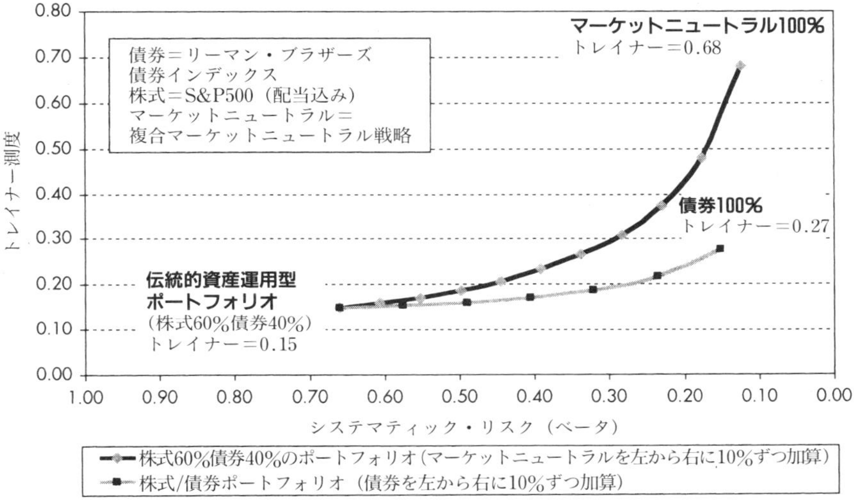

マーケットニュートラル100%
トレイナー＝0.68
債券＝リーマン・ブラザーズ
債券インデックス
株式＝S&P500（配当込み）
マーケットニュートラル＝
複合マーケットニュートラル戦略
債券100%
トレイナー＝0.27
伝統的資産運用型
ポートフォリオ
（株式60%債券40%）
トレイナー＝0.15
トレイナー測度
システマティック・リスク（ベータ）
0.80
0.70
0.60
0.50
0.40
0.30
0.20
0.10
0.00
1.00
0.90
0.80
0.70
0.60
0.50
0.40
0.30
0.20
0.10
0.00
株式60%債券40%のポートフォリオ（マーケットニュートラルを左から右に10%ずつ加算）
株式/債券ポートフォリオ（債券を左から右に10%ずつ加算）

株式と債券を組み合わせたポートフォリオと株式とマーケットニュートラル戦略を組み合わせたポートフォリオを比較した場合も、同様の結果が得られる。ここでも、株式のインデックスとしてS&P500、債券のインデックスとしてリーマン・ブラザーズ債券インデックスを用いることにする。過去10年間のS&P500の年平均リターンは18.45%、当然ながらベータは１である。リーマン・ブラザーズ債券インデックスの方は9.14%でS&P500に対するベータは0.1506であった。

これまでは、株式市場のエクスポージャを低減させ、リターンの分散（リスク）を低下させるには、ポートフォリオに債券を加えることが一般的であった。しかし、債券の代わりにマーケットニュートラルを加えることで、一定のマーケット・リスクのもとでより高いリターンを生み出すことができる可能性が出てくる。

図3.5では、２組のポートフォリオについてシステマティック・リ

図3.5 債券代替としてのマーケットニュートラル戦略（1990/1〜1999/12）

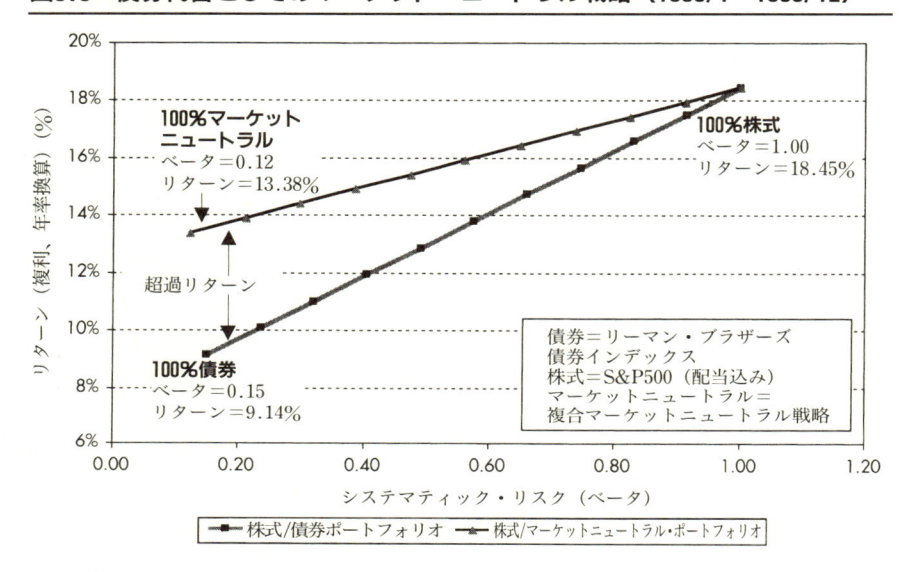

グラフ内の記載：
- 100%マーケットニュートラル：ベータ＝0.12、リターン＝13.38%
- 100%株式：ベータ＝1.00、リターン＝18.45%
- 100%債券：ベータ＝0.15、リターン＝9.14%
- 超過リターン
- 債券＝リーマン・ブラザーズ債券インデックス
- 株式＝S&P500（配当込み）
- マーケットニュートラル＝複合マーケットニュートラル戦略
- 縦軸：リターン（複利、年率換算）（%）
- 横軸：システマティック・リスク（ベータ）
- 凡例：株式/債券ポートフォリオ、株式/マーケットニュートラル・ポートフォリオ

スク（ベータ）とリターンの推移がグラフ化されている。下のラインは株式と債券による伝統的な組み合わせで、上のラインは債券をマーケットニュートラル戦略で置き換えたものである。グラフは左から右に、株式のアロケーションがゼロから100%まで10%単位で増加（マーケット・リスクの増加を招く）している。

ここで示されているように、S&P500を100%保有し、マーケット・リスクのすべてを負う場合を除けば、マーケット・リスクがどの水準であっても、株式とマーケットニュートラル戦略を組み合わせたポートフォリオのほうが、株式と債券を組み合わせたポートフォリオよりも高いリスク・リターン特性を示している。

ここで再び、トレイナーの測度を計算すると図3.6のようになり、株式とマーケットニュートラル戦略からなるポートフォリオは一定のシステマティック・リスクを前提とすると、株式と債券の組み合わせ

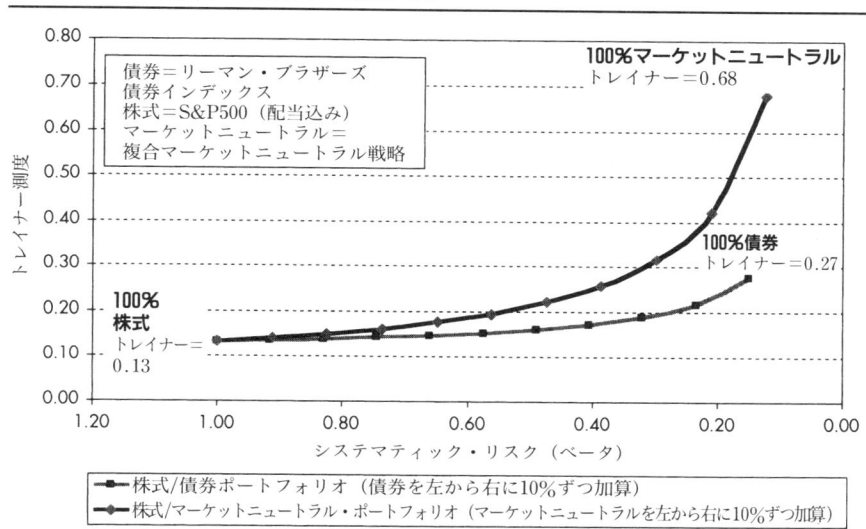

図3.6 トレイナー測度の改善──マーケットニュートラル戦略で債券の代替をした場合（1990/1～1999/12）

債券＝リーマン・ブラザーズ債券インデックス
株式＝S&P500（配当込み）
マーケットニュートラル＝複合マーケットニュートラル戦略

100%マーケットニュートラル　トレイナー＝0.68
100%債券　トレイナー＝0.27
100%株式　トレイナー＝0.13

縦軸：トレイナー測度
横軸：システマティック・リスク（ベータ）

──■── 株式／債券ポートフォリオ（債券を左から右に10％ずつ加算）
──◆── 株式／マーケットニュートラル・ポートフォリオ（マーケットニュートラルを左から右に10％ずつ加算）

よりも大きなリターンを生み出していることが分かる。図中で、グラフを右に移動するにつれ（マーケット・リスクの減少を招く）株式のアロケーションが100％からゼロへと減少している。

　株式とマーケットニュートラル戦略の組み合わせで、マーケットニュートラル戦略のウエートが大きくなるにつれトレイナー測度の傾きは急になる。株式と他資産（債券またはマーケットニュートラル戦略）を70％対30％の組み合わせから始め、他資産のアロケーションを増加（グラフ上では左から右へと移動）していくと、（リスク一定のときの）限界リターンは、株式とマーケットニュートラル戦略の組み合わせのほうが株式と債券の組み合わせによるポートフォリオよりも大きくなる。つまり、ポートフォリオ中の債券のアロケーションをマーケットニュートラル戦略に置き換えることで、一定のリスクのもとでより高いリターンを生み出すことが可能になる。

さまざまな種類のマーケットニュートラル戦略およびヘッジ戦略が、リターンで債券を上回る一方、リスクでは株式を下回っている。さらに、どのような市場環境下であっても、これらの戦略は株式インデックス、債券インデックスと低相関である。「マーケット・リスクに対するヘッジ」というこれらの戦略の特徴から言えば、特に重要なのは、株式市場が下落している期間のパフォーマンスである。1990年代、S&P500の月次パフォーマンスがマイナスとなったのは37カ月あり、その平均月次リターンは−3.01％だった。それに対し、マーケットニュートラル戦略が下落したのは、そのうちわずか8カ月（全体の22％）にとどまり、この37カ月の平均月次リターンは0.47％だった。次に、主要な8種類のマーケットニュートラル戦略・ヘッジ戦略を簡単に解説する。

マーケットニュートラル戦略とヘッジ戦略

転換社債アービトラージ

　転換社債アービトラージ（第4章参照）は転換債券をロングする一方で、この債券と同銘柄の株式をショート（空売り）することでヘッジを行うものである。対象としては転換社債、転換権付優先株、ワラント債が含まれるが、ここでは転換社債に的を絞って解説する。
　転換社債とは、その一部を株式に転換できる権利（転換権）が与えられた社債である。転換社債は債券と株式の両方の特徴を持つハイブリッド証券であり、価格も両方の特徴を反映したものとなる。一般的傾向として、転換社債の価格は、同銘柄の株式が下落してもこれより緩やかに下げる一方、上昇局面ではこれによく追随する。一般的なアービトラージ戦略では、転換社債をロングし、これと同銘柄の株式を

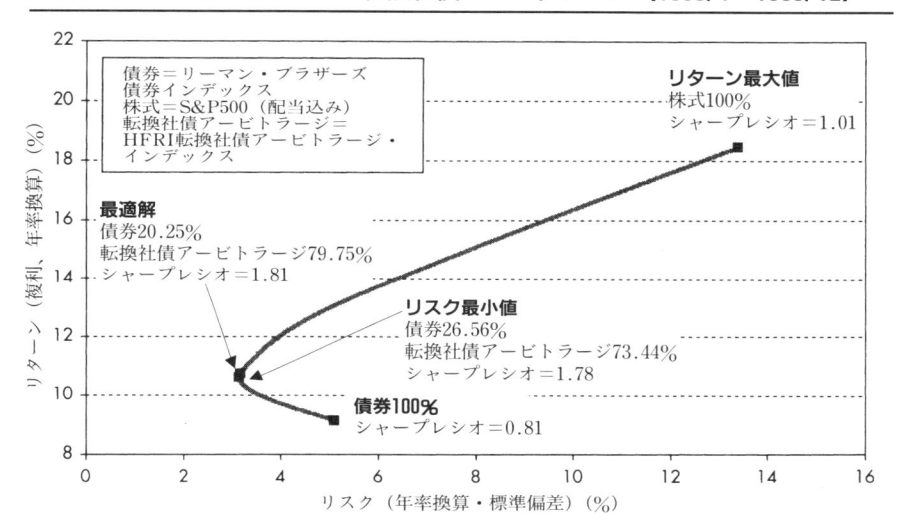

図3.7 有効フロンティア──転換社債アービトラージ (1990/1〜1999/12)

債券=リーマン・ブラザーズ債券インデックス
株式=S&P500（配当込み）
転換社債アービトラージ=HFRI転換社債アービトラージ・インデックス

リターン最大値
株式100%
シャープレシオ=1.01

最適解
債券20.25%
転換社債アービトラージ79.75%
シャープレシオ=1.81

リスク最小値
債券26.56%
転換社債アービトラージ73.44%
シャープレシオ=1.78

債券100%
シャープレシオ=0.81

縦軸：リターン（複利、年率換算）(%)
横軸：リスク（年率換算・標準偏差）(%)

ショートすることで、この相関関係から利益を得ることになる。図3.7では、1990年代の転換社債アービトラージ、株式、債券の3つの投資対象を組み合わせた場合の有効フロンティアを示している。

債券アービトラージ

債券アービトラージ（第5章参照）は、ミスプライシングとなっているひとつか、または複数の債券を買い、これとは別の債券を使ってマーケット・リスクをヘッジするものである。通常、この戦略はこの小さな価格の歪みに着目した取引であり、一方で金利などのシステマティックなマーケット・リスクを最小限に抑えようとするものである。多くの場合、類似した種類の債券を用い、ロングとショートのポジションを持つことでリスクを相殺する。それらは理論的にも現実的にも

正の相関関係を有しているが、この相関関係が一時的に連動しなくなったときにポジションをとる。このポジションに含まれるのは、国債、社債、政府機関債、ソブリン債、地方債、エマージング債などである。また、スワップや先物取引を含むこともある。

この戦略では、割安になっている債券を買う一方、割高な債券を空売りすることで、債券市場全体の金利変動の影響を受けないようにする。選択した債券が金利の動きに対して同じだけ動くとすると、金利上昇はロング・ポジションにとってマイナス要因となるが、逆にショート・ポジションに対してはプラス材料となり、互いの変動を相殺することができる。債券アービトラージでは、相場の方向性にベットするような投資は行わない。債券間の相関関係に歪みが生じた後、それが通常の関係に戻る過程が収益獲得の機会となる。ここでは市場の方向性を予測しようとするのではなく、市場金利変動の影響を相殺したうえで、債券間で一時的に生じた価格形成上の歪みが元に戻る力を利用して利益を出すことになる。

債券価格はイールド・カーブ、ボラティリティ曲線、期待キャッシュフロー、格付け、特殊債やオプションの特性によって決定されることから、ファンドマネジャーは価格不均衡を見極めるため、洗練された分析モデルを駆使する必要がある。債券価格決定の複雑さは、債券アービトラージを行う者にとって、避けることのできない部分である。債券アービトラージの投資家は市場でのさまざまな出来事に加え、不慣れな投資家たちが投資対象（コール・オプションなど）を的確に評価できないため、価格が高過ぎたり安過ぎたりする場合にも投資の機会を得ることになる。図3.8は、債券アービトラージ、株式、債券を組み合わせた有効フロンティアを1990年代のデータに基づき作成したものである。

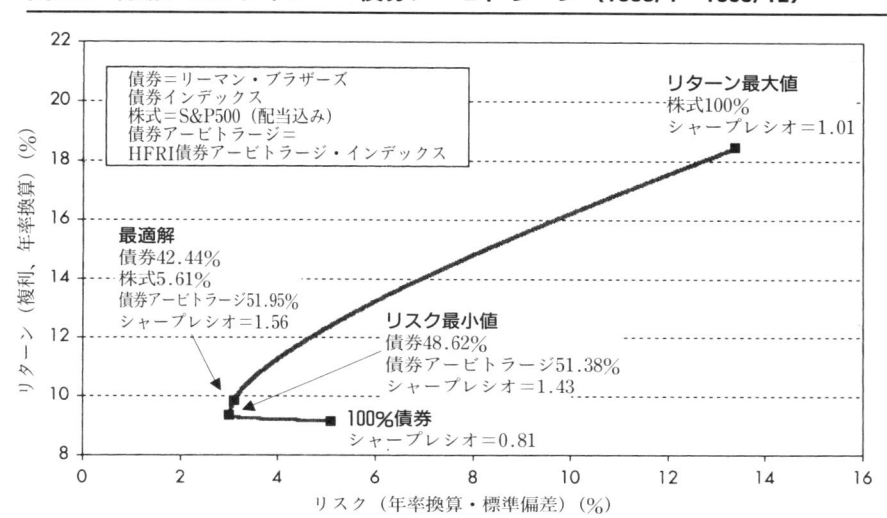

図3.8　有効フロンティア――債券アービトラージ（1990/1～1999/12）

債券＝リーマン・ブラザーズ債券インデックス
株式＝S&P500（配当込み）
債券アービトラージ＝HFRI債券アービトラージ・インデックス

リターン最大値
株式100%
シャープレシオ＝1.01

最適解
債券42.44%
株式5.61%
債券アービトラージ51.95%
シャープレシオ＝1.56

リスク最小値
債券48.62%
債券アービトラージ51.38%
シャープレシオ＝1.43

100%債券
シャープレシオ＝0.81

縦軸：リターン（複利、年率換算）（%）
横軸：リスク（年率換算・標準偏差）（%）

モーゲージバック・セキュリティーズ・アービトラージ

　モーゲージバック・セキュリティーズ・アービトラージ（MBSアービトラージ、第6章参照）は、本質的には債券アービトラージの一種である。さらに細分化するなら、債券レラティブバリューの一種ということになる。モーゲージバック・セキュリティーズ（MBS）とは、期限前返済権が内包された債券である。この戦略のマネジャーは、MBSに内包されたオプションを評価するためのモデルを使用し、最終的にはこれをオプション調整後スプレッド（OAS）によってランク付けする。OASは、MBSの将来のキャッシュフローを現在価値に割り引いて得られたカーブと国債のイールド・カーブとの平均スプレッドである。

OASは、金利ボラティリティとMBSの期限前償還リスクを加味したうえで求めた、国債に対する超過リターンとも言える。最も割安な債券を買い、国債、オプション、先物、キャップ、フロア、スワップ、先渡し取引などを通じ、デュレーション・リスクがゼロになるようにヘッジを行う。マネジャーはゼロ・デュレーションを維持し、市場金利の動向にベットすることを避け、債券の選択と的確な評価から収益を上げることに集中することとなる。モーゲージのマネジャーを分類する基準としては、どのMBSセクター（それぞれ独自のリスク・リターン特性を持つ多くのMBSストラクチャーが存在する）に投資しているか、どのような評価システムを使用しているかに加え、リスク・マネジメントやヘッジングの手法がある。図3.9は、1993年から1999年末にかけてのMBSアービトラージと株式・債券の組み合わせによる有効フロンティアを示している。

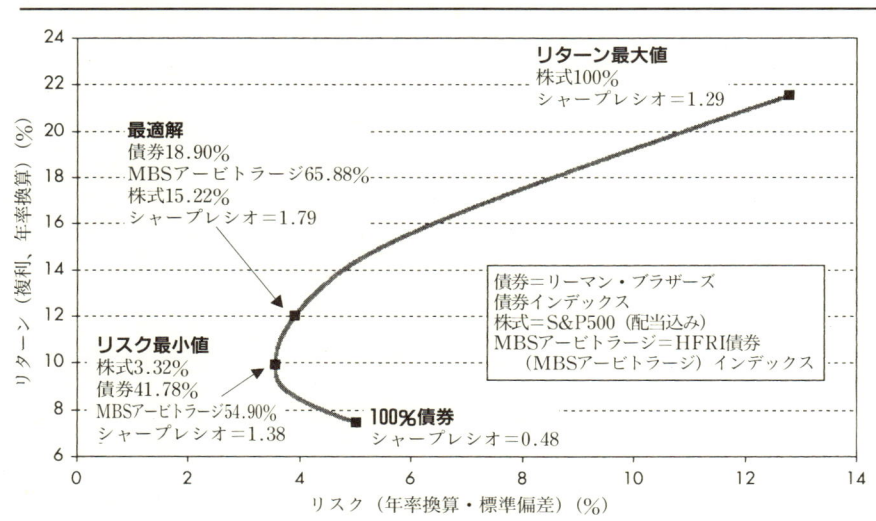

図3.9　有効フロンティア——MBSアービトラージ（1993/1～1999/12）

リターン最大値
株式100%
シャープレシオ＝1.29

最適解
債券18.90%
MBSアービトラージ65.88%
株式15.22%
シャープレシオ＝1.79

リスク最小値
株式3.32%
債券41.78%
MBSアービトラージ54.90%
シャープレシオ＝1.38

100%債券
シャープレシオ＝0.48

債券＝リーマン・ブラザーズ債券インデックス
株式＝S&P500（配当込み）
MBSアービトラージ＝HFRI債券（MBSアービトラージ）インデックス

縦軸：リターン（複利、年率換算）(%)
横軸：リスク（年率換算・標準偏差）(%)

買収合併アービトラージ

　一般的に、買収合併アービトラージ（第7章参照）では、買収される側の企業（被買収企業）の株式を買う一方、買収を仕掛けている側の企業（買収企業）の株式を空売りする。これと同様の効果が低コストで実現できる場合、株式でなくオプションを利用するマネジャーもいる。通常、被買収企業の株式は、買収予定価格より割安な水準で取引されている。この理由としては、以下のようなことが考えられる。①企業買収は通常、合併計画の発表前に付けている被買収企業の株価よりも高値で行われる、②すべての企業合併にはイベント・リスク、つまり、発表どおりに合併計画が実現しないリスクが伴う。買収合併が実現しなかった場合、被買収企業の株価は下落、時として急落することもある。買収合併アービトラージのマネジャーは、合併計画の実現可能性を正確に予測し、被買収企業の現在の株価と買収企業が提示する買収予定金額の差額を将来的に得られるであろう利益として固定化する。

　しかし、買収成立までの間は、両企業の株価とも、買収の行方をめぐる市場の不確実性を反映して推移することになる。この不確実性を生む背景としては、財務上の問題に始まり、規制による障害、合併条件の複雑さ、経営陣の意見の不一致、市場のセンチメントに加え、いずれかの企業に関するネガティブな材料が新たに浮上する可能性など、このほかにもいろいろな要因が考えられる。こうした要因が台頭した場合、被買収企業の株価が買収予定額よりも割安な水準で取引されることが多い。通常、買収合併アービトラージのマネジャーは、アービトラージ・スプレッド、すなわち現在の株価と買収予定価格の開きを年率収益に換算し、このリターンが合併不成立時に生じる損失リスクに見合うだけのものかどうかを判断する。

　彼らは、合併の動きがあるからといってそのような憶測に基づいて

図3.10　有効フロンティア——買収合併アービトラージ（1990/1～1999/12）

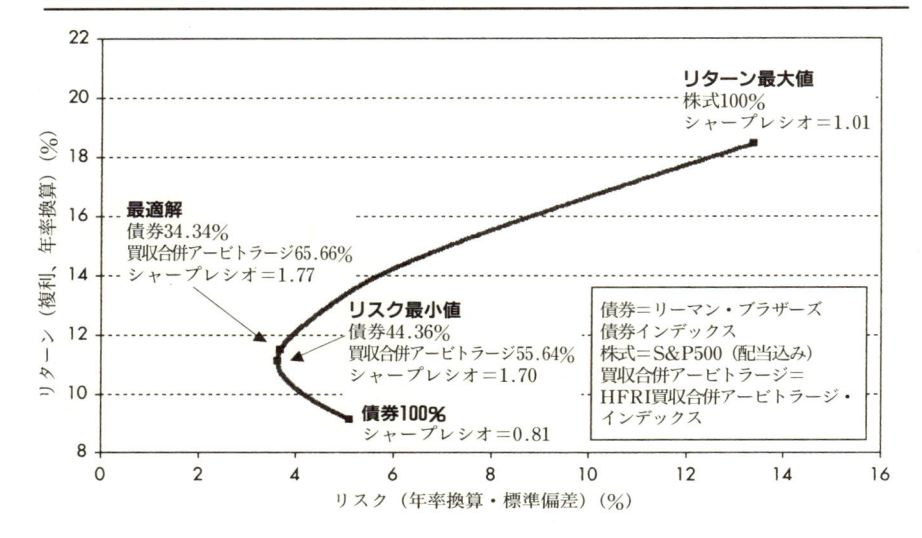

グラフ内の記載：
- リターン最大値　株式100%　シャープレシオ＝1.01
- 最適解　債券34.34%　買収合併アービトラージ65.66%　シャープレシオ＝1.77
- リスク最小値　債券44.36%　買収合併アービトラージ55.64%　シャープレシオ＝1.70
- 債券100%　シャープレシオ＝0.81
- 債券＝リーマン・ブラザーズ債券インデックス
- 株式＝S&P500（配当込み）
- 買収合併アービトラージ＝HFRI買収合併アービトラージ・インデックス
- 縦軸：リターン（複利、年率換算）（%）
- 横軸：リスク（年率換算・標準偏差）（%）

投資するようなことはしない。なぜなら、これはうわさに基づいて投資することにほかならないからである。マネジャーはこうした投資行為を回避し、不確実性を軽減するため、すでに発表されている買収合併計画について調査を行う。そして、実際にポジションをとる前に、両社の公開文書や過去の財務諸表、米国証券取引委員会（SEC）の企業電子ファイルサービス（EDGAR：Electronic Data Gathering, Analysis, and Retrieval）、各種アナリスト・レポート、有力メディアの報道、企業説明会、経営陣や業界関係者への取材などに基づいて詳細な検討を行う。その結果、期待される投資収益率が合併不成立の場合のリスクを大幅に上回ると判断した場合に初めてポジションをとることになる。そして、その後さらに買収合併の成立を後押しするような材料が出たり、市場のセンチメントが買収合併成立の確率が高いとの判断に傾き、不確実性が後退するようなら、さらにポジシ

ョンを積み増すことになる。逆に、不安材料が現れたり、期待される利益がポジションを維持するリスクに見合わない水準まで下がった場合、そのポジションを手仕舞うことになる。しかし、すべてが計画どおりに進んでいるかぎり、ポジションは買収合併の成立まで解消されることはない。図3.10は、買収合併アービトラージと株式・債券を組み合わせた有効フロンティアを1990年代のデータに基づき作成したものである。

株式ヘッジ

　正確に言えば、この株式ヘッジ（第8章参照）はマーケットニュートラル戦略の範疇には含まれない。だが、このヘッジの背景にある考え方には、マーケットニュートラルと共通する部分が多く、また同様の目的を持ち合わせていることから、ここで扱うことにした。株式ヘッジのマネジャーは、核となる株式のロング・ポジションと株式または株式指数オプションのショートを組み合わせ、ポートフォリオを構築する。ネット・エクスポージャ（ロング・ポジションからショート・ポジションを引いたもの）は、マネジャーの考えやそのときどきの相場状況によって変化するが、原則的には強気相場でロング・エクスポージャを積み増し、弱気相場では減らす（または、売り越す）ことになる。ショート・エクスポージャは通常、株式市場の下落に対するヘッジとして利用されるが、さらにこのショート・ポジションによってリターンを得ようとするマネジャーもいる。
　相場の上昇局面においては、市場と同程度かそれ以上の速さで価格上昇が見込まれる銘柄についてはロング・ポジションが最適な選択である一方、市場の価格上昇よりも緩やかな上昇か、価格が下落することが見込まれる銘柄についてはショート・ポジションが最適な選択になる。同様に、相場の下落局面においては、市場の値下がり以上に急

図3.11　有効フロンティア――株式ヘッジ（1990/1〜1999/12）

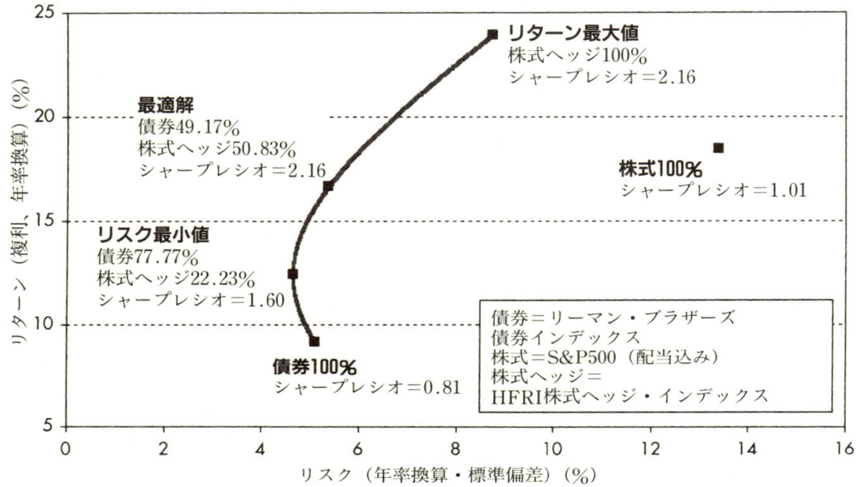
リターン最大値
株式ヘッジ100%
シャープレシオ＝2.16
最適解
債券49.17%
株式ヘッジ50.83%
シャープレシオ＝2.16
株式100%
シャープレシオ＝1.01
リスク最小値
債券77.77%
株式ヘッジ22.23%
シャープレシオ＝1.60
債券100%
シャープレシオ＝0.81
債券＝リーマン・ブラザーズ
債券インデックス
株式＝S&P500（配当込み）
株式ヘッジ＝
HFRI株式ヘッジ・インデックス
リターン（複利、年率換算）（%）
リスク（年率換算・標準偏差）（%）
25
20
15
10
5
0
2
4
6
8
10
12
14
16

落することが見込まれる銘柄についてはショートを選ぶ一方、市場の価格低下よりも緩やかな低下か、あるいは上昇することが見込まれる銘柄についてはロングを選ぶことが最適な選択になる。相場上昇時においてパフォーマンスの劣るショートを抱えることは、リターンが低下する要因となるが、これは下落時にこのショートによって得られるプロテクション効果との引き換えとして位置づけられる。株式ヘッジ戦略におけるロング・ポジションの収益の源泉は、通常の株式取引と変わらないものの、相場の下落局面において空売りやヘッジを用いることで、市場のリターン以上にパフォーマンスを上げようとする点が通常の株式取引と異なっている。

このため株式ヘッジ戦略の場合、強気相場では利益を上げつつも、ロングのみの運用よりリターンが低くなる。他方、弱気相場では損失を生じることもあるが、ロングのみの運用に比べて損失は小さくてす

む。したがって、株式ヘッジ戦略においては、長期的にもロングのみで運用する場合に比べ、低いボラティリティで同程度のリターンを期待することができる。図3.11は、株式ヘッジと株式・債券を組み合わせた有効フロンティアを1990年代のデータに基づき作成したものである。

株式マーケットニュートラルとスタティスティカル・アービトラージ

　株式マーケットニュートラル（第9章参照）のマネジャーは通常、株式ロングのポジションを大量に持つ一方、同額かほぼ同水準のショート・ポジションでこれを相殺することで、全体のネット・エクスポージャをゼロに近づける。このネット・エクスポージャをゼロの状態（ドル・ニュートラリティという）にすることが、株式マーケットニュートラル戦略に共通する特徴である。株式マーケットニュートラルのマネジャーは、同額のロングとショートのポジションを持つことでシステマティックな価格変動や、価格形成を左右する投資家のセンチメントなど、そのポートフォリオに対するあらゆる影響を「中立化」しようとする。また、一部のマネジャーはこの中立化のコンセプトを、ベータ、産業、セクター、投資スタイル、時価総額規模といった特定のリスク指標や分野まで広げている。株式マーケットニュートラルのポートフォリオでは、市場全体の動きよりもパフォーマンスで上回ると見られる銘柄をロングし、逆にこれを下回ると見られるものをショートする。リターンはロング・ショート間のスプレッド、言い換えるとロング・ポジションとショート・ポジションのパフォーマンス格差から得られることになる。このため、この戦略のマネジャーは、理論的には、株式市場全体の方向性にかかわらず安定したリターンを確保することができる。

　一般的に、スタティスティカル・アービトラージ（第9章参照）が、

株式マーケットニュートラルと異なるのは、マネジャーの自己裁量を抑制している点である。マネジャーごとに裁量は異なるが、定量分析を重視するタイプのマネジャーでさえ、モデルを実際に繰り返し活用するなかで、人の手によるある種の「芸術」的な側面をモデルのなかに組み込んでいる。この戦略のアプローチは、ロングとショートに同額のポジションを建てることで、市場のシステマティックな動きから守るという意味では共通している。異なるのは、そのポートフォリオを構築する手法の部分である。図3.12は、株式マーケットニュートラルと株式・債券の組み合わせた有効フロンティアを1990年代のデータに基づき作成したものである。また、図3.13は、株式スタティスティカル・アービトラージと株式・債券の組み合わせた有効フロンティアを作成したものである。

図3.12　有効フロンティア──株式マーケットニュートラル　(1990/1～1999/12)

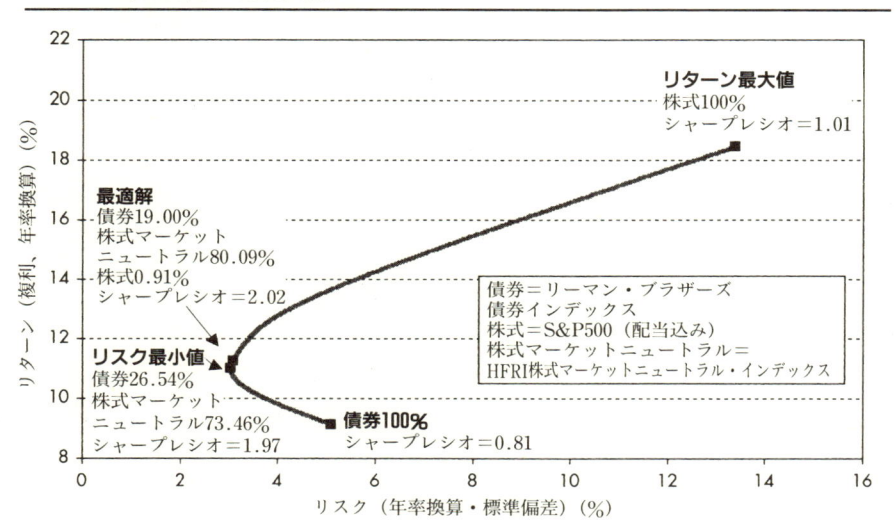

リターン最大値
株式100%
シャープレシオ＝1.01

最適解
債券19.00%
株式マーケットニュートラル80.09%
株式0.91%
シャープレシオ＝2.02

リスク最小値
債券26.54%
株式マーケットニュートラル73.46%
シャープレシオ＝1.97

債券100%
シャープレシオ＝0.81

債券＝リーマン・ブラザーズ債券インデックス
株式＝S&P500（配当込み）
株式マーケットニュートラル＝HFRI株式マーケットニュートラル・インデックス

リターン（複利、年率換算）(%)
リスク（年率換算・標準偏差）(%)

レラティブバリュー・アービトラージ

レラティブバリュー・アービトラージ（第10章参照）のマネジャーは通常、複数の戦略を駆使して投資を行う。全体を通じて目につくのは、市場の方向性に沿った売買でなく「スプレッド取引」を行うことである。スプレッド取引とは、証券間の割高・割安に着目して、そこからリターンを得る取引である。この戦略の場合、統計的またはヒストリカルには価格が連動しているものの、一時的にその関係に歪みが生じているような、類似性・関連性のある証券についてロングとショートのポジションを建てる。証券間の相関関係に歪みが生じた後、それが通常の関係に戻る過程が収益獲得の機会となる。

マネジャーは、将来の相場の方向性を予想しようとするのでなく、

図3.13　有効フロンティア――株式スタティスティカル・アービトラージ（1990/1～1999/12）

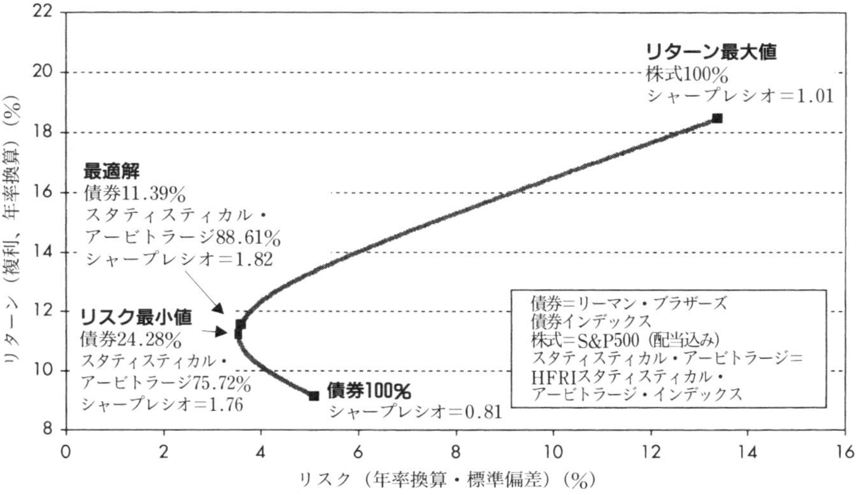
リターン（複利、年率換算）（％）
リスク（年率換算・標準偏差）（％）
リターン最大値
株式100％
シャープレシオ＝1.01
最適解
債券11.39％
スタティスティカル・
アービトラージ88.61％
シャープレシオ＝1.82
リスク最小値
債券24.28％
スタティスティカル・
アービトラージ75.72％
シャープレシオ＝1.76
債券100％
シャープレシオ＝0.81
債券＝リーマン・ブラザーズ
債券インデックス
株式＝S&P500（配当込み）
スタティスティカル・アービトラージ＝
HFRIスタティスティカル・
アービトラージ・インデックス

ロングとショートの両方のポジションを持つことでポートフォリオ全体としてのエクスポージャを中立化しようとする。さらに、レラティブバリュー・マネジャーは、どのレラティブバリュー戦略が最大の投資機会を提供するか判断し、その戦略をポートフォリオ全体のなかでウエート付けすることで、付加価値を生み出していく。レラティブバリュー戦略のなかには、債券アービトラージ、転換社債アービトラージ、スタティスティカル・アービトラージ、ペア・トレーディング、オプション・ワラント・トレーディング、キャピタル・ストラクチャー・アービトラージに加え、レギュレーションDとしてよく知られるストラクチャード・ディスカウント転換証券などが含まれる。図3.14は、レラティブバリューと株式・債券を組み合わせた有効フロンティアを1990年代のデータに基づき作成したものである。

図3.14 有効フロンティア――レラティブバリュー・アービトラージ（1990/1～1999/12）

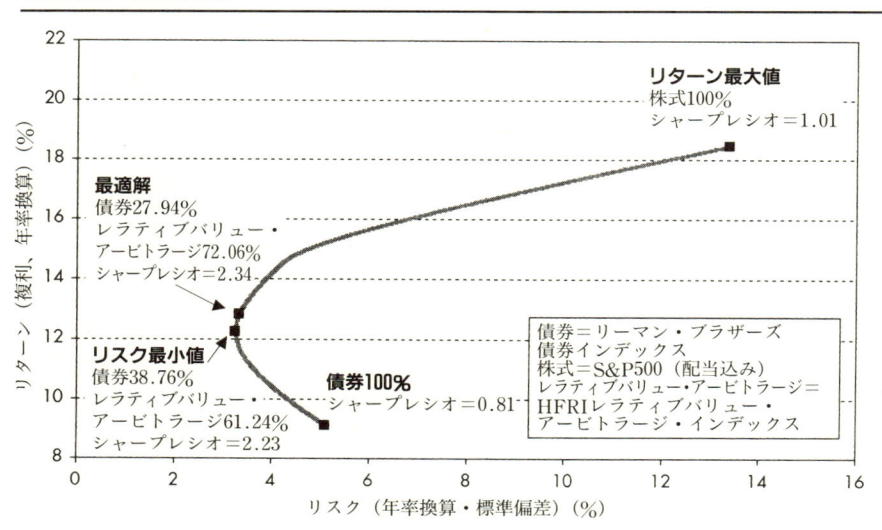

- リターン最大値
  株式100%
  シャープレシオ＝1.01
- 最適解
  債券27.94%
  レラティブバリュー・アービトラージ72.06%
  シャープレシオ＝2.34
- リスク最小値
  債券38.76%
  レラティブバリュー・アービトラージ61.24%
  シャープレシオ＝2.23
- 債券100%
  シャープレシオ＝0.81

債券＝リーマン・ブラザーズ債券インデックス
株式＝S&P500（配当込み）
レラティブバリュー・アービトラージ＝HFRIレラティブバリュー・アービトラージ・インデックス

縦軸：リターン（複利、年率換算）（%）
横軸：リスク（年率換算・標準偏差）（%）

優れたリスク調整後リターンの達成

　これまで述べてきたことで明らかなように、マーケットニュートラル戦略を利用することによって、伝統的資産運用における投資戦略よりも高いリスク調整後リターンを実現することができる（マーケットニュートラル戦略は債券よりも高いリターンが得られる一方、ボラティリティは株式や債券よりも小さい）。ここで分析した戦略はいずれも、相関関係を利用し、市場の価格形成の歪みによるミスプライシングに着目しリターンを狙うものである。

リスクの評価

　ヘッジファンドへの投資は、2種類の基本的なリスクを伴う。
　それは、①投資戦略に伴うリスク、②その戦略への投資を実践するうえでのリスク——の2種類である。ヘッジファンドの場合も投資戦略自体やそのマーケット特有のリスクがある点はほかの投資戦略と同じだが、それに加えてレバレッジの利用やヘッジ・テクニックのようにマネジャー独自の投資スタイルによるリスクも存在する。
　戦略自体が持つリスクが投資家に理解され、受け入れられたとしても、戦略の実行段階でのリスクは残る。一般にこうしたリスクは「ブラインド・インベスティング」、つまり、運営上の十分な情報が投資家に対して開示されない、あるいは投資した資産が十分に保護されないようなファンドに投資してしまった場合において問題になる。このような場合、投資家は情報がないことから、投資の状況を把握することもできず、投資判断の責任者であるはずのマネジャーに連絡することすらままならなくなることもある。
　1990年代においては、このようなことが見過ごされがちであった。しかし、LTCM（ロング・ターム・キャピタル・マネジメント）の

成功とそれに続く1998年の破綻によって、リスク・マネジメントの問題が脚光を浴びることになった。今となってはLTCMが、どのような投資手法を採用していたのか定かではない。それがほかのどんなマネジャーが採用しているような戦略であったのか、ましてやそれがヘッジファンド業界における一般的な戦略であったのかさえ分からない。こうしたことから、投資を検討する場合に、次のような事柄を忘れてはならない。

1．レバレッジはリスクを拡大する。
2．情報開示のない投資は、リスクの評価を難しくする。
3．過去の実績は将来のパフォーマンスを保証するものではない。
4．流動性が低下すると、すべてのロング・エクスポージャの相関が高まる。
5．ヘッジファンドの多くはバリュー戦略を基本にしており、相場の方向性が明確な場合のパフォーマンスは期待できない。

ここに挙げたリスクに対する最善の対処法は、初期の段階で投資アプローチを理解し、ポートフォリオのモニタリングを継続することである。投資家が情報開示の不十分なファンドに投資してしまうリスクを避けるには、専用取引口座を通じてマネジャーに直接アクセスすることが必要である。これによって、投資家自身が投資資産を直接把握し、管理することができるようになる。適切な管理とモニタリングを怠らなければ、ヘッジファンド投資における大部分の懸念を払拭することができる。合同ファンドの形で運用している場合は、専用口座以上に管理面で注意を払わなければならないが、最も大切なのは、日次レベルでのポートフォリオの透明性を確保し、あらかじめ定められたファンド特性の維持についてモニタリングすることである。

投資家はファンドへの投資を決定する前に、ファンドの特性を見極

めることが重要である。投資家はデュー・デリジェンス、つまり、投資機会に関する情報収集やその分析の過程で、投資する市場や投資対象、重要視する部分、収益の源泉、価格形成、リターンの継続的安定性、売買のルール、キーパーソン、時価総額、マネジャーの能力、市場環境などについて検討することになる。投資判断の少なくとも一部は、こうした要因の組み合わせに基づいて行われる。また、ファンドの特性は、こうした要因の一部と深くかかわっている。

投資目的と特性は、投資へ影響を及ぼす要因や投資対象の特徴をよく検討したうえで、実際の投資開始前に決定されるべきである。これらの要因は時間とともに変化することから、投資家は当初の投資目的を忘れないようにしなければならない。そのためには、投資家は常に変化をモニターする必要がある。ファンドの特性に影響を及ぼす要因は、ポートフォリオを継続的にレビューすることによってモニタリングができる。なお、モニタリングを行うには透明性の確保が必要となる。

透明性

透明性が確保されているということは、マネジャーのポートフォリオの中身をチェックし、賢明な投資判断を下すために検討しなければならない要因を把握できるような状況にあることである。通常この言葉は、投資対象となっている資産やそのポジションについてレビューできる状況を指す。マーケットニュートラル戦略は、ロング、ショート、レバレッジ、デリバティブを利用する多面的な投資手法であり、継続的な監視が欠かせないことから、透明性の確保は特に重要となる。

透明性については、以下のようなことを念頭に置いておく必要がある。

1．売買情報はマネジャー自身でなく、プライム・ブローカーやカストディアンなど第三者から得ることが望ましい。
2．投資対象資産の時価評価はマネジャーから独立した第三者によって行われることが望ましい。プライム・ブローカーによってはマネジャーの意向に従うこともあり、第三者からのポジション情報であっても時として、マネジャーの意向による時価を反映していることがある。よって、時価はできるかぎり独立した機関によって値付けされるべきである。
3．戦略によっては、このレベルの透明性が達成できる場合もあるし、それが無理な場合もある。マネジャーには、このレベルの情報開示に合意しない者もいる。

　日次レベルの透明性の確保は当初、リスクモニタリングツールとして求められたものだが、同時に日々の時価評価も可能になった。これによって、ミューチュアルファンドやストラテジー・インデックス・ファンドなどの新しい商品からヘッジファンド戦略への投資が可能となった。ヘッジファンド・リサーチ社（HFR）とチューリッヒ・キャピタル・マーケッツ（ZCM）は最近、多くのヘッジファンド戦略について、戦略ごとのインデックスを発表した（この情報は、ブルームバーグやブリッジ、www.hfr.comなどから入手可能である）。これは、完全な透明性を保証し、時価評価を毎日行う、レバレッジを含まないインデックスである。このインデックスは、レバレッジによる効果を除いた各戦略のリターンを示したものであり、オルタナティブ・マネジャーの運用能力を測定するためのよりよいツールが欲しいという機関投資家の声に応えたものである。
　賢明な投資を行うには、ポートフォリオのレベルでの透明性が必要だと考える機関投資家が増加している。なぜならファンドのリスク・リターン特性の理解を深めたり、リスク・エクスポージャの拡大（そ

の理由がレバレッジをさらに効かせるという戦略にのっとったためであれ、投資パフォーマンスの低下を挽回するためであれ）を回避するためである。また、収益の源泉が明確であり、かつその再現性が高い戦略に対する関心も高まっている。

基本戦略

　第1章から第3章では、マーケットニュートラル戦略の重要度が高まっている状況を簡単になぞってみた。まず、過去10年間にヘッジファンド（マーケットニュートラル戦略のマネジャーが多い）が急増した点について、その主な背景とともに記した。次に、ヘッジファンド資産は総じて増加傾向にあるなか、1999年のマーケットニュートラルへのアロケーションは、1990年よりもさらに拡大していることを示した。資金がマーケットニュートラルへと流入していることから、投資家の間で、相場の下落時にもヘッジが効くような相関関係に着目した投資戦略への需要が高まっていることがうかがえる。3番目に述べたのは、ヘッジファンドへの投資家の特徴が変わってきていることについてであり、特に機関投資家の関心の高まりとそのアロケーションの増加が顕著な点である。

　4番目には、線形分析とM-V法による最適化手法を用いて投資資産の分散、つまり伝統的資産によるポートフォリオにマーケットニュートラルを組み入れることのメリットを明らかにした。5番目には、マーケットニュートラル戦略の概略を説明した。そして最後に、ヘッジファンドに投資するときのリスクについて、情報開示が不十分な場合の問題を中心に解説した。専用口座や合同ファンドでの透明性の確保、あるいは新たに開発された透明性の高いストラテジー・インデックスなどの活用によって、そういったリスクは最小化できる。

　これまで述べてきたように、マーケットニュートラル投資に当たっ

てはファンドの運用戦略そのものに注目することが重要である。第4章から第10章にかけて、マーケットニュートラル戦略の詳細を解説していくことにする。

第4章
転換社債アービトラージ
Convertible Arbitrage

- ■転換社債の評価 ……………82
  - スタティスティカル・アドバンテージ ………82
  - 転換社債の価格決定要因 ………83
- ■転換社債アービトラージのアプローチ ……………90
  - 定量分析に基づくスクリーニング ………90
  - ヘッジの種類 ………91
  - マーケットニュートラル・ヘッジの設定 ………91
  - ブリッシュ・ヘッジの設定 ………96
  - ベアリッシュ・ヘッジの設定 ………97
- ■リスクとリスク管理 ……………97
  - ファンダメンタルズ分析 ………97
  - ヘッジ分析 ………99
  - ポートフォリオの構築 ………101
  - 流動性 ………102
  - レバレッジ ………103
- ■収益の源泉 ……………104
- ■転換社債市場の歴史 ……………104
- ■最近の成長と発展 ……………106
- ■逆境でのパフォーマンス ……………107
- ■過去の実例 ……………109

転換社債アービトラージは転換証券をロング（買い）する一方で、この証券が転換対象とする株式をショート（空売り）することでヘッジを行うものである。対象としては転換社債、転換優先株、ワラントが含まれる。ここでは、転換社債に絞って話を進めるが、考え方はすべての転換証券に共通している。転換社債とは、一定量の株式に転換できる権利（転換権）が与えられた社債である。つまり、転換社債は債券と株式、双方の特性を備えたハイブリッド証券であるため、その価格も両方の特徴を反映したものとなる。一般的傾向として、転換社債の価格は、同銘柄の株式が下落してもこれより緩やかに下げる一方、上昇局面ではこれによく追随する。通常、転換社債アービトラージのマネジャーは、転換社債をロングし、同銘柄の株式をショートすることで、これらの複雑な価格関係から利益を得る。

転換社債の評価

　マネジャーの取引手法について掘り下げていく前に、まずは転換社債のさまざまな価格決定要因や、複雑な価格評価モデルについて理解することが重要である。

スタティスティカル・アドバンテージ

　マネジャーは、優れたトータル・リターン特性を備える転換社債を見極め、その転換社債をロングし、同銘柄の株式をショートする裁定取引を行うことで利益を得ることになる。優れたリターン特性を備える転換社債の価格は、同銘柄の株式が下げた場合も、株価の値下がりよりも緩やかに下落する傾向がある。一方、株の上昇局面ではこれによく追随する。表4.1に掲げたリターンの比較表は、この関係を示している。

表4.1　リターン特性

転換対象株式の価格変化	10%下落	変化なし	10%上昇
株式（%）	−10	0	+10
転換社債（%、配当込み）	−2	+5	+8

　転換社債は、同銘柄の株式の上昇局面ではこれによく連動するのに対し、下落局面ではあまり影響を受けないため、トータル・リターン特性は優れたものになる。話を簡単にするため、転換社債と同銘柄の株式はゼロ配当で、価格変動によってのみリターンが生ずることにする。一方、転換社債は5％のクーポン収入があることにする。加えて、株式と転換社債は、株式の値動きに対して反応が異なる。この2つの特性から、転換社債にはスタティスティカル・アドバンテージが発生する。

　数学的には、リスクと期待リターンのバランスからみてゼロ配当の株式に投資するメリットはない。これは別に、優良な株式に投資しても利益につながらないと言っているのではなく、ほかの要因をまったく同じにすれば、統計的にはある株式が下落する可能性は上昇する可能性とまったく同じになると言っているにすぎない。株式の場合は、上下いずれかの方向に10％値動きがあれば、同じだけ利益か損失が発生するということであり、リスクに対する期待リターンの割合は1対1ということになる。表4.1にある転換社債の場合、10％の価格変動で出る利益の可能性が損失可能性に対して4倍なので、リスクに対する期待リターンの割合は4対1となる。

転換社債の価格決定要因

インベストメント・バリュー
　転換社債は株式と債券双方の特徴を併せ持っているため、その評価

も双方を反映したハイブリッドなものとなる。このうち、債券部分の価値は、インベストメント・バリューと呼ばれている。この名称に惑わされて、これを転換社債全体の市場価格と混同してはいけない。この場合のインベストメント・バリューとは単に転換社債の債券部分の価値を指すにすぎず、言い換えれば株式転換権を除いた債券部分の価値のみを意味している。

インベストメント・バリューは、転換社債に投資している投資家にとっての投資対象の下限価値を意味している。転換社債の価格は、株式部分の価値が急落した場合でも債券としての価値が残るため、このインベストメント・バリューを割り込むことはない。唯一の例外は、証券の発行企業がファンダメンタル面での問題を抱えることで株価が急落し、これを受けて債券としての信用力に問題が生じる場合である。この種の証券はバスティッド・コンバーティブルと呼ばれるが、これについては、この章の後半で解説する。転換社債アービトラージ戦略ではインベストメント・バリューを評価するために、発行企業のファンダメンタルズ分析、クーポンと償還期間、信用力、最終利回りなど、従来からある債券投資分析のツールが利用される。

理論的には金利が一定であるかぎり、転換社債のインベストメント・バリューは株価の変動に対しても安定的に推移する。ただし株価が急落するような局面では、インベストメント・バリューもこれに追随する。なぜなら、株価の下落は当該企業に財務上の問題がある兆しであり、破産や債務不履行になる可能性もあるからである。一方、株価の値上がりに際しては、転換社債全体の価格への影響はあるが、インベストメント・バリューはこれに影響されない。これは、インベストメント・バリューの主要な決定要因である発行企業の信用力や財務状況は緩やかに変動するものであり、この信用力が維持されているかぎりインベストメント・バリューも現状を維持するからである。実際にはこのようなケースが一般的であるが、企業のファンダメンタルズが

激変することもある。企業格付けの社債に与える影響と同様に、予想外の収益悪化のニュースによってインベストメント・バリューが下落することがある。企業のファンダメンタルズの急激な悪化は、企業がクーポンあるいは元本を支払えなくなるリスクが増大する予兆でもある。

　金利の変動は、同様の信用力を持つ一般の社債と同じように、転換社債のインベストメント・バリューにも影響を与える。金利とは、資金を借りるときの価格を表している。金利が上昇した場合、資金の貸し手は高金利を歓迎するため、低金利で発行された債券の価格は下落する。このため、金利の上昇は転換社債のインベストメント・バリューの下落を招く。金利の低下は、これと逆の効果をもたらすことになる。

　ここで再度、注意を促しておきたいのだが、転換社債の価格はダイナミックに変動するものであり、ある一定の環境のもとでは、ある価格の決定要因がほかよりも大きく影響することもある。つまり、金利が上昇してインベストメント・バリューが下落している状況でも、同銘柄の株式の価格が上昇することで、転換社債全体の価格で見るとインベストメント・バリューの下落が相殺される可能性もある。一般的に、インベストメント・バリューと同等もしくはこれに近い水準で転換社債の価格が推移する場合、これを上回る水準での価格よりも金利の影響を受けやすい（なお、インベストメント・バリューを上回る水準に価格がある場合は、株式の値動きからの影響を受けやすい）。

インベストメント・プレミアム

　転換社債のインベストメント・プレミアムとは、転換社債の市場価格とインベストメント・バリューとの差のことであり、インベストメント・バリューに対する割合として表される。また転換社債のうち債券部分を取り出して、インベストメント・バリューを上回る価値を算

出することで示される。これは、投資家がこのハイブリッド証券を取得するために支払わなければならない代価を示している。例えば、額面1000ドルの転換社債で、インベストメント・バリュー800ドルの場合、インベストメント・プレミアムは（1000−800）÷800＝25％となる。これは、価格やほかの変数などとともに、下落リスクを計測するための重要な指標となる。インベストメント・プレミアムの算出式は以下のとおりである。

$$\text{インベストメント・プレミアム} = \frac{\text{転換社債の市場価格} - \text{インベストメント・バリュー}}{\text{インベストメント・バリュー}}$$

　通常、インベストメント・プレミアムが大きいということは、同銘柄の株価の変動に対して、転換社債が非常に敏感であることを意味する。インベストメント・プレミアムの大きさは、（株価が高いことによる）市場価格とインベストメント・バリューの差を反映しているからである。本章の後半で詳述するが、株価が上昇する場合、転換社債は債券よりも株式に近い動きをするようになる。また、株価が下落し始めると、転換社債はインベストメント・バリューに近い水準になるまでこの株価の動きを反映して推移し、その後は株式よりも債券としての特性を表すようになる。同じ理屈で、インベストメント・プレミアムが小さい転換社債の場合は、より債券に近い特性を示し、金利の変動などといった債券価格の変動要因から影響を受けやすい。

転換価格
　転換価格は、投資家が転換社債から株式に転換することのできる価格である。転換社債は発行された時点で、その額面に相当する株数が決められている。これを、「転換比率」という。転換価格は、額面で交換可能な株式数量（転換比率）を決定する要素となる。しかし、転

換社債が額面で売買されることはまずないうえ、転換する株式の価格も変動するのが常である。

転換比率

転換比率（コンバージョン・レシオ）は、転換社債の保有者が、転換社債を株式に転換した場合に、社債の額面当たり受け取る普通株の数量のことである。上述のように、これは転換社債の発行時において決められるもので、株式への転換時に債券の保有者が受け取る株式数である。転換比率は、債券の残存期間に応じて設定される。

$$転換比率 = \frac{額面価格}{転換価格}$$

コンバージョン・バリュー

コンバージョン・バリューは、転換社債の株式としての性格の部分の価値を表す。これは株式に転換された場合の株式の時価にほかならない。これは、（発行時に決められた）転換社債が転換可能な株式数に、その時点での株式の時価を掛けたものに等しい。コンバージョン・バリューは、インベストメント・バリューと同様、転換社債の下限価値を示している。すなわち、転換社債がこの価格を下回って売買されることはない。

コンバージョン・バリュー＝転換比率×株式の時価

コンバージョン・プレミアム

投資家は一般に、転換社債のコンバージョン・バリューを上回るプレミアムを支払うことをいとわない。なぜなら、転換社債は債券としての特性によって下値をプロテクトされているうえ、利息の形で株式

の配当より高い収入をもたらすからである。プレミアムは、転換社債の市場価格とそのコンバージョン・バリューの差を、コンバージョン・バリューで割ることで求められる。

$$\text{コンバージョン・プレミアム} = \frac{\text{転換社債の市場価格} - \text{コンバージョン・バリュー}}{\text{コンバージョン・バリュー}}$$

　転換社債のコンバージョン・プレミアムは、転換社債が株式に転換された場合に、投資家が株式として受け取る価値以上に支払うことになる金額のことである。これは、転換社債の株式への転換権の価値を表している。例えば、ある転換社債が1000ドル（額面価格：パー）で取引されており、14ドルの株式50株に転換可能であるとすると、この場合、コンバージョン・バリューは700ドルになる。プレミアムは、買った時点での転換社債価格とコンバージョン・バリューの差なので、300ドル（1000ドル－700ドル）になる。通常、プレミアムはコンバージョン・バリューとの比で示されることから、例示した転換社債の場合、コンバージョン・プレミアムは42.9％（300ドル÷700ドル）となる。

　一般に、コンバージョン・プレミアムが上昇するにつれて、転換社債価格は、同銘柄の株式の価格との相関関係が低下し、逆にインベストメント・バリューとの相関関係が高まっていく。この論理に従えば、株価が上昇し、転換社債の価格も株式に近い動きをしている場合、投資家が転換社債から株式への転換権の価値は低下し、その転換権に対して支払われるプレミアムも低下するということになる。また、転換社債の価格がインベストメント・バリューに接近するのに伴い、転換社債の株式部分の価値は低下する。ただし、転換社債のコンバージョン・プレミアムに影響する要因は多岐にわたることを念頭に置くことが重要である。例えば、企業が一般の社債を発行しているのと同程度

の金利水準であれば、転換社債が債券に近い動きをすることから、利回りの高い転換社債は、コンバージョン・プレミアムも高くなる。このような場合、投資家は、株価の水準にかかわらず、金利収入の部分に対し、株式部分よりも高い価値を認めることになる。

構成要因間の相関関係

前の項で説明したインベストメント・バリュー、インベストメント・プレミアム、転換価格、転換比率、コンバージョン・バリューといった構成要因は、転換社債の市場価格の構成要因となる。転換社債はハイブリッド証券であるため、株式とは異なる市場要因よって価格が左右される。事実、転換社債の価格と同銘柄の株式の価格が、1対1に対応することなどけっしてないと言っていい。例えば、転換社債の価格は、その債券的な特性から金利と逆の方向に動く傾向があるが、株式のほうはマクロ経済の状況と金利動向の影響に反応する。

転換社債と同銘柄株式との値動きを、関数として表す単一の計算式など存在しない。むしろ、さまざまな要因が転換社債の価格形成に影響している。転換社債の専門家は、転換社債と株式の価格の歪みを見つけだし、そこからのアービトラージ取引によってリターンを得る。そして、その相関関係に変化を与える要因についてモニターするのである。

図4.1は、転換社債の価格曲線を例示したものである。転換社債と同銘柄の株式の価格を横軸に、転換社債の価格を縦軸に置いている。これは転換社債アービトラージ・マネジャーが投資のときに活用する代表的な価格曲線を表しているが、これらの曲線の形状は常に固定されたものではない。本章で後ほど触れるが、転換社債の価格に影響を与える同銘柄の株価に変化があった場合、曲線の形状も変化する。また、同じ転換社債を運用している場合であってもマネジャーが異なれば、同銘柄の株価評価の違いから、できる曲線の形状も変わってくる。

図4.1　転換社債の価格曲線

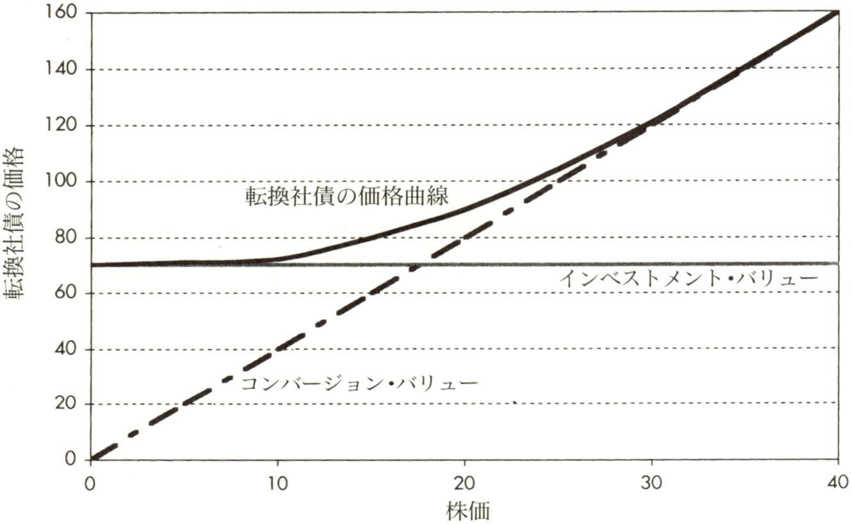
160
140
120
100
80
60
40
20
0
0
10
20
30
40
転換社債の価格
株価
転換社債の価格曲線
インベストメント・バリュー
コンバージョン・バリュー

転換社債アービトラージのアプローチ

定量分析に基づくスクリーニング

転換社債アービトラージのマネジャーは、転換社債のユニバースに対して定量分析に基づくスクリーニングを行い、投資機会を見極めようとする。そのとき、多くのマネジャーがバリューラインからの情報や内部データベースのデータを利用している。スクリーニングの基準は、価格、クーポン、現在の最終利回り、配当利回り、プレミアム、発行規模、デュレーション、格付けなどであり、マネジャーによって異なることもある。これらの各種データを前提としつつ、「理論的に割安」となっている転換社債を選定する評価モデルを利用して、アー

ビトラージの機会を見極める。理論的に割安な証券を見極めるために、マネジャーは転換社債の市場価格を、同銘柄株式の時価や金利、信用力、インプライド・ボラティリティ、期前償還の可能性といった変数などに基づく理論値と比較するのである。

ヘッジの種類

マネジャーは、アービトラージの投資機会を見極めたあと、どのヘッジが適しているかを判断する。標準的な転換社債アービトラージのポジションでは、計算されたデルタに基づき市場リスクの中立化（マーケットニュートラル）が図られる。デルタとは、同銘柄の株式に対する転換社債の値動きである。この値は、現時点の株価水準における転換社債の価格曲線に対する接線の傾きとして求められる。前述のように、同一の転換社債であってもマネジャーによって価格曲線が異なるため、ニュートラルを維持するための適切なデルタも違ってくることになる。強気相場でも弱気相場でも、ヘッジは基本的に同様の手法で行われるが、デルタをニュートラルにする水準よりも多めに売り建てたり、あるいは少なめに売り建てたりすることがある。これは、マネジャーが企業のファンダメンタルズ分析によって、転換社債の発行企業の業績が市場の予想を上回るかあるいは下回るかの確信を得た場合、デルタをニュートラルにする水準よりも多く、あるいは少なく株が売られることを意味する。

マーケットニュートラル・ヘッジの設定

転換社債アービトラージにおいて、ニュートラル・ヘッジとは通常、株式をショートし、株価がどちらの方向に振れても損失が生じないようにすることを言う。転換社債アービトラージのマネジャーは、高度

な評価モデルや、起こり得るさまざまなシナリオに基づいて、ニュートラルにするために必要なショート・ポジションを決定する。マネジャーが利用するこうした評価手法や、ニュートラルを維持するために行うリアルタイムの取引手法については、本章でこの後、解説する。ここで強調しておきたいことは、マネジャーは、転換社債の市場価格をその理論値と比較していることである。

ニュートラル・ヘッジの収益の源泉としては、以下のようなものがある。

- 買い建てた転換社債からの利子
- 同銘柄の株式をショートしたことで得られたキャッシュに対する利子
- 株式への転換権の価値、またはコンバージョン・プレミアム
- 同銘柄の株式の価格下落や転換社債の価格上昇に伴うポジションの組み替えによる利益

レバレッジを効かせていないニュートラル・ヘッジの例

以下は、転換社債アービトラージのマネジャーがニュートラル・ヘッジを構築する例である。

銘柄	：シネティック社
評価期日	：1999年3月1日
当初発行規模	：1億5000万ドル
額面	：1000ドル
利息	：年率5％
期前償還時の償還価格	：1028.69ドル
期前償還権行使日（コール日）	：2000年7月15日
満期日	：2007年2月15日

格付け   : B/B2
債券価格   : 1債券当たり896.25ドル
株式価格   : 1株当たり43.125ドル
転換比率   : 16.667株
コンバージョン・バリュー   : 718.80ドル
コンバージョン・プレミアム   : 24.70%
インベストメント・プレミアム   : 20.99%
株式ヒストリカル・ボラティリティ : 40.00%
インプライド・ボラティリティ   : 32.81%

　マネジャーは、発行企業が転換社債を期前償還するオプションの評価も含め、こうしたデータに基づいて転換社債の理論値を、市場価格より22.65ドル高い917.90ドルと算定した。その後、このマネジャーは、評価日から1年間のリターン特性について、株価変動やタイム・ディケイ（満期日の接近でプレミアムが縮小すること）を考慮し、統計的に検討した。表4.2がその結果である。
　この転換社債には、単独でみると下落リスクを上回る、価格上昇の可能性のリターン特性がある。この結果から、マネジャーはこの転換社債がリスクに対するリターンという点から魅力的であると判断した。ただし、それでも下落のリスクは残っていた。これを最小化するため、マネジャーは次のように、この転換社債と同銘柄の株式をショートす

表4.2　1年間のリスク・リターン特性

株価変動	50%下落	25%下落	変化なし	25%上昇	50%上昇
株価	21.56	32.34	43.13	53.91	64.69
株式（%）	−50.00	−25.00	0.00	25.00	50.00
転換社債価格	76.13	81.17	88.53	100.23	114.17
転換社債（%）	−15.06	−9.44	−1.22	11.83	27.39
転換社債（%、配当込み）	−9.48	−3.86	4.36	17.41	32.97

ることで、ニュートラル・ヘッジをかけることにした。

マーケットニュートラル・ヘッジ設定のメカニズム

マーケットニュートラル・ヘッジは、対応する株式が上昇あるいは下落しても損益が生じないようにするものである。このヘッジを設定することで、投資家は株式の方向性に関してニュートラルな立場をとることができる。

この例では、株価の小幅な動きであっても、利益も損失も生じないようなヘッジが設定できるように、ショート・ポジションが建てられた。これは、同銘柄の株式の株価変動に対する転換社債の感応度に基づき、株式を一定の割合でショートすることにより設定される。この感応度は、デルタによって計測される。すでに述べたように、デルタは、現時点の株価水準における転換社債の価格曲線に対する接線の傾きとして求められる。この場合のポジションは、次のとおりである。

転換社債のロング・ポジション：100
転換比率　　　　　　　　　：16.6667
転換株式数合計　　　　　　：1666.67（転換社債ロング・ポジション×転換比率）
デルタ　　　　　　　　　　：0.54
適正ヘッジポジション　　　：900（転換株式数×デルタ）

このデルタ計算の結果、ヘッジ・ポジションは、転換社債100のロング・ポジションに対して、株式900のショート・ポジションとなった。

リターン分析

転換社債のロング・ポジション　：100
株式のショート・ポジション　　：900

デルタ   ：0.54
ヘッジ   ：54.00%
ショート・インタレスト・リベート：4.50%
スタティック・イールド   ：7.53%

　さらにこのマネジャーは、転換社債のリターン特性を分析し、株価の推移を想定したうえで、現在のインカム収入、タイム・ディケイ、ヘッジ・ポジションの調整による利益などを考慮し、さらに1年このポジションを維持すべきかどうかについて検討した（表4.3）。

表4.3　1年間のリスク・リターン特性

株価変動	50%下落	25%下落	変化なし	25%上昇	50%上昇
株価	21.56	32.34	43.13	53.91	64.69
転換社債価格	76.13	81.17	88.53	100.23	114.17
ヘッジ要素のリターン（%）					
転換社債の利子	5.58	5.58	5.58	5.58	5.58
株式ショートの利子	1.46	1.71	1.95	2.19	2.44
ヘッジ利益	6.59	1.39	−1.22	1.01	5.74
リターン合計	13.64	8.67	6.31	8.78	13.75

出所＝John Zerweck of Zazove Associates, LLC.

結果として、1999年3月1日から7月30日までの年率リターンは次のとおりとなった。

インカム利回り	：5.58%
株式のショート・リベート	：1.59%
株価変動（41.5から100.5の範囲）に対する利益	：2.08%
転換社債の価格上昇（適正バリューへの収束値）	：1.53%
年率リターン合計	：11.14%

ブリッシュ・ヘッジの設定

　ブリッシュ・ヘッジ（ロングバイアス・ヘッジともいう）は、同銘柄の株式の価格変動に対して、ニュートラルを維持するのに必要な量より少なく株式のショートを行うヘッジである。これによって、下落リスクは増加するものの、同銘柄の株式の上昇を受けた転換社債の価格上昇から、より恩恵を受けることになる。マネジャーが企業のファンダメンタルズ調査を進めるなかで、株価の支援材料となりそうな情報を見いだすことがある。こうした情報は、一般に増益の見通しやキャッシュフローの増加など、経営の堅実さを示すようなものである。ただ気をつけなければならないのは、ブリッシュ・ヘッジを仕掛けるのが合理的な場合は、このように株価に対する強気材料が明らかだったり、転換社債と同銘柄の株式の間にミスプライシングがある場合に限られるということである。

　ブリッシュ・ヘッジの収益の源泉はニュートラル・ヘッジと同じだが、このヘッジ・ポジションの場合、株式の下落による利益も、株式の上昇による損失も不均衡なものになる。

ベアリッシュ・ヘッジの設定

ベアリッシュ・ヘッジ（ショートバイアス・ヘッジともいう）は、同銘柄の株式の価格変動に対してニュートラルを維持するのに必要な量以上に株式のショートを行うヘッジである。これによって、同銘柄の株式の上昇による転換社債の価格上昇から受ける恩恵は減ってしまう。一方で株価の下落からはより大きな利益を生み出す。基本的には、このヘッジは転換社債の上昇によるメリットが減少する代わりに、株式の下落からリターンを得られるショート・エクスポージャを受け入れるものである。ブリッシュ・ヘッジのところで述べたように、マネジャーがファンダメンタルズ調査を進めるなかで、株価の変動要因（この場合は弱気材料）となるような情報を見いだすことがある。これには、経営の問題点や財務上の問題、競争の激化などがある。

このヘッジの収益の源泉はニュートラル・ヘッジと同じだが、このヘッジ・ポジションの場合、株価の下落による利益も、株価上昇による損失も不均衡なものになる。

リスクとリスク管理

ファンダメンタルズ分析

アービトラージ・マネジャーにとってファンダメンタルズ分析は投資スタイルを決めるうえでのひとつの要素になっている。特定の転換社債市場（例えば、いわゆる「バスティッド・コンバーティブル」）やヘッジ・スタイル（ブリッシュ・ヘッジやベアリッシュ・ヘッジ）によっては、発行企業に関する従来型の徹底的なファンダメンタルズ分析が必要な場合がある。一般に、企業の信用力に疑念があれば従来

型の信用分析が必要であり、急成長を遂げている企業なら、従来型のファンダメンタルズ分析が必要となる。自分のポートフォリオに含まれるすべての企業に関して、ファンダメンタルズ分析を行うマネジャーもいる。多くの場合、ファンダメンタルズ分析は投資の意思決定プロセスの一部となっている。一般に、どれだけの数の企業に対してファンダメンタルズ分析を行えるのかは、ポートフォリオで保有する証券数とファンドマネジャーが自由に使えるリソース量に左右される。

転換社債アービトラージに適用される従来型クレジット分析

転換社債アービトラージのマネジャーのなかには、投資対象として検討している発行企業に関し、従来型のクレジット分析を行う者もいる。通常、この種の分析は、検討対象企業の信用力について調査し、利息と元本の支払いの確実性や、これらの支払い可能性が転換社債の価格にきちんと反映されているかどうかを確かめるために行われる。企業のキャッシュフローと金利負担能力が安定もしくは改善されていることが、企業の負債に対する支払い能力を見るうえでの指標となる。これらの指標は、競合他社や同一産業の平均値とも比較され、現在の状況が今後も継続するかどうかの判断材料となる。先見性のあるマネジャーたちは、起こり得るさまざまな事態のシナリオを使って、指標の変化が企業の信用力に与える影響について予測をしている。

もしもあるマネジャーが現在、高利回り、高コンバージョン・プレミアム、つまり、インベストメント・バリュー付近で推移し、高いインカム収入がある転換社債（バスティッド・コンバーティブルとして知られる）に投資しているなら、発行企業の支払い能力を調査することで、インカム収入を確実にしたいと考えるのは当然のことであろう。転換社債がより債券に近い値動きをする場合、従来型の債券信用分析がより重要になってくる。

転換社債アービトラージに適用される従来型のファンダメンタルズ分析

　マネジャーのなかには、投資対象として検討している発行企業に関し、従来型の定性的・定量的分析を行う者もいる。通常、マネジャーは株価評価の支援材料になるような産業や企業活動についての調査を行う。また、場合によってはマイナス要因となる可能性のある材料についても調べることがある。こういった従来型のファンダメンタルズ分析は、転換社債が株式に近い値動きをしている（もしくは、マネジャーがそれを予想している）場合において、特に重要である。分析内容として共通しているのは、収益の増加傾向、収益見通しの上方修正、資本金に対するキャッシュフロー・リターンの割合、株価収益率（PER）、株価純資産倍率（PBR）、産業内での力関係の変化、新製品開発、そして、スピン・オフ、リストラクチャリング、買収合併の可能性のような企業の動向などである。

　株式に近い値動きをする（つまり、低コンバージョン・プレミアムと高インベストメント・プレミアムを持った）転換社債に投資するマネジャーには、ファンダメンタルズ分析が不可欠だろう。また、ブリッシュ・ヘッジやベアリッシュ・ヘッジを行うマネジャーも、相場の方向性にベットするため、一般には企業に対するファンダメンタルズ調査を試みるものである。

ヘッジ分析

適切なヘッジの判断

　転換社債アービトラージのマネジャーはアービトラージの機会を見極め、リスクに対するリターンの比率を最大化するために最も適したショート株数を決定しなければならない。デルタ・ニュートラル・ヘッジを行うマネジャーが多い。すでに詳述したが、デルタとは、同銘柄の株式の値動きに対する転換社債の価格が変動する割合のことであ

る。デルタ・ニュートラルの場合、同銘柄の株式の価格が上下いずれに動いても、損失を出さないポジションとなる。

正確なヘッジ率を決定するためには、そのときの転換社債の価格と理論値を比較することになるが、理論値は独自の評価モデルや二項モデルによって計算される。また、ブラックショールズ・モデルを利用するマネジャーもいる。こうしたいくつかのモデルによって計算された理論値が検証に用いられる。これらの評価モデルは、転換社債の価格に影響を与えるさまざまな変数を考慮に入れているが、最も一般的で影響力の大きい変数として、株価、金利、ボラティリティ、残存期間などが挙げられる。一般にマネジャーは、起こり得るさまざまな事態のシナリオを用意することで、こうした主要変数が変動した場合の転換社債価格への影響やヘッジに与える影響などを事前に検証しておく。そして、その分析結果は転換社債価格の目標値を求めるために使用される。

最適ヘッジの維持

最適なヘッジを維持するためには、常に注意を怠らないことが必要である。最初のポジションを設定した後、さまざまな変数の変化によって転換社債価格が影響を受けることから、マネジャーはデルタ・ニュートラルを保つため、ヘッジの状況を調整しなければならない。ショート・ポジションを増加したり、買い戻したりすることが必要になる。ヘッジの選択は、転換社債の価格曲線の傾きと、現在の価格水準における最適デルタ（つまり、接線の傾き）によって決定される。何が最適ヘッジなのかは、転換社債が価格曲線上のどの部分で取引されているのか、将来の価格見通しのヘッジへの反映のさせ方などによってマネジャーごとに千差万別だろう。

ポートフォリオの構築

全体のリスク・リターン

さらに、マネジャーは通常、各ポジションのリスク・リターンの見通しに加えて、ポートフォリオ全体としてのリスク・リターンも見定める必要がある。よりリスクの高いポジションは、よりリスクの低いポジションによって相殺されることが多い。例えば、ブリッシュ・ヘッジはベアリッシュ・ヘッジによって、投資対象として投資適格グレードのものは、そうでない投資対象との組み合わせで投資が行われる。

分散

転換社債のマネジャーは、リスクの分散に努める場合が多い。リスク要因に対するエクスポージャを拡散させることで、保有するポジションのすべてが一様に下落するのを避けようとする。例えば、テクノロジー・セクターの企業とエネルギー・セクターの企業が、石油価格の下落によってまったく同様の影響を受けるとは考え難い。このため、マネジャーはリスク・エクスポージャを制限するために、次のような要因について注意深く検討を加えることになる。

- 産業
- セクター
- 発行企業の時価総額（流動性）
- 債券的な動きをする転換社債（金利に対するリスク）
- 株式的な動きをする転換社債（株式市場に対するリスク）
- 信用力（破産への懸念）
- インプライド・ボラティリティ
- イベント・リスク

売却ルール

ポジションの「手仕舞い」は、転換社債を売り、ショートしていた株式を買い戻すことで行われる。手仕舞いの理由としては、以下のようなことが考えられる。

1. 理論上、割安であったポジションがそうでなくなった場合。
2. マネジャーが予想しないような形で、2種類の証券価格に影響を与えるようなイベント（例えばスピン・オフ）が起きた場合。
3. 新たな弱気材料が明らかにされ、マネジャーの予想が覆された場合。
4. 予想外の解約や流動性の枯渇によって、売り圧力が生じた場合。
5. 発行企業の要求により転換せざるを得なくなった場合。

流動性

国際金融システムが崩壊の危機に瀕し、株価が急落し、「質への逃避」が起こった場合、転換社債市場のパフォーマンスは低下する傾向にある。運用資金が株式や転換社債、ハイイールド債、社債などから引き上げられ、国債などの安全性の高い資産に向かい始めると、こういった安全性の高い資産とのイールド・スプレッドが拡大する。こうした状況は、転換社債取引の流動性の低下を招き、ひいては転換社債価格の下落につながる可能性がある。1998年第3四半期がその良い例である。8月下旬から9月上旬にかけて、買い手が非常に少なくなったため、ビッド（買い気配）とアスク（売り気配）とのスプレッドが異常な水準に拡大してしまった。そこでは、投資家のパニック売り、解約要請やブローカーから追加証拠金の積み増し要請を受けて手仕舞いを強いられたファンドマネジャーなどが売りを出すのみであった。ディーラーのなかには、それまで活発な取引を続けてきた証券市場で

のマーケット・メーキングから手を引くところすら現れた。ここから得られる教訓は、理論的にはどんなに魅力的なはずの投資対象でも、常に最悪の相場展開というものを予想しておかなければならないということである。つまり、現在のポジションを手仕舞うことができるか、できるとすればいくらのコストがかかるか、これを常に考えるべきなのである。

レバレッジ

　上手にレバレッジを利用できれば、転換社債と株式の価格の歪みを利用してリターンを大幅に拡大することができる。これは、一種の金利アービトラージと考えることが可能で、転換社債の利回りと空売りした株式から得られるキャッシュの利回りを足したものから借株への配当を引いた利回りよりも、低い金利で資金調達を行う。ただし、レバレッジはボラティリティやポートフォリオ全体のリスクを拡大することになる。どのようなポジションをとる場合も、レバレッジに要する資金量はコンバージョン・プレミアムによって決定されることから、高いヘッジ・レシオが必要な、高デルタなポジションを組んでいるマネジャーは小さなレバレッジしか設定することができない。たいていの場合、レバレッジを活用することで、低リスクのポジションからリターンを拡大することができる。1998年第3四半期のように、転換社債の価格がインベストメント・バリュー近くまで下落するといった異常事態になれば、そのポジションのリスクも、レバレッジのコストも増大することになる。相場が極端な動きをした場合、マネジャーは、レバレッジに伴う追加証拠金の支払いのために、不本意なタイミングで証券を売らなくてはならなくなることもあり得る。

収益の源泉

　金融市場で発生するすべてのリスクを回避できる、単一の資産クラスなど存在しない。だが、特定の戦略に基づき関連する証券の間でショートとロングを均衡させることで、特定のリスクを回避し、リターンのボラティリティや株式市場全体との相関を低下させることができる。通常の状態で同銘柄の株式の価格変動が一定の範囲内であれば、デルタをニュートラルにすることで損失をゼロにすることができる。

　通常の市場環境のもとでは、転換社債アービトラージのリターンは転換社債と同銘柄の株式の価格の歪みに基づいている。これは、転換社債をロングする一方で同銘柄の株式をショートするという売買を、2つの証券のシナリオやリターン特性の違いを利用して行うことで得られるリターンである。したがって、転換社債アービトラージのリターンは、たいていの場合、株式市場全体の動きと高い相関を持ってはいない。しかし、株式市場が極端な動きを見せた場合は、そうも言い切れなくなってくる。また株式市場全体の動きとは無関係に、転換社債価格が独自の価格サイクルを持っており、このサイクルは転換社債の需給関係に左右される。だがそれでも、転換社債アービトラージのマネジャーは、割安になっている転換社債を見つけだし、同銘柄の株式でヘッジする手法によって、安定した高リターンを継続して得ることができる。これは、方向性にベットする投資戦略に多く見られる非常にランダムな特性とは正反対のものである。

転換社債市場の歴史

　米国で転換社債市場が創設されたのは、1950年代に入ってからである。当時、転換社債市場はまだ非常に規模が小さかったが、航空会社のような企業にとって高いレバレッジ効果は魅力的なものであった。

こうした企業にとって、転換社債を発行することで、株式の希薄化を招くことなく社債よりも低い金利での資金調達が可能となった。この当時は、転換社債への投資家に対する特別な保護制度もなく、償還期間は平均で25年と非常に長いものであった。その後、資金調達方法の多様化に伴い転換社債を発行する企業が増えるようになる。1980年代になり、劣後債などの補完として転換社債や株式と連動した証券などが発行されると、この市場が拡大を始めた。

　1984年、IBMがROLMの買収を検討したときに転換社債の発行に踏み切り、これが優良転換社債の先駆けとなった。その後、フォード、モトローラ、インターナショナル・ペーパー、USウエストなどほかの優良企業もこれに追随した。発行企業の信用力が改善するのに伴い、平均償還期間もそれまでの25年から10年にまで短くなった。現在では、転換社債の発行企業のうち約半数が、投資適格企業で占められており、現在の平均償還期間は5〜7年となっている。償還期間が長いと、インベストメント・バリューが金利動向によって大きく左右されるが、償還期間の短縮化が進んだおかげで、転換社債価格の下落リスクは大幅に低下した。

　転換社債の発行者や転換社債それ自体の特性に変化が見られるなかで、転換社債市場の投資家も変化を迫られていた。1973年4月、CBOE（シカゴ・オプション取引所）は、会員数の拡大と金融先物やオプションなど、取引対象となる上場金融商品の拡大を行った。それから約1カ月後、今では古典とも言えるブラックショールズ・モデルを初めて紹介した論文が発表された。先物やオプションが導入されると、政府は空売りやレバレッジの規制緩和へと向かった。こうした法制面での変化が、株式のレンディングやショート・インタレスト・リベートなどヘッジ取引の拡大を生み、トータルリターン商品を求めるような市場を出現させるまでに時間はかからなかった。転換社債は、比較的効率性の低い市場であった。それは、転換社債が大手証券会社

の関心を集めなかったうえ、既発ものについても新発ものについても、転換社債に関する情報が少なすぎたからである。転換社債アービトラージのマネジャーにとっては、転換社債市場の非効率性と新たな資金調達手法によって、いたるところに存在した大きなスプレッドに投資して大きなリターンを得ることができた。

　転換社債アービトラージから魅力的なトータルリターンを得られる可能性があることが知られていくなかで、この10年間に市場も成熟していった。さらに、ITの進歩によって、複雑だった定量分析モデルも容易に利用できるようになった。今や転換社債アービトラージのマネジャーは、米国内の転換社債取引の半数を占めている。このため、転換社債市場における価格形成の歪みがこれまでより小さくなった。だが、プレミアムの縮小や企業のイベント・リスクの増加、株式市場に対する感応度の上昇、アービトラージ・スプレッドのタイト化などといった新たな課題を克服する手腕を持ったマネジャーであれば、依然として高いリターンを確保することは可能である。また、市場規模の拡大によって、投資機会が広がったことも事実である。例えば、流動性の増加、分散投資の可能性拡大、株式市場のボラティリティなどである。そして、より踏み込んだ信用分析をしようとするマネジャーにとっては、ハイイールドのバスティッド・コンバーティブルによる投資機会なども見いだされることになった。

最近の成長と発展

　投資戦略としての転換社債アービトラージがヘッジファンド戦略全体に占める割合は、1990年の0.5％から1999年には2.0％へと4倍になっている。しかし、注意しなければならないのは、現在の転換社債市場が、株式・債券市場全体を構成する資産に対応できるだけの規模を持っているとは言いがたい点である。

転換社債市場は、株式市場や債券市場よりも規模がかなり小さいため、特有の特性を持っている。株式と債券のハイブリッドな性質を持ち、これら2つの市場に比較すると規模が小さい市場であるため、この両方の市場に影響するような先行き警戒感や不安感といった要因に対して、より敏感に反応する。転換社債は、さまざまな投資参加者が入り混じる株式市場とは対照的に、ほとんどが専門的に特化した投資家によって占められている。その結果、転換社債アービトラージのマネジャーが売りを出そうとした場合、ほかのマネジャーも同様に売りたがっているという可能性が高い。

　また、転換社債市場におけるこのようなプロ指向の特性とは異なり、株式市場においては、一般投資家の割合が多く、専門的な投資家の割合が少ない。この2つの市場は、これまでに連動性が低下した時期があり、今後もこういったことは起こり得ると考えられる。1998年9月は、この象徴的な事例と言える。この年の8月、株式市場はその直前の急落から反発して値を戻していた。しかし、転換社債市場は同様の急落を経た後、ほぼ横ばいで推移していた。この原因は、リスクを減らし、かつレバレッジ水準を維持するために、転換社債市場への売り圧力が高まったことである。

逆境でのパフォーマンス

　株式、債券、転換社債という3つの市場の動向は、転換社債アービトラージの運用者にさまざまな問題を投げかける。第一の問題は、転換社債価格が下落する一方で、株価は横ばいという状況のもとで生じる。このような状況は1994年に起きた。このときには、200ベーシス・ポイントもの利上げが行われたにもかかわらず、株価がこれに連動して下げなかったのである。指標となる30年国債は約30％の下落となった。転換社債の価格も、この債券安を反映して下げた。たいていの

場合、これだけの利上げがあると債券市場の投資妙味が増し、投資資金が株式市場から債券市場へと移動することから株価は下落するものである。しかし、さまざまな要因からこの時期の株価はほとんど横ばいで推移した。これは同時期の転換社債アービトラージで、株式のショート・ポジションが転換社債の下落リスクを相殺していなかったということを意味する。

　2番目は、株価と、転換社債のインベストメント・バリューがいずれも下落している場合に起きる。一般に、転換社債アービトラージでは、転換社債のインベストメント・バリューが価格の下限を保証するものとされている。しかし、発行企業の業績が著しく悪化し、最悪の状況に至っては倒産や債務不履行に陥るようなことがあると、株価も転換社債の価格もゼロに近づく。転換社債アービトラージでは、転換社債のインベストメント・バリューを下限とする一方、株価の下落によって利益が生じるのが普通である。だが、このように極端なケースになると転換社債価格も下がり、インベストメント・バリューも水準が維持できるかどうか怪しくなってくる。こうした場合、マネジャーは転換社債の価格曲線を見直す必要が出てくる。図4.2は、株価とインベストメント・バリューがともに下落する場合の転換社債の価格曲線を示したものである。

　国際金融システムが崩壊の危機に瀕し、株価が急落し、「質への逃避」が発生した場合、転換社債市場のパフォーマンスは低下しがちである。こうしたときには国債の安全性に引かれ、運用資金が株式や転換社債、ハイイールド債、社債などから流出してしまうため、転換社債と国債のスプレッドが拡大する。転換社債市場は、このような場合、流動性の欠如から下落圧力にさらされる可能性がある。こうした極端なケースでは、クレジット・スプレッドの拡大でインベストメント・バリューが一時的に下方シフトすることがある。このような状況では、ショートしている株式のポジションが下落に対する部分的なヘッジと

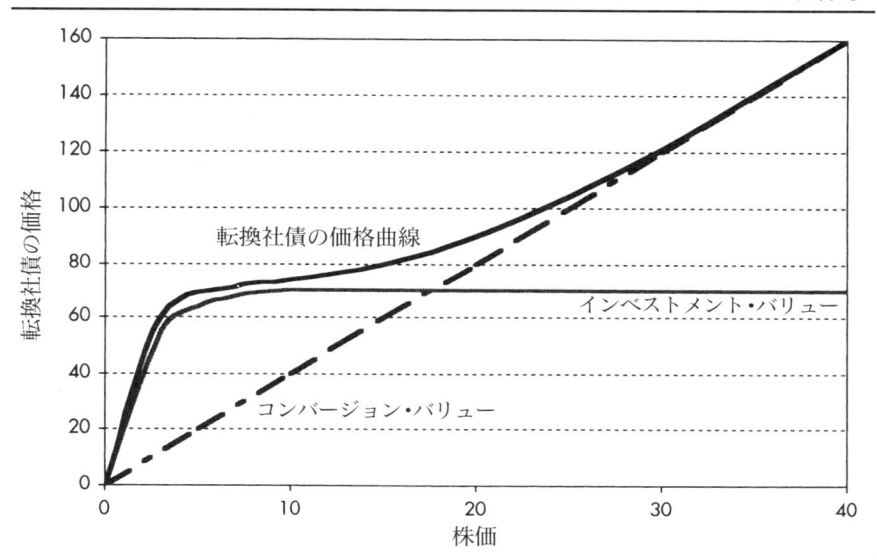

図4.2 転換社債の価格曲線──株価とインベストメント・バリューの下落時

なるが、コンバージョン・バリューや債券としての価格が下げているため、転換社債の価格は株価以上に速く下げてしまう。図4.3ではインベストメント・バリューが一時的に下方シフトするケースを示している。

過去の実例

転換社債市場が1990年代に経験した最大の危機と言えば、1994年と1998年第3四半期の2回である。1994年には転換社債が下落する一方で株式が横ばいで推移するという、おそらくは転換社債アービトラージにとって最悪の事態が生じた。転換社債のロング・ポジションはインベストメント・バリューが低下してしまった。つまり、金利上昇を受けて債券としての価値が低下したのである。一方、株式市場が横ば

図4.3 転換社債の価格曲線——インベストメント・バリューの一時的な平行移動時

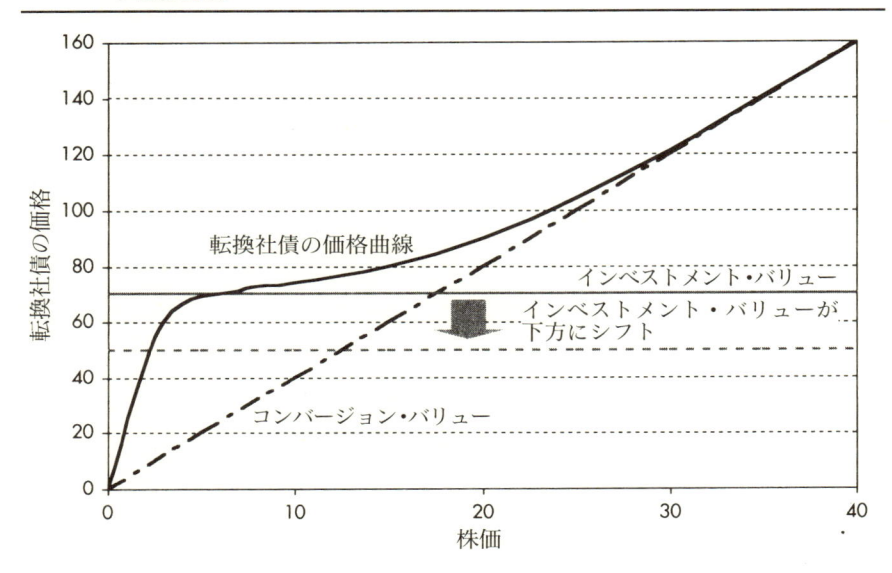

いで推移したことから、売りヘッジしていたはずの株式のショート・ポジションは、転換社債の下落を相殺する役目を果たすことができなかった。加えて、市場は流動性の欠如に伴う売りを浴びせ、コンバージョン・プレミアムの上昇、過剰なレバレッジ、デリバティブ市場混乱の波及などに振り回された。HFRI転換社債アービトラージ・インデックスは、当時のこうした厳しい状況を映し出していた。1994年当時、このインデックスの対象ユニバースとなっていたマネジャーの平均リターンは－3.73％だったのである。

一方、1998年8月は、転換社債の価格が過去最高水準に達していた。プレミアムが夏期を通じて縮小し、株価が最高値を記録するなか、転換社債市場では過大評価に対する懸念が広がりつつあった。一部のマネジャーは、レバレッジをより大きく効かせたり、ヘッジを軽減したりすることで、スプレッドの縮小や株の急騰に対応していた。こうし

た状態は、ロシアの債務危機によって、質への逃避が起きるまでは潜在的なものだった。投資家が転換社債、ハイイールド・ボンド、社債などから資金を引き上げ始めると、すぐにクレジット・スプレッドは吹き飛んだ。クレジットに対する関心が高まり、転換社債はまるでジャンクボンドのような評価にまで価格が下落した。これは、インベストメント・バリューの理論値が下方に移動するという形で現れた。そのうえ、流動性が枯渇していたため、低格付けの転換社債は価格の下限がまったくなくなってしまった。同時に、株式市場は下落し、転換社債のインベストメント・バリューは低下を続けた。このような混乱のなかでマネジャーは、みずからの評価モデルが置いている前提が崩れてしまったため、プレミアム計算が極めて困難であると悟った。

　8月終わりから9月上旬にかけて相場が急速に下げるなか、転換社債の買い手がほとんどいなくなったため、ビッドとアスクとのスプレッドが異常な水準に拡大してしまった。売りに走った人々のなかには、パニックに陥った投資家や、解約要請やブローカーの追加証拠金請求で手仕舞いを迫られたマネジャーなどもいた。また、レバレッジへの懸念という問題もあった。ポートフォリオの価値が低下したことでレバレッジの上昇を招き、通常のレバレッジを維持するために、売りを出さざるを得なくなったマネジャーもいた。一握りの優良ヘッジファンドが追加証拠金を求められ、レバレッジの懸念は拡大した。さらに、ディーラーのなかには、かつては活発に売買をしていた市場でのマーケット・メーカーとなることを拒否するところも出てきた。事実、ディーラーはマーケット・メーカーというよりマーケット・セラー（売り手）になったと言ったほうがよかった。価格が低迷したこの時期に売りを出さずにすんだマネジャーは、さほどの痛手を受けなかった。また、この時期に買いを入れることのできた、ごく一部のマネジャーは、第4四半期に非常に大きなリターンを手にできたのである。

　1999年第1四半期には、高格付けの転換社債のスプレッドが通常の

水準に戻り、転換社債アービトラージのパフォーマンスも回復に転じた。どんな下落相場でも同様であるが、逆風のなか痛手を受けなかったマネジャーにとっては、格好の投資機会であったといえる。

表4.4は、転換社債アービトラージ・ファンドの過去の実績である。また、図4.4は、1990年代の市場で、転換社債アービトラージに1000ドルを投資した場合の累積リターンの実績（HFRI転換社債アービトラージ・インデックスで計測）を示したものである。

表4.4　転換社債アービトラージ投資のリターン（1990〜1999）

ファンド数	平均規模（単位:100万USドル）	年	1月	2月	3月	4月	5月
4	5	1990	-1.47	-0.92	1.26	1.48	1.75
7	6	1991	0.44	1.61	1.39	1.49	0.94
11	7	1992	2.12	0.94	0.99	0.80	1.70
22	14	1993	0.93	0.86	2.19	1.50	1.24
27	20	1994	0.66	0.24	-2.11	-2.79	0.03
32	21	1995	0.55	0.98	1.83	1.90	1.88
33	28	1996	1.82	1.06	1.17	1.88	1.73
35	60	1997	1.01	1.11	0.59	0.68	1.40
52	67	1998	1.91	1.52	1.58	1.35	0.40
55	83	1999	2.11	0.25	1.53	2.66	1.40

注＝年間の数字は、複利で年率換算

図4.4 転換社債アービトラージの増加——1000ドルを起点(1990/1～1999/12)

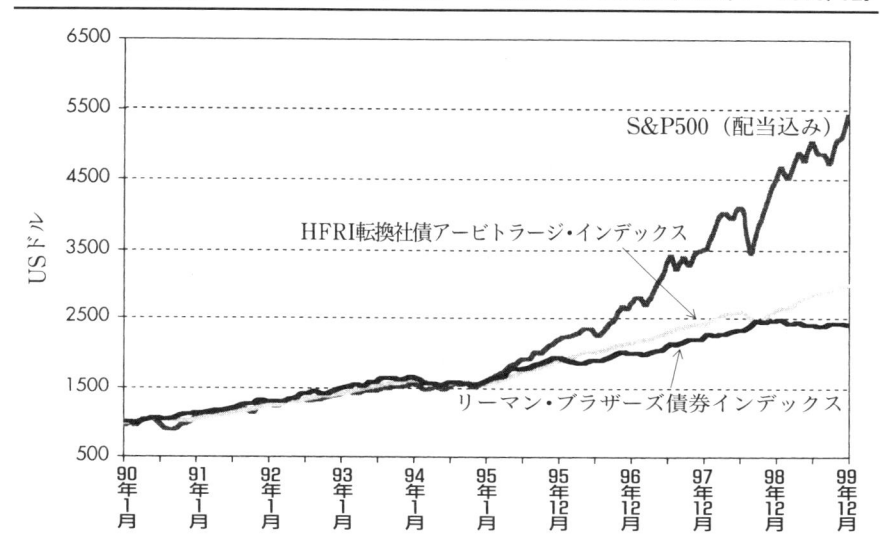

6月	7月	8月	9月	10月	11月	12月	年間
1.72	1.15	−0.18	−0.47	−1.56	−0.05	−0.49	2.16
0.98	1.57	2.09	1.31	1.22	1.66	1.63	17.60
0.71	1.85	1.65	1.46	1.24	0.70	1.09	16.35
1.04	1.41	1.40	1.03	1.29	0.60	0.77	15.22
0.15	1.55	0.80	0.12	−0.09	−0.79	−1.48	−3.73
2.32	2.13	0.96	1.55	1.25	1.58	1.33	19.85
0.44	−0.37	1.40	1.23	1.27	1.40	0.66	14.56
1.71	1.61	1.14	1.11	1.19	0.09	0.41	12.47
0.22	0.49	−3.19	−1.07	−0.48	3.33	1.60	7.77
1.09	1.05	0.42	0.93	0.90	1.80	0.64	15.80

第5章
債券アービトラージ
Fixed-Income Arbitrage

- ■債券アービトラージのアプローチ ……… 117
  - ベーシス取引 ……… 117
  - アセット・スワップ ……… 119
  - TEDスプレッド ……… 120
  - イールド・カーブ・アービトラージ ……… 123
  - レラティブバリュー取引 ……… 126
- ■リスクとリスク管理 ……… 127
  - リスク ……… 127
  - 金利リスクの計測と管理 ……… 131
- ■収益の源泉 ……… 133
  - 資金調達 ……… 134
  - レポ取引 ……… 134
  - テクノロジー ……… 135
  - 流動性 ……… 135
  - イベント ……… 136
  - マネジャーのスキルと努力 ……… 136
- ■最近の成長と発展 ……… 136

債券アービトラージは、ある債券に投資すると同時に別の債券にも投資をし、マーケット・リスクをヘッジしようとする。これは、金利をはじめとする各種のシステマティック・リスクに対するエクスポージャを最小限に抑える一方で、（通常は小幅の）アノマリーを巧みにとらえて利益を得ようとするものである。マネジャーは、安定的な相関関係を示していた同種債券の関係が一時的に歪められた機会をとらえ、互いに相殺し合うようなロング・ポジションとショート・ポジションを建てる。マーケット・イベントや投資家の選好、外生的要因による需給変動、債券市場の構造的特性などがその原因となる。この取引は、国債、社債、政府機関債、ソブリン債、地方債、エマージング債などを用いて行い、またスワップや先物取引を用いることもある。

　この戦略では、割安になっている債券を買う一方、割高な債券を空売りすることで、債券市場全体としての金利変動の影響を受けないようにする。選択した債券が金利の動きに対して同じだけ動くとすると、金利上昇はロング・ポジションにとってマイナス要因となるが、逆にショート・ポジションに対してはプラス材料となって、互いの変動を相殺することができる。債券アービトラージでは、相場の方向性にベットするような投資は行わない。債券間の相関関係に歪みが生じた後、それが通常の関係に戻る過程が収益獲得の機会となる。相場の方向性を予測しようとするのではなく、金利変動の影響を相殺したうえで、債券間で一時的に生じた価格形成上の歪みが通常の状態に戻る力を利用して利益を生み出す。

　債券価格はイールド・カーブ、ボラティリティ曲線、期待キャッシュフロー、格付け、その債券固有の条件によって決定されるため、ファンドマネジャーは価格不均衡を見極めるため、洗練された分析モデルを駆使する必要がある。債券価格決定の複雑さは、債券アービトラージを行う者にとって、避けることのできない部分である。債券アービトラージ・マネジャーは、市場でのさまざまな出来事に加え、異な

るインセンティブや制約を持った投資家や異なる分析方法を使う投資家、未熟な投資家たちが、債券価格を過大に、あるいは過小に評価するときに収益機会を得ることになるからである。

債券アービトラージのアプローチ

ほとんどの債券アービトラージは、ベーシス取引、アセット・スワップ、TEDスプレッド、イールド・カーブ・アービトラージ、レラティブバリューのいずれかに分類される。以下、それぞれを詳しく見ていくことにする。

ベーシス取引

ベーシス取引とは、国債を買う一方で、これに対応する先物を売る取引である。国債先物の場合、決済時の受け渡し銘柄に選択の余地がある。満期日には「最割安受渡適格銘柄」の価格が先物価格と一致するが、どの債券が満期日に最割安となるかは分からないため、需給の推移とともにこの不確実性が利益機会を生み出すことになる。

ベーシス取引では、調達コストが運用益より安くなれば利益が生じる。債券アービトラージを利用するときは通常、現物が先物より割安になっている債券を探す。そして、ポジションを建てたうえで、最割安受渡適格銘柄の値動きを見ることになる。ただ、最悪の場合、現在保有している債券を先物の決済において受け渡さなければならない可能性もある。債券アービトラージのマネジャーにとって利益につながるのは、①ネット・ベーシスがプラスの状況で（すなわち先物に対して現物が割安な状態で）、第2、第3の最割安受渡適格銘柄を空売りする、②その後、最割安受渡適格銘柄の供給不足で、決済日には空売りした銘柄のネット・ベーシスがゼロになる——場合である。この例

では、最割安受渡適格銘柄の供給不足によって、第2、第3の最割安受渡適格銘柄価格が先物と一致する。つまり、受け渡し時点では、購入時よりも高い価格でデリバリー・オプションを売却できることになるのである。次の例は、デリバリー・オプションを買ったケースである。

例

償還日2016年2月15日、クーポン9.25％の国債は、償還日2015年2月15日、クーポン11.25％の国債（1999年3月物先物の最割安受渡適格銘柄）に対して16.0ベーシス・ポイント（bps）高い水準で推移していた。前者のネット・ベーシスは6.9132であり、利回りベースでは、1.5bpsにすぎなかった。この金利スプレッドでベーシス取引を行う場合、そのダウンサイド・リスクは1.5bpsにとどまる（前者が先物受け渡し銘柄に使われた場合）ことになる。そこで、1.5bpsでこの

```
ポジション構築日（1998/12/21）           ポジション解消日（1999/2/25）
買い    2016年2月償還の国債を            売り    2016年2月償還の国債を
        単価143.18で5000万ドル買い              単価135.17で5000万ドル売り
売り    単価128.05にて570枚先物売り建て  買い    先物を単価120.15にて570枚買い戻し
グロス・ベーシス        0.8125           グロス・ベーシス        1.328125
ネット・ベーシス        0.215625         ネット・ベーシス        1.08125

収益    ポジション解消日のネット・ベーシス       1.08125
        ポジション構築日のネット・ベーシス       0.215625
        収益計                                   0.865625
        収益計（ドルベース）                     0.865625×570枚×31.25ドル
                                                ＝493,406ドル

        1契約当たりのヘッジ手数料                2000ドル
        投下資本（570枚×2000ドル）              1,140,000ドル
        投下資本に対するリターン（66日間）       43.28％
```

出所＝John Carlson, Springfield & Company LLC

デリバリー・オプションを購入し、ネット・ベーシスの拡大によるデリバリー・オプションの価格上昇を狙う戦略を実施する。なぜなら、クーポンの差、スワップ曲線、流動性等を勘案し、デリバリー・オプションの適正価格が5.5bpsに拡大すると予測したからである。

アセット・スワップ

　アセット・スワップは、2つの資産間でキャッシュフローの交換を行うものである。一般的には、債券を買うと同時にこの債券の固定金利キャッシュフローと他証券（通常、より流動性の低いもの）の変動金利キャッシュフローをスワップする。この2つの金利の差が、収益機会となる。リスクとしては、金利がスプレッド以上に変動し調達金利と運用金利が逆転する可能性が挙げられる。この取引は、変動金利が調達コストを上回る場合にのみ有効となる。そのため、ベーシス取引と同様、調達と運用を伴い、利益を出すには、調達コストが運用収益よりも低いことが条件となる。

　国債のような基本的に債務不履行の恐れがない低リスク債券によって取引が行われる場合、債券とスワップの相関関係は安定したものとなる可能性が高い。しかし、国家レベルでの税制改正や財政的、政治的混乱などによって、この関係にも変化が起きることも考えられる。信用力の低い債券でスワップを行うと、そのリスクがさらに高まる。一般に、最もリスクの低いスワップは、非常に流動性の高い債券とこれより流動性の低い証券の間のものであり、この場合、マネジャーは、プレミアムを受け取って、流動性の低い証券を保有することになる。保有する証券の需要が高まれば、マネジャーはポジションを手仕舞うことで予想を上回るリターンを得ることができる。そうならない場合でも、この証券を償還日まで保有し、調達費用を上回るスプレッドからリターンを得る。多くの場合、このスプレッドは非常に小幅である

ため、資産スワップを用いて望ましいリターンを獲得するためには、大きくレバレッジを効かせることが必要となる。

TEDスプレッド

「TED」とはもともと、米国債（Treasury）とユーロダラー（Euro Dollar）の間の取引を指すものだったが、最近では、各国の国債と同一通貨の変動金利との取引を指す場合にも使われる。インターナショナル・クレジット・スプレッドとも呼ばれるこの取引では、年限が似通った国債とLIBOR（ロンドン銀行間貸出金利）の金利差からリターンを得る。

米国債とユーロダラーの場合、国債をロングし、同じ年限のユーロダラーをショートする。両者の金利スプレッドは国際金融市場の混乱や先行き懸念に伴い変動する。一般的には、このスプレッドが小幅なときにポジションを建てる。

例えば、3年後に償還を迎える債券のスプレッドが10bpsの時点でポジションを建てたとすると、最悪の場合、マネジャーは3年間にわたり年率10bpsの損失を出すことになる。しかしこの取引は、償還日までの間にスプレッドが拡大することで利益を出すことを狙ったものである。このため、マネジャーは、10bpsの「オプション」を購入し、特に「質への逃避」が見られる場合など、スプレッドが拡大することによる収益獲得を狙う。「質への逃避」は、多くの投資家たちが国際的な株式・債券市場の混乱を嫌い、国債の安全性や安定性を求める場合に起こる。この結果、国債の買い圧力が高まって、スプレッドは拡大する。ロシアが債務不履行に陥った1998年が、この代表例である。

例

3月4日現在、1年物国債のTEDが、LIBORマイナス52.25bpsで

推移していたが、これは以下の点から投資妙味があると考えられた。まず、TEDが最近の取引レンジ下限付近の水準にあり、米連邦準備制度理事会（FRB）のコメントによると、今後の1年物国債の供給は削減される可能性が高い。

　金融市場では、既発の1年物国債が、極めてスペシャルになっており（供給タイト感の強い債券を「スペシャル」な債券と呼ぶ）、今後しばらくはこの状態に変化がないと思われる。既発の1年物国債を利食い売りし、新発の1年物国債へと乗り換えることで利益が確保できだろうとするトレーダーの見方も、この取引が有望だと思われる一因となっている。この状況であれば、プレミアムを払うことなく、新発

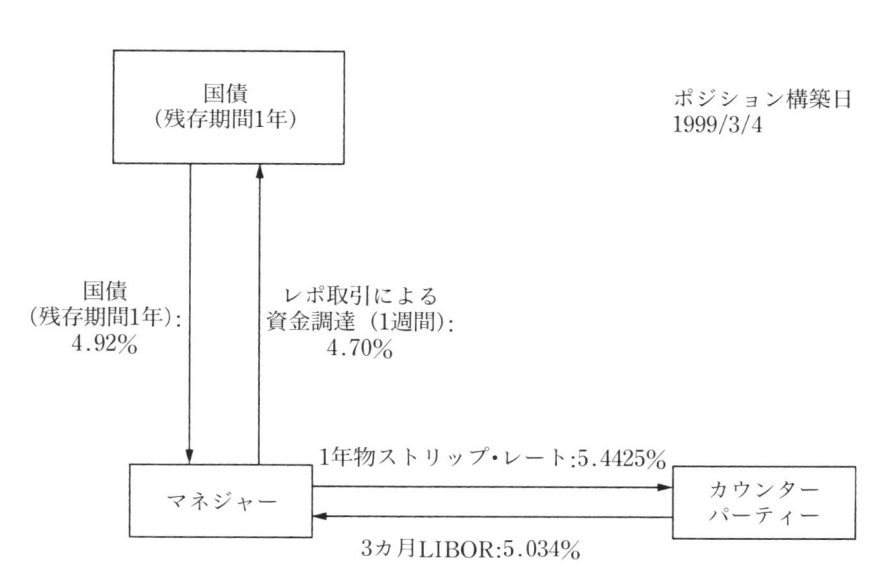

```
                    ┌─────────────┐
                    │   国債      │
                    │(残存期間1年)│
                    └─────────────┘
```

ポジション構築日
1999/3/4

国債
（残存期間1年）：
4.92%

レポ取引による
資金調達（1週間）：
4.70%

　　　　　　　1年物ストリップ・レート：5.4425%
マネジャー　←─────────────────　カウンターパーティー
　　　　　　　3カ月LIBOR：5.034%

スプレッド：スワップ払い（LIBOR受け、固定金利払い）
　　　　　　　　　対　国債受け　　　　　　　　　　　　　　　LIBOR－52.25bps
資金調達　：1週間レポ金利払い　対　3カ月LIBOR受け－（LIBOR－33.40bps）

キャリーのネットコスト　　　　　　　　　　　　　　　　　　　　　－18.85bps

出所＝John Carlson, Springfield & Company LLC

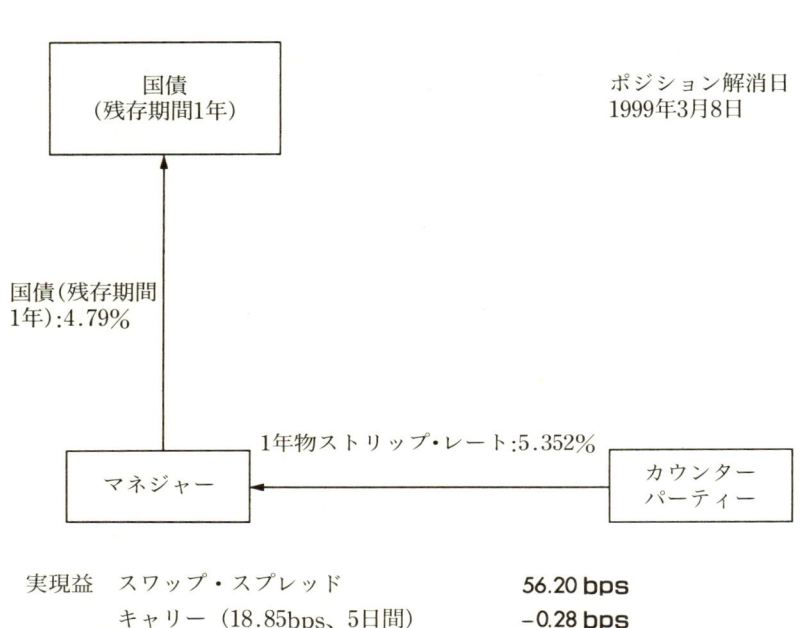

```
                ┌──────────────┐                    ポジション解消日
                │    国債      │                    1999年3月8日
                │(残存期間1年) │
                └──────▲───────┘
                       │
   国債(残存期間       │
   1年):4.79%          │
                       │
                ┌──────┴───────┐   1年物ストリップ・レート:5.352%   ┌──────────┐
                │  マネジャー  │◄──────────────────────────────────│ カウンター│
                │              │                                    │ パーティー│
                └──────────────┘                                    └──────────┘
```

実現益	スワップ・スプレッド	56.20 bps
	キャリー（18.85bps、5日間）	−0.28 bps
	ネット実現益	55.92 bps

実現益	ポジション解消	LIBOR − 55.92 bps
	ポジション構築	−(LIBOR − 52.25 bps)
	ネット収益	3.67 bps

リターン合計	ベーシス・ポイント・バリュー(百万ドル当たり)	91.90ドル
	想定元本	2億ドル
	収益（ドルベース）	67,454ドル (2億ドル×91.90×3.67)
	投下資本（先物手数料）	363,000ドル
	投下資本に対するリターン（5日間）	18.58%

出所＝John Carlson，Springfield & Company LLC

（オン・ザ・ラン）の指標債券をロングすることができる（通常、流動性があることから新発債の金利水準は、オフ・ザ・ラン、つまり既発債よりも低くなる）。過去の入札状況では、新発債のプレミアムは3～10bpsの間となっている。続く5日間で、1年物TEDがLIBORマイナス56.20bpsに拡大したので、マネジャーは利食い売りを出した。

イールド・カーブ・アービトラージ

　イールド・カーブ・アービトラージとは、国債のイールド・カーブ上の異なる点で、ロングとショートを建て、両者の相関関係の歪みからリターンを得ようとするものである。国債の需給関係は、中央銀行の政策や政府による発行量、流動性の選好、先物によるヘッジなどの外部要因と同様に、イールド・カーブの形状や傾きに影響を与える。こうした要因のため、イールド・カーブにアノマリー的な崖やスプレッドの開きが形成され、収益獲得の機会が提供される。

　この取引は、ロング・ポジションとショート・ポジションの残存期間で分類することができる。一般に、残存期間が非常に近い債券の場合、債券の構造や発行量などの要因によって価格変動する。イシュードリブン・イールド・カーブ・アービトラージ取引では、限られた年限レンジにある3つ（この場合、バタフライと呼ばれる）あるいはそれ以上の証券を使って取引を行う。この戦略では、イールド・カーブの傾きではなく、その「崖の部分」からリターンを得ようとする。複数の証券を利用することで、イールド・カーブの傾きの変化による影響を最小化することができる。イシュードリブン取引の典型例は、新発国債と既発国債を取引するというものである。新発の30年国債は、流動性がより高く、価格にプレミアムがつくことが多いため、通常は既発の30年債よりも利回りが低い。マネジャーは、最終的に両者の利

回りが収斂することを期待して、既発債を買って、新発債を売る。予測どおりに収斂が見られたら、割安な調達コストで、当初のスプレッド水準に応じたリターンを得ることができる。リスクとしては、当初の想定と状況が大きく変化する場合（例えば、連邦政府の債務状況にファンダメンタルの大きな変化が生じるなど）が考えられる。アノマリーや流動性の変化、2つの証券が金融市場で置かれている状況などによっては、ロング・ショートを逆方向に行うこともある。

　イールド・カーブ・アービトラージでは、これまで説明した方法とまったく異なる手法もある。それは、年限の違いがより大きい2つの証券を対象とする場合である。これによって、相関関係は、単に定量的な散らばりだけでなく、市場のより広範囲な要因（マクロ経済動向など）による影響を受けることになる。この典型的な例としては、2年債と10年債のアービトラージが挙げられる。ここで紹介する取引は、

図5.1　国債のヒストリカル・スプレッド（償還日2003/4/30、クーポン5.75％の国債と償還日2002/2/28、クーポン6.25％の国債）

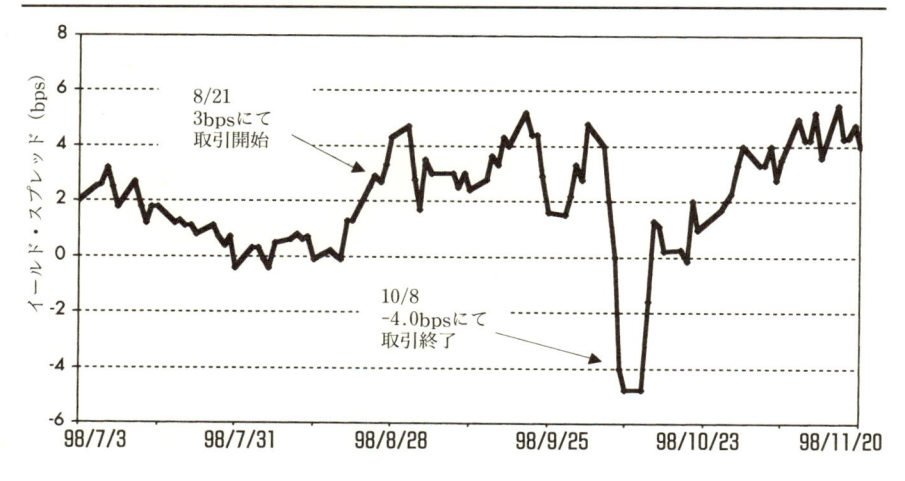

注＝グラフはイメージ図にすぎず、ブルームバーグの日々の終値や実際の取引中のスプレッド水準とは乖離している可能性がある

イールド・カーブ・アービトラージというよりも、レラティブバリュー・アービトラージとしてみられることも多い。だが、イールド・カーブ・アービトラージ取引にも幅広くさまざまなものがあることを強調したい。以下に紹介するのは、そのほぼ中間的なものと言っていいケースである。

例

イールド・カーブ・アービトラージの例として、1998年8月における2つの既発国債（償還日2003年4月30日でクーポン5.75％のものと、2002年2月28日でクーポンは6.25％のもの）による場合を想定してみる。数量モデルによると、後者のほうが前者よりも割安だとされた。これに加えてロシアの債務不履行が重なり、エマージング債をはじめとするリスクがより大きい市場から、国債へ向けて質への逃避が起こった。投資家が流動性への選好を強めたことから、これが短期債や新発債に対する買い圧力となり、FRBが利下げを検討する絶好の理由となった。また、この結果生じたイールド・カーブ上2～5年の「崖の部分」によって、妙味のある「ロール・リターン」が得られた。つまり、市場金利の状況に変化がないとしても、時間の経過とともに4年債はカーブ上をより低イールドの方向に移動（ロール）することになっているのに対し、5年債は高イールド部分にとどまることになるのである。既発の4年債を買い、既発の5年債を売ることで、マネジャーは、5年債にかかわるプレミアムを支払うことなく、流動性選好の高まり（現時点の5年債の付近まで）から利益を得ることができた。

この例では、マネジャー自身の分析がモデルによる統計的な指標と合致していたため、8月21日に4年債を買い、これと見合うだけの5年債を売ったのである。この時点で、両者の1bpsの金利変動に対する価格変化額は一致していた。つまり、ゼロ・パラレル・デュレーションの状況であった。このため、収益の源泉は2つの証券間のスプレ

ッドと調達コスト次第となる。ポジションを手仕舞うターゲットとなるスプレッド水準はゼロであり、実際の市場ではマイナスのスプレッドとなった。図5.1は、7月3日から11月20日までの引け値ベースのスプレッドである。

　流動性の危機がピークに達し、FRBが2度目の利下げを実施した10月15日とほぼ同時期にスプレッドに大きな変化が生じた。この世界的な金融危機は、相関性のある2証券間の歪みの修正（マネジャーにとっては過剰修正だが）が進むきっかけとなった。このマネジャーは10月8日、スプレッドがターゲットに達したことからポジションを手仕舞い、7bpsのスプレッドを得た。実際の利益はそこからポジション維持コストを差し引いたものとなった。

レラティブバリュー取引

　債券のレラティブバリュー取引は、イールド・カーブの異なる部分や異なるセクターの債券でありながら、その価格が一定の相関性を持っているものにロング・ポジションとショート・ポジションを建てる。ほとんどの場合、債券価格の収斂が債券市場の構造的あるいはテクニカルな要因によってもたらされることはない。収益機会は、相関関係を持った価格の歪みから生まれる。よく取引が行われるのは、そのポジションから得られる利息収入がプラスで、かつ期待リターンが「プラスの方向に歪んだ」形になっているような相関関係についてである。「プラスの方向に歪んだ」とは、期待リターンが平均値付近で左右均等に得られる（すなわちベル・カーブ）わけではなく、平均値よりも高いリターンを得るケースが多いことを意味する。

　レラティブバリュー取引の収益機会は、一時的なクレジット・アノマリーの結果得られることが多く、リターンは有利なファイナンスを行ってこのクレジット・アノマリーを活用することで獲得される。イ

ールド・カーブのある一点で債券をロングしてスワップをショートする一方で、別の一点でこの反対を行う場合がある。投資家の選好により、債券というものへの評価が年限によって異なることがあり得るのである。このようなアノマリーが生じた例としては、1998年のLTCM（ロング・ターム・キャピタル・マネジメント）破綻によるポジション整理の結果、英国債の4年物と5年物のスプレッドが40bpsに達した（歴史的にはゼロから10bpsで推移）というケースがある。この種の取引を行うマネジャーは、クレジット・アノマリーが見られたときに利益を得るのである。

ほかのケースの場合、証券間の相関関係はかなり主観的な要素になる。例えば、ある企業の社債と国債のスプレッドが縮小すると予想した場合、社債をロングして国債をショートする。ここでの相関関係はやや主観的な見方に基づいていることが多いため、こうしたレラティブバリュー取引の多くは、必ずしも価格が収束するとは限らない。

リスクとリスク管理

リスク

金利リスクあるいはマーケット・リスク

債券価格はたいてい金利の影響を受ける（金利は資金貸借の対価と考えることができる）。金利が低下すると、既発債のクーポンは不変のため、債券価格は上昇する。この場合の債券価格の変動は、市場金利が以前よりも低い水準になるなかで、債券のキャッシュフローの価値が増加したことを反映している。金利の変動は、それが中央銀行によってもたらされたものであれ、ほかの要因によるものであれ、債券市場全体の価格に影響を及ぼすのである。

米国の金融政策（特に金利政策）は、実体経済との関連で行われている。中央銀行は、2つの主要短期金利（フェデラル・ファンド金利と公定歩合）について目標値を設定し、金利政策を通じて経済成長の促進やインフレ抑制を行っている。FRBは、インフレ懸念が生じたと判断すれば金利を引き上げようとするし、景気を刺激する必要のある場合は利下げを行う。このため、債券市場の投資家は、消費者物価指数や卸売物価指数、時間当たり賃金、失業率、国内総生産や小売売上高といった実体経済の指標に注目し、賃金や労働力、生産高、物価などの変動が将来の金利に与える影響を見極めるよう努力する。

　金利を動かすのは中央銀行の政策ばかりではない。実体経済の見通しを行ううえでは、将来の中央銀行の政策期待と同様、ファンダメンタルズ（中央銀行の政策期待ほど重要とは言えないかもしれないが）も重要である。FRBが金利を変更する前に、その動きは市場価格に織り込まれていることが多い。注意すべきなのは、中央銀行のみが金利変化に関して力を持っているわけではないということである。中央銀行の金利政策は、国内経済動向に加え、今後ますます、世界経済の先行きによって左右されることが多くなってくるだろう。1998年秋に行われた2回の利下げ（本章でこの後に扱う）は、米国の実体経済外の要因が米国の金融市場で流動性危機や実体経済停滞の恐れを引き起こし、これを受けてFRBが金融システムに流動性供給を行わざるを得なくなった好例である。

信用リスク

　債券価格は債券発行者の信用力、つまり、金利と元本を支払い続けることのできる能力に依存している。債務不履行に陥った企業の債券は、紙くず同然になってしまう。

　米国では、スタンダード・アンド・プアーズとムーディーズという二大格付け会社によって、債券の格付けが行われている。この2社に

よる格付けが、債券発行主体の信用力の目安となっている。この格付けによって、ある発行主体の信用力を他社のそれと比較することも可能になる。例えば、格付けB（シングルB）のエネルギー企業の債券は、格付けBBB-（トリプルBマイナス）の同業他社よりもクーポンが高くなる。業態は似ているが、格付けBの企業のほうがより高いクーポンが支払われるため、リスクもあるが投資妙味もあると言える。マネジャーは、同じ信用力の債券を同数ロングとショートすることで、信用力に関するエクスポージャを回避しようとする場合もある。

通貨エクスポージャ

外貨建て債券の取引では債券自体の価格変動に加え、為替レートの変動リスクを避けるため、通貨のヘッジが必要となる。このヘッジは、通貨先物の市場を利用して行われる。実際には、通貨リスクを常に100パーセントヘッジできるとは限らないので、通貨エクスポージャがリスクとして残ることになる。

カウンターパーティー・リスク

債券アービトラージではほとんどの場合、調達と運用（ロングとショート）の両方を行うため、マネジャーは買い手と売り手の両方の立場に立つことになる。買い手と売り手の違いを問わず、ほかの売買主体との関係をカウンターパーティー・リレーションシップと呼ぶ。マネジャーは取引を行うのに伴い、これらのカウンターパーティーが債務不履行となるリスクを負うことになる。このため、マネジャーは取引を行う前に、カウンターパーティーの信用力を調査することが必要になる。一般にカウンターパーティー・リスクは、1998年秋がそうだったように、危機的状況で表面化することが多い。これ以降、ディーラーもマネジャーも一様に、カウンターパーティーの信用力に多大な注意を払うようになった。

モデル・リスク

多くの債券アービトラージのマネジャーは、債券市場における価格アノマリーを見極めるため、定量分析モデルを利用している。こうしたやり方で成功を収めるには、モデルによって正確に価格間の関係を予想できなければならない。しかし、将来において必ずしもモデルが予測したとおりにならないリスクもある。このため、定量分析モデルを使用する場合、常に注意を怠らず、モデルの予測能力の再評価をしていく必要がある。

テイル・リスク

定量分析モデルを使っても、それが予測する事象の発生確率はせいぜい95％であり、マネジャーは残り５％の可能性についても注意を払わなければならない。発生確率が95％ということは、予測しない事象が起こる可能性は人生のなかで一度くらいである、ということだが、その発生時期については予測することができない。こうした通常では起こり得ない事象の発生によって、LTCMの破綻は引き起こされたのである（これについては本章で後述する）。

政策リスク

すでに述べたように、金利政策における中央銀行の動向（金利を変更するにせよ、しないにせよ）も、リスク要因となる。また、税制改正や国債の増発など、中央銀行以外の政府機関による政策も、債券相場に対して同様に重要な影響を与える。これらのリスクを管理するために、運用マネジャーは金融と同様に政治にも注意を払う必要がある。

流動性リスク

どのような資産クラスでも同じことだが、流動性の高い債券を購入するにはプレミアムを支払う必要がある。流動性の低い債券を保有す

れば、流動性の高い債券より高い利回りを得られるが、売りたいときに売れないかもしれない債券をポートフォリオに組み込むリスクを抱えることになる。通常、流動性プレミアムは、債券の売り指値と買い指値のスプレッドによって表される。質への逃避が起こるような危機的な市場環境においては流動性の低い債券価格は下落する可能性が高い。

このため、1998年8月と9月に見られた流動性危機のときは、普通なら非常に流動性が高いとされる社債でも、国債と比べて、大幅に流動性を低下させた。マネジャーは、普段は気にもかけない通常のスプレッド取引が抱えている流動性リスクについて注意を払い、管理することが必要である。

金利リスクの計測と管理

デュレーション

債券アービトラージのマネジャーは、経験的または統計的に相関関係にある類似した証券に、ロングとショートのポジションを建てることで、マーケット・リスクを相殺する。「統計的に相関関係がある」とは通常、デュレーションの比較を踏まえて言うことが多い。

デュレーションは、債券価格が金利の変動に対してどれだけ反応するのかを示す尺度である。例えば、ある債券のデュレーションが2年だった場合、その債券価格は金利が1％上昇するごとに、約2％下落し、金利が1％低下するごとに約2％上昇することになる。この債券は、信用力の同じデュレーションが5年の債券（金利1％上昇に対して約5％下落し、金利1％低下に対して約5％上昇する）よりも金利に対する感応度は低いことになる。デュレーションはおおむね以下のように表すことができる。

$$\text{デュレーション} = \frac{\text{債券の価格変動} \div \text{債券価格}}{\text{金利の変動幅}}$$

　デュレーションは、債券価格と利回りの関係が安定している条件下での債券の平均残存期間に等しい。長期債券はそれだけ長期にわたって金利変動にさらされるため、金利の影響をより強く受ける。例えば、ある投資家がクーポン６％の５年債と、やはり６％で信用力も同等な10年債を購入した。その後、金利が１％上昇したために同じクーポンの債券を以前よりも安く購入することができるようになったため、いずれの債券も以前より妙味が薄れた。だが、５年債の価格は、今後５年間だけのクーポン（現在は魅力が薄れてしまったが）の現在価格を示しているのに対し、10年債の価格は今後10年間のキャッシュフローの現在価格を示している。したがって、長期の債券の価格は、短期のものに比べて金利変動によってより大きな影響を受けるのである。

　債券アービトラージ・マネジャーは、同じデュレーションの２つの債券を一方で買い、もう一方で売る。金利変動による影響は、両方の債券ともに金利に対して同じだけ反応するため、ロング・ポジションの価格変化はショート・ポジションの価格変化によって相殺される。ポートフォリオのロング側のデュレーションが、ショート側のそれと同じ場合、このポートフォリオを「ゼロ・デュレーション」であるという。債券アービトラージのマネジャーは、取引やポートフォリオの構造を「ゼロ・デュレーション」かそれに近い状態にして、マーケット・リスクを回避しようとする。通貨リスクについては、通貨先物を利用することで同様にヘッジする。

イールド・カーブの平行移動と形状変化
　債券アービトラージのマネジャーは、イールド・カーブの平行移動や形状の変化からポートフォリオを守ろうとする。平行移動に関する

デュレーションを計算することで、イールド・カーブがいくら平行移動したらポートフォリオの価値がどれだけ変動するかが推定できる。また、形状（傾き）に関するデュレーションを計算することで、さまざまな大きさのイールド・カーブ・ピボットに対するポートフォリオの価値変化が推定できる（ピボットはカーブ上の1点を固定し、もう1点を変化させることで得られる）。ピボット・ポイントは通常、指標性のある3カ月物金利や10年物金利を用いる。

収益の源泉

　債券アービトラージは、市場の方向性にベットするものではないため、マーケットニュートラル戦略のひとつに数えられる。債券アービトラージのマネジャーは、市場の方向性にではなく「2つ以上の証券の間に存在する相関関係」にベットする。この戦略では、一時的にこの相関関係に歪みが生じたところで取引を行う。場合によっては（ベーシス取引のように）「シンセティック・オプション」によって、最悪シナリオの場合に発生するコストを明確に限定しつつ、相場の上昇に備えて買いを入れることもある。

　通常の市場環境であれば、債券アービトラージは市場全体の動きを表すインデックスとの相関はほとんどなく、収益の源泉は別のところにあることが分かる。しかし過去に見られたように、多くの投資戦略と同様、市場が急落する局面では債券アービトラージ・マネジャーもまたかく乱される可能性もある。証券の相関関係は、市場の方向性にベットする場合と比べて必ずしも安定的な収益の源泉となるわけではないが、それでも、市場の方向性にベットする場合と違い、その方向性と無関係であることは確かである。

　通常の市場環境であれば、リターンは債券市場の方向でなく2つ以上の証券の相関関係に基づいている。したがって、ほとんどの状況に

おいて、債券アービトラージのリターンは、債券市場全体の動きにあまり高い相関となっていない。本章で後述するように、市場が極端な動きをした場合は、そうならない場合もある。一般に、債券アービトラージのマネジャーは、ランダムな市場の動きにベットする投資戦略とは反対に、過小評価されている債券を探し出し、それを相関性の高い証券でヘッジすることで、安定したリターンを積み上げる。

本章では、特定の債券アービトラージ取引の収益の源泉にしか触れなかったが、すべての取引について当てはまるものでもある。

資金調達

大半の債券アービトラージでは、一度の取引によって得られるスプレッドの幅が小さいため、実際の取引においては、収益を大きくするためにレバレッジを効かせることが多い。このため、マネジャーにとって資金調達能力が不可欠となる。債券アービトラージに必要とされるクレジット・ラインを確保し、カウンターパーティー・リレーションシップを構築するため、比較的大規模な資金調達金額(一般的には最低2500万〜5000万ドル)を行うことが求められる。

レポ取引

レポ取引とは、ある特定の債券をロングあるいはショートするための資金調達を指す。ある債券の需給が増減すると、その債券の調達環境が大きく変動する。供給がタイトな債券は「スペシャル」と呼ばれる。こうした債券を空売りした場合、通常の売りよりも少ない利益しか得られず、このような債券を含んだアービトラージは収益が低下してしまう。レポ取引をうまく行うことが、アービトラージ戦略にとって極めて重要となる。

テクノロジー

　債券アービトラージ・マネジャーは「コンプレクシティ・プレミアム（複雑さに対するプレミアム）」について話すことがある。これは、債券分析のために複雑な定量分析モデルや大規模なコンピューターを駆使したモデルを利用するのに必要なコストである。多くのマネジャーは、他人が理解できないことを理解するために給料をもらっていると感じているが、この水準の理解のなかにはむしろ機械に任せたほうがいいものもある。マネジャーのなかには、債券ポートフォリオを分析、管理するためのコンピューター・システムに桁外れの大金をつぎ込む者もいる。リターンがテクノロジーへの投資によって得られる場合もあるからである。テクノロジーは必要なものではあるが、成功を確約してくれるものではない。テクノロジーのおかげで、マネジャーはより良質のデータを素早く入手し、容易に分析できるようになったが、分析自体は依然としてマネジャー自身の仕事なのである。

流動性

　流動性が高い債券は、類似した債券で流動性がこれより低いものに対してプレミアムが付いている。このため、流動性が低い債券を保有しようとするマネジャーは、流動性プレミアムをうまく「捕まえる」ことで利益を得ることができる。流動性の低い債券を保有すると同時に流動性の高い債券を空売りするが、このことは同時に買い手が見つからないというリスクを受け入れることにもなる。マネジャーは自身のポートフォリオ全体の流動性に対するエクスポージャに注意する必要がある。例えば、あらゆる面で分散されたポートフォリオであっても、ショート・ポジションについては流動性の低い債券で組成することもある。流動性の欠如が起きると、このエクスポージャがほかのす

べての要因を上回るような決定的な要因となる。

イベント

　債券アービトラージは、極めて意外性の高いイベントや今後そのようなイベントが起きる可能性を利用して行われることがある。この場合、債券アービトラージのマネジャーは、ヘッジをうまく利用しながら、イベントから生じる可能性のある、もしくは実際に生じたクレジット・アノマリーからリターンを得るために取引を行う。例としては、税制改正が予想される場合が考えられる。

マネジャーのスキルと努力

　債券アービトラージを行う場合、アービトラージやそれに類似した手法での投資機会があるかどうか見極めるため、大量のデータに当たることになる。債券市場がより効率的になるとそのような機会はより少なく、見つけ難くなっていく。さらに、このアービトラージを仕掛けようとしているマネジャーの数によっては、スプレッドが縮小してしまう可能性もある。LTCMが破綻し、それに伴って大口参加者の取引が縮小した1998年第3および第4四半期には、このアービトラージの取引数も減少した。今日まで生き残ることができたマネジャーは、優れたスキルを持ち、努力を惜しまなかった者たちである。

最近の成長と発展

　ヘッジファンドの戦略のなかで債券アービトラージが占める割合は、1990年には0.6％にすぎなかったが、1999年には約1.8％と3倍にまで伸びている。この増加によって、1998年後半のリターンのマイナスや

減少がカバーされている。また、レラティブバリュー・アービトラージやモーゲージバック・セキュリティーズ・アービトラージ（MBSアービトラージ）の多くも、債券アービトラージの形をとっている。このため、上記の数値は、実際の額よりも低めに見積もっている可能性がある。

　1998年第3および第4四半期は、多くの債券アービトラージのマネジャーにとって悲惨な時期となった。HFRI債券アービトラージ・インデックスでのマネジャーの平均リターンは、9月が－6.45％、10月が－6.09％、そして年間では－10.29％となった。ここに示されたのは、債券アービトラージを採用したマネジャーの一部にすぎないため、大手ブローカーやマルチストラテジー・マネジャーを含めると、さらに大きな被害が生じていた可能性が高い。この時期、債券の相対関係はそれまでに見られなかったような値を示し、それまでのアービトラージ取引を支える論理は混乱に陥ることとなった。TEDのように、「質への逃避」が起こったことで利益を得た売買は例外的だった。いずれにしても、この時期は債券アービトラージがほかのマーケットニュートラル戦略と同等、あるいはそれ以上に悪い結果しか出せなかった。ここで問題なのは、なぜ実績が低下したのかという点である。

　債券アービトラージ・プレーヤーの多くは、1998年8月、9月、そして10月のことを「マルティプル・スタンダード・デビエーション（多重標準偏差）」イベントだったとみている。すなわちイベントが起こる可能性自体はあったものの、定量分析モデルが基本としている正規分布を前提とした市場では、ほとんど起きないとみられていた事象のことである。この時期に見られたイベントの多くは、それまで発生したことのないものであり、統計モデルはいずれも95％の確率では起こり得ないと予測していた。言い換えると、このときに債券市場で発生したスプレッドの相関関係の歪みは、極めて珍しいが、起きないとは言い切れない性質のものだったのである。

8月に入ると、債券アービトラージへの資本流入が過剰気味になった。参加者も投入される資金も、それまでにないような規模に拡大しており、この結果、スプレッドはタイトになった。さらにリターンを得ようと、参加者たちは通常以上にレバレッジを効かせるようになった。こうした要因のすべてによって不安定な状況が作り出されるなか、400億ドルに上るロシアの債務不履行が明らかになり、国際金融市場で流動性の欠如が発生した。そしてクレジット・スプレッドは過去最高水準まで拡大した。

　この時期、多くの債券取引において、それまでは見られなかった対象との相関関係が見られるようになった。このため、表面的には相関していないようにみえるロシア債券とG-10債券、社債と国債、既発の国債と新発の国債、カナダ国債と米国債、MBSと国債、流動性の低いMBSと流動性の高いMBSなどが極めて似た値動きを見せた。どの場合でも、マネジャーのポジションは厳しいものとなったことであろう。これは、長期的には安定している相関関係も、短期的には崩れることがあることを示す良い例である。短期的に不安定になる状況については、モデル化するのが非常に難しく、また、こうした分析を自らの定量分析モデルに組み入れるマネジャーは少なかった。流動性の欠如が広がり、相関関係が収斂するなか、モデル・リスクがあらわになったのである。

　この期間中、国債の金利の期間構造に、普通では見られないような変化が急速に起こっていた。図5.2で見るように、9月10日時点を境に金利の期間構造が大きく変わってしまっていた。金利水準がすべて大幅に下落しているのが目を引くが、これは、国際金融市場の不安定感を嫌気した投資家たちが資金を他市場から国債へとシフトしていたことから、予想されたことではあった。さらに、短期債への需要が長期債への需要を上回るなか、カーブの傾きがよりきつくなっている。しかし、さらに重要なことは、イールド・カーブの長期部分（10年と

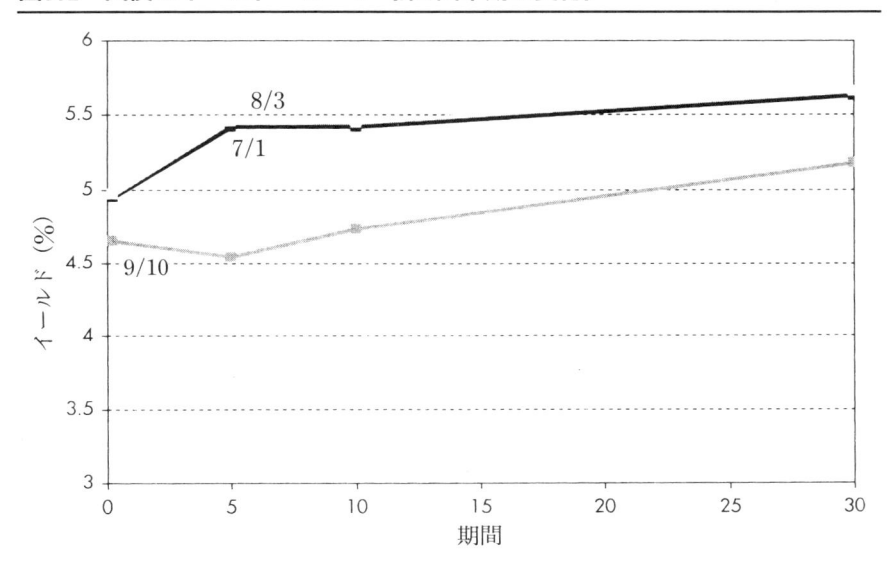

図5.2　国債のイールド・カーブ（第3四半期の変化）

30年）は平行に低下する一方で、短期部分においては逆イールドが発生したことである。つまり、90日債のイールドが5年債のイールドを上回っているのだ。マネジャーたちは、イールド・カーブのこうした曲線が景気後退を示唆していると指摘した。言うまでもなく、債券市場のこうした変化が、国際的な景気後退懸念を払拭することはなかった。

図5.3は、9月初旬から2回目の米利下げ（10月16日）までの間、金利の期間構造がさらに大きく変化した様子を示している。9月中旬から最初の利下げ（10月1日）にかけて、償還日を問わず金利は一様に下げたが、全体として曲線の形状はほぼそのままを保った。この利下げ後、短期債への需要が増加し、イールド・カーブは通常（歴史的な標準からすれば）の形態へと戻った。だが、この後再び債券市場は、新年にかけて流動性が回復するなか、構造に歪みを生じていった。

図5.3　国債のイールド・カーブ（9/10、10/1、10/16）

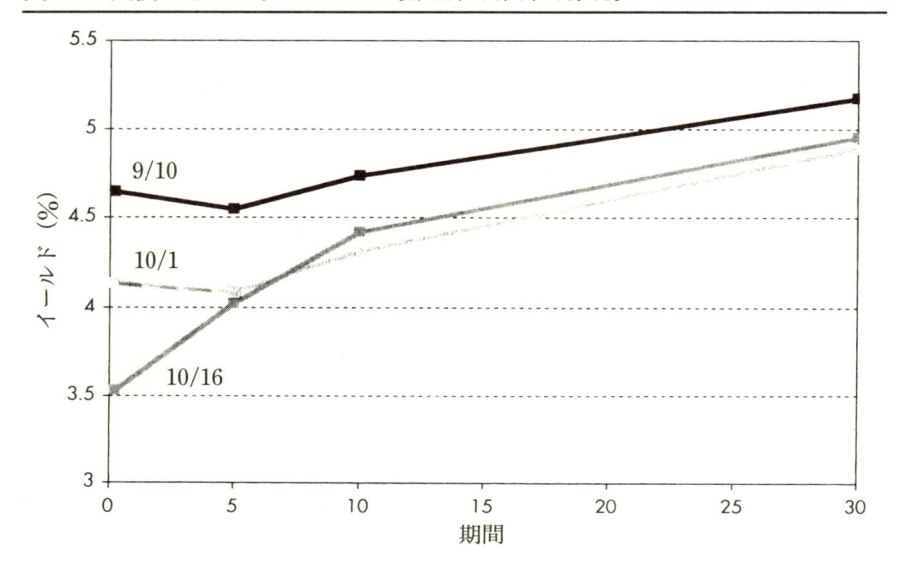

　なおそのうえに、決定的な流動性選好が起こり、債券スプレッドに歪みが生じたのである。図5.4は、各種債券の利回り推移を示している。

　さらに、大手ヘッジファンドやウォール街のブローカーが抱えるポートフォリオのポジションが集中していたことも、事態をより悪化させる原因となった。ディーラーたちは、市場の需要に見合うだけの資本を保有していなかった。このため、マネジャーに残されたのは2つの選択肢のみであった。つまり、①ディレクショナルなポジションをとるか、②ロングのエクスポージャを手仕舞うか——のいずれかである。LTCMは後者の選択肢を選んだ。同社は、債券アービトラージを利用する最大のヘッジファンドで、モルガン・スタンレー、メリルリンチ、ソロモン・スミスバーニー、ゴールドマン・サックスを含むウォール街の証券会社を通じて取引を行っていた。8月初めに

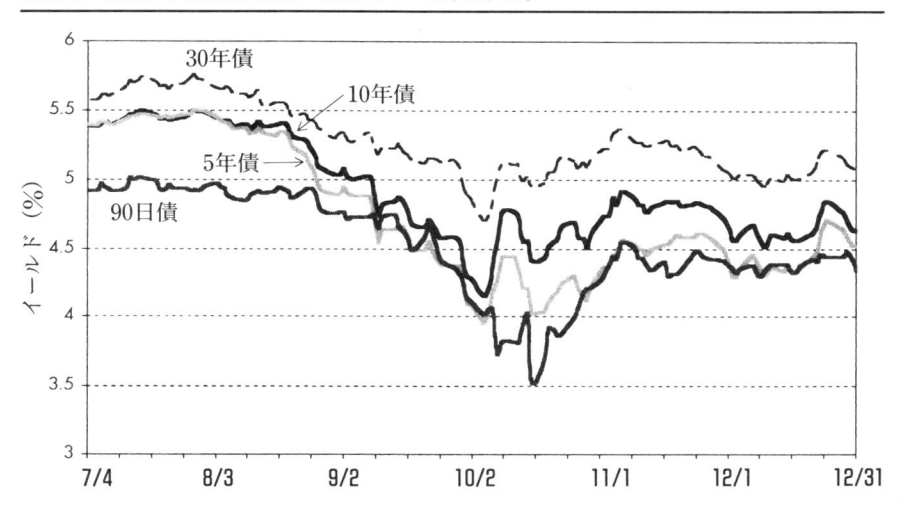

図5.4　国債の利回り推移（98/7/4～98/12/31）

（グラフ：30年債、10年債、5年債、90日債のイールド（％）推移）

　LTCMは、大幅にレバレッジを効かせた債券アービトラージのポートフォリオを保有していた。LTCMがロング・エクスポージャを徐々に手仕舞うことができるように、彼らに流動性が供給されたため、LTCMとポジションを共有していたウォール街のほかのアービトラージ・マネジャーは損失を受けずに済んだ。

　8月上旬、債券アービトラージ・マネジャーのレバレッジ水準が膨らんだため、信用供与の安定性が問題となり話題になった。ウォール街の証券会社がリスク・エクスポージャを抑制しようと追加証拠金を請求し始めたときには、質の高いモデルを使用し、レバレッジ水準を低めに設定しているファンドまでもが、クレジット・ラインを引き下げられるのではないかとおびえるほどであった。マネジャーたちは、レバレッジを解消し、抱える取引をさらに削減することで、ポートフォリオのリスク特性を低減させた。10月上旬、さらにレバレッジに対

表5.1　債券アービトラージのリターン（1990〜1999）

ファンド数	平均規模（単位:100万USドル）	年	1月	2月	3月	4月	5月
4	35	1990	2.25	2.10	−0.21	2.23	0.32
4	37	1991	4.00	2.42	1.52	1.88	2.34
5	43	1992	4.70	2.53	2.53	2.26	0.62
9	56	1993	0.25	0.89	1.47	1.45	1.94
13	97	1994	2.32	1.63	0.93	0.98	0.75
21	99	1995	0.64	0.34	1.79	0.64	−0.54
24	115	1996	0.95	0.69	0.58	1.39	1.15
23	130	1997	1.43	1.17	0.54	0.98	0.34
25	203	1998	0.39	1.28	1.34	1.03	0.19
23	103	1999	1.17	1.09	1.31	0.11	−0.03

注＝年間の数字は、複利で年率換算

図5.5　債券アービトラージの増加――1000ドルを起点（1990/1〜1999/12）

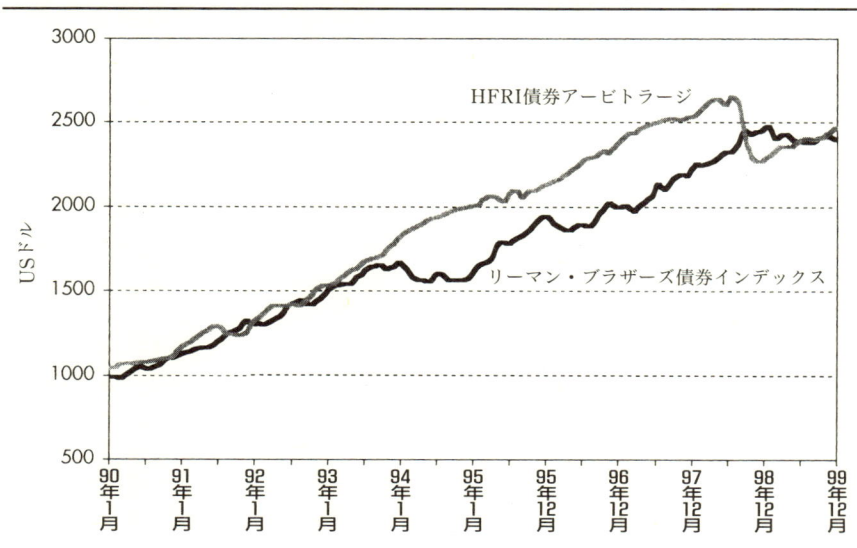

6月	7月	8月	9月	10月	11月	12月	年間
0.15	0.68	0.03	0.49	1.22	0.55	0.57	10.84
1.39	1.96	−0.82	−2.58	−0.03	−1.17	1.46	12.89
−0.45	−0.08	0.84	−0.79	3.33	2.18	2.62	22.11
0.37	1.99	1.50	0.70	0.96	2.12	1.87	16.64
1.32	0.36	0.71	0.88	0.65	0.76	0.06	11.94
−1.18	2.49	0.92	−1.89	1.58	−0.01	1.22	6.08
1.35	1.30	0.63	0.52	1.18	−0.37	1.94	11.89
0.67	0.58	0.40	0.51	−0.37	−0.14	0.71	6.87
−1.31	1.69	−1.18	−6.45	−6.09	−1.42	0.15	−10.29
1.32	0.65	−0.34	0.39	0.51	1.18	1.19	8.87

する懸念が強まった。ブローカーらが有力なMBSファンドであるエリントン・キャピタルなどに対する信用供与を停止したからである。10月9日にはその危機感が頂点に達した。LTCMが今後も混乱もなくポジション縮小を続けられるのか、あるいは証券会社がさらに追加証拠金を請求するのかについて不透明感が増したからである。しかし、その後まもなく、FRBは2週間で2回の利下げに踏み切ったため、市場に十分な流動性が供給され、事態は収束に向かった。

　1998年危機の結果、債券アービトラージの世界は様変わりした。取引参加者数も投資資金も激減したのである。スプレッドはより不安定となり、その不安定な状態が長期化するようになった。需要が減り、市場のリスク受容力が低下したため、リスク・プレミアムは上昇した。流動性を供給する能力を持つマネジャーには、絶好の投資機会が与えられることになった。市場ではそれまで以上に取引相手の調査を熱心

に行い、クレジット・ラインの拡大に努める動きが見られた。その結果、タイトなスプレッドで大きなレバレッジを効かせるような取引は、行うことも手仕舞うことも難しくなった。債券市場のパフォーマンスが低迷していたにもかかわらず、HFRI債券アービトラージ・インデックスに含まれるマネジャーの1999年のリターンは、過去の平均値と比べても遜色のないものだった。過去の実績は表5.1に示したとおりである。債券アービトラージに1000ドル投資した場合の累積リターン（HFRI債券アービトラージ・インデックスで計測）が図5.5に示されている。

第6章

モーゲージバック・セキュリティーズ・アービトラージ
Mortgage-Backed Securities Arbitrage

■モーゲージバック・セキュリティーズ(MBS)の構造と種類 ……… 147
 モーゲージバック・セキュリティーズの発達 ……… 147
 パススルー証券 ……… 150
 ＣＭＯ ……… 151
 ＣＭＯのトランシェ ……… 154
■評価方法 ……… 159
 オプション調整後スプレッド(OAS) ……… 159
 情報システム ……… 160
■リスクとリスク管理 ……… 160
 デュレーション ……… 161
 エフェクティブ・デュレーションとパーシャル・デュレーション ……… 162
 イールド・カーブの平行移動と形状変化 ……… 163
 コンベクシティ ……… 163
 プリペイメント・デュレーション ……… 163
 レバレッジ ……… 164
 時価評価 ……… 164
■収益の源泉 ……… 164
 評価モデル ……… 165
 レバレッジ ……… 165
 流動性 ……… 166
 資金調達 ……… 167
 ヘッジ・テクニック ……… 167
■最近の成長と発展 ……… 167

モーゲージバック・セキュリティーズ・アービトラージ（MBSアービトラージ）は、債券アービトラージの一種である。より具体的には、第5章で述べた債券レラティブバリューの一種ということになる。

モーゲージバック・セキュリティーズ（MBS）は、貯蓄貸付組合（S&L）や商業銀行、モーゲージ会社などの金融機関が貸出（オリジネート）した、住宅購入者向けローン債権の持分を表象した証券である。投資家の立場から見れば、MBSは期限前返済権付の債券ということになる。MBSアービトラージのマネジャーは、独自のモデルを用いてMBSに組み込まれたオプションを評価し、最終的にはオプション調整後スプレッド（OAS）によってMBSをランク付けする。彼らは期限前返済権が証券に内包されることを考慮したうえで、MBSの将来キャッシュフローの現在価値、すなわちオプション調整後価格を計算するのである。MBSの市場価格ではなく、オプション調整後価格を用いることによって、OASは同年限の国債に対するMBSの平均的なスプレッドを反映する。OASは、国債に対するMBSの超過リターンであり、金利のボラティリティや、金利変動が期限前償還へ及ぼす影響の度合いも調整した数値である。

MBSアービトラージ・マネジャーは、最も割安と判断したMBSを購入したうえで、それに対し国債現物、国債オプション、先物、キャップ、フロア、スワップ、先渡し取引などを使ってポジションのデュレーションがゼロになるようにヘッジを行う。このゼロ・デュレーションを維持することによって、金利の変化にベットするのを避けつつ、MBSの銘柄選択でリターンを上げることに集中できる。マネジャーは、その投資するMBSセクター（MBSには多くの種類があり、リスク・リターン特性がそれぞれ異なる）、使用する評価システム、あるいはリスク管理やヘッジ方法などによってさまざまなタイプに分けられる。

モーゲージバック・セキュリティーズ(MBS)の構造と種類

　MBSマネジャーを区別し、それぞれの戦略を理解するには、MBSの複雑な世界を知ることが必要である。本章では、これまでに開発されてきたさまざまなMBSを紹介し、そのリスク・リターン特性を解説する。マネジャーの戦略を特徴づけているのは、彼らが投資するセクターである。流動性やリスクへの配慮から、投資するセクターを限定するマネジャーもいれば、最も割安と見込んだセクターであればどんなセクターにも投資するマネジャーもいる。

モーゲージバック・セキュリティーズの発達

　すでに述べたように、MBSは金融機関が貸出（オリジネート）した、住宅購入者向けローン債権の持分を表象した証券である。政府住宅抵当金庫（ジニーメイ）のような政府機関や、連邦住宅抵当金庫（ファニーメイ）のような政府支援企業、その他の金融機関は、モーゲージ債権を信託にプールし、信託財産に対する直接の所有権を表象する受益権証書を発行する。表6.1は、主なMBSの発行機関とその愛称、そしてそれらがどのような金融機関であるかを示したものである。

　モーゲージをプールし、それを見合いに証券を発行するという手法は比較的新しい。1978年、ソロモン・ブラザーズのトレーダー、ボブ・ドールとスティーブン・ジョセフによって初の民間機関発行のモーゲージ証券が組成された。このディールは、バンク・オブ・アメリカの住宅ローン債権を機関投資家に対して債券の形で販売するものであった。バンク・オブ・アメリカは債券発行と引き換えに現金を得る（これは再度融資に回すことができる）一方、原債権から生じるキャッシュフローを債券所有者に直接引き渡す（パススルーする）という仕組みだった。この分野は、S&Lのモーゲージ債権売却に対する免

表6.1　代表的な発行機関

発行機関	愛称	ストラクチャー
政府住宅抵当金庫	ジニーメイ	政府機関。住宅都市開発省（HUD）の一部局
連邦住宅抵当金庫	ファニーメイ	政府支援企業
連邦住宅金融抵当公社	フレディマック	政府支援企業

　税法案が議会を通過した1981年以降、急速に発展した。当時のウォール街でモーゲージ債の取引体制を十分に整えていたのはソロモンだけであったため、同社は巨額の利益を上げることとなり、また同時に新たな市場が出現することになった（モーゲージ債市場の発展におけるソロモン・ブラザーズ社の役割については、マイケル・ルイスの書いた角川書店刊『ライアーズ・ポーカー』を参照）。その後、MBSは当初の単純なパススルー証券から、さまざまなリスク・リターン特性をもった、より複雑な構造のものへと進歩を遂げることとなった。

　MBSも従来型の債券と同様、金利部分と元本部分から構成されている。従来型の債券と違うのは、ローン債務者が借り換えと期限前返済を行うことが可能なため、償還期日がはっきりしないことである。MBSの価格は通常の債券と同じく、金利変動に応じて上下する。しかし、金利変動のMBSへの影響はこれにとどまらない。一般に、金利が低下すると、当初貸出時の想定以上のペースで期限前返済が発生するため、平均残存期間および予想償還期間が短期化する。逆に、金利が上昇した場合は、期限前返済ペースが鈍化し、平均残存期間と予想償還期間は長期化することになる。金利の低下によって期限前返済が増加した場合には、償還元本をクーポン・レートよりも低い金利水

準で再投資しなければならなくなる可能性もある。

　期限前返済の増減は金利の動きに影響されるが、その対応は必ずしも１対１ではない。期限前返済率の変化には、債務者の死亡、災害、引っ越し、借り換えの４つの要件が関係している。このうち金利と直接関係しているのは、最後の借り換えだけにすぎず、このことからも、期限前償還リスクを定量的に把握するのは困難である。住宅ローンの借り手が期限前返済権を有しているということは、MBSにオプションが組み込まれているということでもある。このオプション部分の対価として投資家が受け取るプレミアムは、借り換えの動きが強まるにつれて大きくなる。しかし、期限前返済を完全に予測することは困難なため、MBSの価格形成には歪みが生ずることが多い。一般にMBSの利回りは、この期限前償還リスクのため、通常の債券よりも高くなる。

　MBSは従来の債券と大きく異なっているようにみえるが、債券市場の投資家が両者に求めているものは最終的には同じである。結局のところ投資家は、支払った対価から得られるリターンが、リスク（信用リスク、マーケット・リスク、あるいは期限前償還リスク）に見合ったものかどうかを判断しなければならないのである。価格が高過ぎるか、逆に安過ぎる場合には、レラティブバリュー・アービトラージのチャンスが存在することになる。

　MBS市場は、住宅ローン債権プールを、異なるリスク・リターン特性を持つさまざまなトランシェ（クラス）に分割することによって発展してきた。これは、取引業者や発行機関がリスクやキャッシュフローの異なるさまざまな債券を求める投資家のニーズに応えたものである。本章では、一般的なMBSの構造について、少し踏み込んで説明する。投資家のニーズに合わせ、新しいストラクチャーが作り出され、それら各要素によって構成される価格（例えば、CMOの各トランシェの合計）は、担保となっている原資産（住宅ローン債権プール、

パススルー証券など）以上の高値で売却されてきた。この点を認識することが、さまざまなストラクチャーが出てきた背景を理解するためには重要である。CMO（モーゲージ担保証券）のオリジネーターは、金融工学を駆使してさまざまな証券を作り出すことによって、MBSの投資家層を拡大すると同時に自分たちの裁定機会を作り出してきた。こうした動きは現在でも依然として続いているものの、本章で取り上げるストラクチャーのなかには、オリジネーターにとって利益が上がらないという理由で、すでに発行が行われなくなっているものも含まれている。

　1970年代後半から1980年代初めにかけては、MBSは基本的な種類、例えば、パススルー証券や住宅ローン債権プールのキャッシュフローを単純に分けたタイプなどに限られていた。1983年、モーゲージ金利が異常なまでに低下し、住宅需要が急増したことを受けて、住宅ローンの貸し出しもほぼ倍増した。この年、連邦住宅金融抵当公社（フレディマック）が新たな証券を世に出した。これがCMOである。最初のCMOは、住宅ローン債権プールのキャッシュフローを短期、中期、長期のトランシェに分けるものだった。その後、さまざまな投資ニーズが出てくるにつれ、投資家の要望に合わせたオーダーメイドの債券が開発されていった。

パススルー証券

　パススルー証券では、個人住宅向けローン債権のプールから生み出されるキャッシュフローを投資家が受け取ることになる。債券発行による利益を確保するため、クーポン・レートはローン債務者が支払う利息より50から75ベーシス・ポイント（bps）低めに設定されている。この差は、維持管理費用や信託費用、保証料などの発行機関のコストにも充てられる。

パススルー証券の大半は、すでに挙げたジニーメイ、ファニーメイ、フレディマックをはじめとする政府機関または政府支援企業が発行している。標準的なパススルー証券の償還期間は30年間で、クーポン・レートは固定、支払い回数は360カ月となっており、ローンの期限前返済はペナルティなしに可能である。したがって、パススルー証券は一般に償還期限が長いものの、元本の早期期限前償還が行われる可能性がある。住宅ローン債権プールからのキャッシュフローやパススルー証券の償還期間は、期限前償還率により大きく左右されることになる。

CMO

CMOは、MBSに新たな特徴を付け加えたものである。それは、住宅ローン債権プールやパススルー証券を束ねて発行される(1997年のデータによると、パススルー証券の約70％がCMOの担保となっている)。CMOは、パススルー証券のキャッシュフローの不確実性を改善するために生まれた。投資家により、その興味の対象となるデュレーションやパフォーマンス特性はさまざまである。例えば、銀行と各種基金では、興味を持つ対象が異なる。さまざまなクラスやトランシェに分けるというCMOのストラクチャーを活用することによって、さまざまな投資家の好みに応じた証券を発行することができるようになった。CMOの発行で利益が出るかどうかを左右する要因としては、担保を集めるコスト、各種キャッシュフローに対する需要、CMOスプレッド(CMOと国債との間のスプレッド)そして、イールド・カーブの形状などがある。

シーケンシャル型(逐次償還型)CMO

シーケンシャル型CMOは、平均残存期間の異なるさまざまなクラ

スに分けられる。キャッシュフロー・スケジュールは以下のようになる。

1. **利息**は、期初の元本額に応じ、すべてのクラスに対して支払われる。
2. **約定元本返済分と期限前返済分**は、まず第一順位のクラスにのみ支払われ、そのクラスの元本がゼロになるまでこの状態が続く。
3. その後、すべての約定元本返済分と期前返済分は第二順位のクラスに向けられ、その後、逐次ほかのクラスに対する支払いが行われる。

Zクラス付きシーケンシャル型CMO

Zクラスは、キャッシュフローを先順位クラスの償還に充て、その平均残存期間を短期化するために用いられる。具体的には、Zクラスに対する利息の支払いは、先順位クラスに対する支払いが終了するまで行われないが、その代わり、Zクラスの元本残高は、先送りされた受取利息の分だけ毎月増加する。Zクラスに対して支払われなかったキャッシュフローによって、先順位のクラスの償還がスピードアップされるのである。

ZクラスおよびVADMs付きシーケンシャル型CMO

Zクラスの発行者は、利息支払いの先送りによって生じるキャッシュフローを正確につかむことができるため、安定的でかつ予想可能なキャッシュフローを持つ債券を組むことができる。これがVADMs (Very Accurately Defined Maturity Bonds) と呼ばれるもので、シーケンシャル・クラスとしても発行される。短期のクラスのキャッシュフローは確かなものであるが、長期のクラスになると期限前償還

の状況次第で変動することもある。

PAC債

　PAC（Planned Amortization Class）債は、期限前償還額が一定の範囲内に収まっているかぎり、スケジュールどおり償還されるようにサポート債と呼ばれる別の債券を活用する仕組みの債券であり、シーケンシャル型のクラスに分けることができる。発行者は、期限前償還率の最大値・最小値を決定し、これに基づいてPACバンドを設定する。サポート債の役割は、期限前償還率が変化した場合でもPAC債のキャッシュフローが影響を受けないようにすることにある。サポート債は期限前償還が予想を上回った場合は、これを吸収し、予想より低い場合はその元本償還を延期させる。PAC債の評価に影響する要因には、以下のようなものがある。

- PACバンドの幅。一般に、PACバンドが広いほど、PAC債のキャッシュフローはより安定的になる。なぜなら、広いPACバンドを持つということは、より幅広い期限前償還シナリオに対してもキャッシュフローが影響を受けないということを意味するからである。
- サポート債の数。安定化装置として働くサポート債が少ないと、PAC債の安定性は低下する。
- 担保のタイプ。PAC債とPACバンドを考えるときには、その原資産となる担保を検討する必要がある。担保のなかには、一定期間を経過した住宅ローン債権のように、それ以外のプールに比べて期限前償還が予測しやすいものがある。
- PAC債のクラス（償還期間）。償還期間の長いクラスと比べ短いPAC債のクラスは、より多くのサポート債が機能するためキャッシュフローが安定する。すべてのサポート債が償還してしまう

と、PAC債も通常のシーケンシャル型CMOと同じ動きをすることになる。このため最悪の場合は、プレミアムを支払って長期PAC債を購入したにもかかわらず、通常のシーケンシャル型CMOと変わらないキャッシュフローになってしまうこともある。

サポート債

サポート債は、PAC債の緩衝材として機能するため、期限前償還率の変化によって償還期間が大きく変わることがある。期限前償還リスクにさらされることがより少ないサポート債であれば、その変動は相対的に小さいものとなるが、いずれにせよ、以下のような要因に左右されることになる。

- ディールにおけるサポート債の比率。PAC債に対するサポート債の割合が高いほど、期限前償還の影響を弱めることができる。
- 担保。担保のなかには、一定期間を経過した住宅ローン債権のように、それ以外のプールに比べて期限前償還が予測しやすいものがある。また、現在価格が100を割れているような担保は、期限前償還が発生する可能性が低い。

サポート債はキャッシュフローが不安定になる可能性が高いため、そのキャッシュフローをさらに分解したり、再構築することによって、投資対象としての妙味を高めるべく再調整される場合が多い。

CMOのトランシェ

初期のCMOは、そのほとんどがシーケンシャル型かPAC債／サポート債であった。その後、さらにカスタマイズされたキャッシュフローを持つCMOトランシェが作り上げられてきた。ここでは、割引債

券とPO（元本部分）債、IO（金利部分）債、フローター債／逆フローター債の組み合わせなどについて説明する。

クーポンシフト型トランシェ

クーポンシフト型トランシェは、あるキャッシュフローを、ひとつはプレミアム・クーポン、もうひとつはディスカウント・クーポンとなるように2種類のキャッシュフローに組み替えたとき、この2種類の合計から得られる額が元のキャッシュフローを上回るような場合に設定される。これは、トランシェのキャッシュフロー設計に対して強い影響力を持つ顧客がいる場合に設定されることが多い。

PO債とIO債

キャッシュフローは、利息収入を得る権利のないPO債と、実際の元本を持たないIO債とに分割することが可能である（元本償還のキャッシュフローがPO債の計算に用いられ、それがIO債の想定元本ということになる）。

住宅ローン債権が生み出すキャッシュフローには以下の3種類がある。

1. 利息収入（ローン期間の早い時期ほど多い）は、すべてIO債に割り当てられる。
2. 約定元本返済（ローン期間が進むにつれて増加）は、すべてPO債に割り当てられる。
3. 期限前返済（ローン期間を通じて発生する可能性あり）については、すべてPO債に割り当てられる。

期限前償還が発生しない場合、初期段階のキャッシュフローの大部分はIO債へと向けられる。この状況自体は、ローン期間後半になり

利息分がほとんどなくなった状態になるまでは、変わることはない。ただ、恒常的に20%の期限前償還が発生するような場合には、キャッシュフローの大部分はローン期間を通じてPO債へと向けられることになり、その結果、IO債のキャッシュフロー、つまり利息収入は減少する。PO債はどちらのシナリオでも、同額のキャッシュを受けることになるが、そのタイミングは異なる（後者のシナリオの場合は、より早期にキャッシュフローが発生することになる）。IO債のキャッシュフローは非常に不確実性が高く、期限前償還の時期と規模にベットすることになる。他方、PO債のキャッシュフローは、総額は確定しているものの、そのタイミングは分からない。

PAC債のIO債

すでに説明したように、PAC債は、期限前償還額が一定の範囲内に収まっているかぎり、スケジュールどおり償還されるようにサポート債を活用するシーケンシャル型クラスの集合体である。PAC債のIO債は、PAC債の各クラス（クーポンは異なる）を加工して設定され、それぞれ逐次支払いが行われるIO債トランシェの集合体となる。これらのトランシェは、初期にそのキャッシュフローの多くが発生し、また期限前償還の影響を受ける。すべてのIO債キャッシュフローと同様、PAC債のIO債によるキャッシュフローも非常に不確実性が高く、期限前償還の時期と規模にベットした投資となる。ただしPAC債のIO債は、サポート債の活用によって期限前償還リスクを軽減しているPAC債をベースにしているため、ほかのIO債よりは相対的にリスクおよびベースとなる利回りが低くなっている。

フローター債と逆フローター債

短期金利に連動する負債構造にマッチした商品に対する投資家の強いニーズに応える形で、フローター債が生み出されてきた。原資産と

なるMBSストラクチャーが固定金利であるため、ディーラーはこれをフローター債と逆フローター債の2つに分割することになった。フローター債は、たいていLIBOR（ロンドン銀行間貸出金利）を指標とし、担保となる原資産より高い価格で売却される。それがインセンティブとなり、ディーラーはこのようなストラクチャーを開発してきた。フローター債は、LIBORにある程度上乗せした金利水準かつキャップ（上限）付きで販売されるのが一般的である。これに対応する逆フローター債（一定値からLIBORを差し引くことによって金利水準が決定するもの）には、これ以上低い金利は付けないという意味でフロアが設けられる。フロアが0％の債券に比べ、ほかのフロアを設定した逆フローター債は、レバレッジをそれほど必要としない。ただしフロアは一般的に0％に設定される。逆フローター債のクーポンは、割り当てられた元本の額やレバレッジの状況、フローター債のキャップ、LIBORを考慮して決められるが、フローター債と逆フローター債のクーポン合計は常に原資産のクーポンと等しくなる。

　IO債と異なり、フローター債と逆フローター債の場合、元本はどちらの債券にも全額支払われる。一方でクーポン収入は安定性に欠け、レバレッジを効かせた逆フローター債の場合は特にそうである。

二重指数債券

　二重指数債券（Two-Tiered Index Bonds＝TTIB）は、逆フローター債のキャッシュフローから構築される。ディーラーたちがこの債券を開発したのは、関連するフローター債の上限金利を引き上げ、より高いレバレッジを効かせられるように、逆フローター債について100を大きく下回る価格で販売できるようにするためだった。こうした特性は投資家にとっても魅力的だったため、オリジナルのフローター債、逆フローター債のストラクチャーよりもこの新たなストラクチャーのほうがよく売れている。

TTIBは高金利の固定クーポン債と逆フローター債の両方の特性を組み合わせたものである。金利指数（LIBOR）が一定のレンジ内にあれば、TTIBは固定クーポン債として機能する。そのレンジの上限は低いほうの行使価格によって決定され、これが第1の基準となる。TTIBは、LIBORがこの行使価格を上回らないかぎり、高い固定クーポンが維持される。LIBORがこの行使価格を上回ると、逆フローター債のように、LIBORが上昇するとクーポン・レートが低下するという形でクーポンが決定されることになる。クーポンの計算式は複雑で、合計元本やフローター債の元本、逆フローター債の元本、TTIBの元本、TTIBのレバレッジ、逆フローター債のレバレッジ、フローター債マージン、フローター債キャップ、行使価格などを考慮に入れたものとなる。そこを上回るとクーポン・レートがゼロになるようなLIBORが2番目の基準であり、TTIBのLIBORキャップと呼ばれる。

逆フローター債IO

　固定クーポン債から逆フローター債IOを組成するには、いくつかのステップを経る。まず、ある固定クーポン債が、ディスカウント債とプレミアム債に分割される。プレミアム債券は、フローター債と逆フローター債IOにさらに分けられる。逆フローター債IOのクーポンは、固定クーポン債とフローター債のクーポン・レートの差に等しい。このクーポン・レートが非常に低いため、逆フローター債IOのレバレッジは大きくなる傾向にある。さらに、逆フローター債IOは、元本支払いを受けないため、期限前償還率の変化に非常に大きく影響される。

評価方法

　MBSのマネジャーは、投資資産の選択について、その裁量を振るう。MBSの構造は非常に入り組んでいるため、その評価過程でも、コンピューターを活用した複雑な定量分析モデルが駆使される。評価過程では、評価モデル自体のほかに、モデルを使いこなすためのコンピューターの能力と技術が必要とされる。

オプション調整後スプレッド（OAS）

　一般的なMBSマネジャーの評価モデルは、OASを算出するために、期限前償還率を予測し、複数の金利見通しを設定する。OASは、①MBSに内在する期限前償還オプションを考慮に入れたうえでの国債とMBSの利回り格差を表し、②マネジャーにとって、最も優れたレラティブバリューを持つMBSを見つけだすための有力なツールとなる。ただし、同一証券であってもマネジャーが異なれば、算出されるOASも異なることが多い。

　マネジャーによって、モデルにおける期限前償還の仮定も入力する値も異なる。例えば、モデルに入力する項目としては、金利（借り換えへの影響を考慮）、住宅ローン債権プールの年数（期間を経た住宅ローン債権ほど、期限前償還の可能性は低くなる）、季節要因（人々は、例えば夏季など、特定の時期に引っ越しする傾向がある）、イールド・カーブの形状（これによって、より低いローンへの借り換えが起こる可能性を計測することができる）などが挙げられる。期限前償還率を正確に予測することに自信を持っているマネジャーもいる一方で、予測は不可能と判断し、ヘッジによって期限前償還リスクを低減しようと努めている者もいる。いずれにしても、利用するモデルが違えば、OASもばらつきが生じる。

自分が管理するMBSをOASによってランク付けし、その高順位のものにだけ着目するMBSマネジャーは多い。OASを統計的にしっかりしたものにするには、MBSの残存期間中の金利シナリオを多数テストしてみる必要がある。大半のモデルは、金利変動やその他の主要変数が期限前償還の水準に影響を与える度合いについて仮定を置いて作られている。こうした仮定に過度に依存しないように、一部のマネジャーは、期限前償還の仮定を上方あるいは下方に変化させ、OASにどう影響するかを見る「ストレステスト」を実施している。このように仮定を変更させても大きなブレを示さなかったものが、期限前償還の影響を受けにくい安定した債券とみなされるのである。

情報システム

　MBSのマネジャーにとって、金利変動や期限前償還の内容は複雑なうえ、数多くのシナリオがあり得るため、コンピューターの使用は必須である。一般的には、コンピューター性能が高ければ高いほど好ましいが、コンピューター性能が高くても、モデルが優れていなければ意味がない。マネジャーは、MBSやその他の債券に関する情報を、ディーラーやインテックス社、ブルームバーグ社、ロイター社などの各種ソースから入手し、モデルに入力するのである。

リスクとリスク管理

　MBSのマネジャーは、ヘッジやレバレッジを適切に活用し、リスクの計測や管理を行ったうえで、自らの付加価値を高めている。MBSマネジャーのなかには、ヘッジを利用しないマネジャーもいる。マネジャーが共通のリスクとしてチェックするのは、デュレーション、コンベクシティ、期限前償還、イールド・カーブのポジショニングと

いった、ポートフォリオのエクスポージャに影響を与える諸要因である。

デュレーション

デュレーションは、一般には、金利変動に対する債券価格の感応度を計るものである。例えば、ある債券のデュレーションが3年だとすると、金利の1％上昇によって債券価格は約3％下落し、金利が1％低下することで価格は約3％上昇する。このようなデュレーション3年の債券は、6年の債券（金利1％上昇で価格が約6％下落し、金利1％低下で価格が約6％上昇する債券）よりもリスクが小さい。デュレーションの計算式は概略以下のとおりである。

$$デュレーション = \frac{債券価格の変化 \div 債券価格}{金利の変動幅}$$

デュレーションはまた、価格と利回りの関係が一定の下での債券キャッシュフローの平均残存期間を示す。長期債のキャッシュフローはそれだけ長期にわたって金利変動にさらされるため、金利の影響をより強く受ける。例えば、ある投資家がクーポン7％の2年債と、やはりクーポン7％で信用力も同等な5年債を購入した場合を考える。その後、金利が1％上昇したとすると、この時点で同じクーポンの債券を以前よりも安く購入することができるようになっているため、どちらの債券も以前より投資妙味が薄れている。しかし、クーポン・レートの魅力度はどちらも同じように薄れてしまったが、2年債の場合、その影響は今後2年間だけなのに対し、5年債については、その影響は今後5年間にわたる。したがって、ほかの条件が同一であれば、長期債の価格は、短期のものに比べて金利変動に対してより大きな影響

を受けることになるのである。もちろんMBSの場合は、金利が変動することで期限前償還率も変化することになる。このため、多くのマネジャーは、期限前償還率を考慮した「エフェクティブ・デュレーション」を使用している。

エフェクティブ・デュレーションとパーシャル・デュレーション

エフェクティブ・デュレーションは、金利変動に対する証券価格の感応度を期限前償還の影響も考慮に入れて調整したものであり、「オプション調整後デュレーション」と言い換えることもできる。エフェクティブ・デュレーションこそが、MBSマネジャーがヘッジを行うときに用いるデュレーションである。彼らは、ネット・デュレーションをゼロにするため、そのMBSと同じような償還期間を持つ国債をショート（空売り）する。債券アービトラージと同様に、MBSアービトラージでも、MBSを買って別の債券（通常は国債）を売るのである。金利が変化した場合、双方の債券価格が同じように動くため、ロング・ポジションの変動はショート・ポジションによって相殺される。ロング・ポジション全体のデュレーションがショートのそれと等しければ、そのポートフォリオはゼロ・デュレーションということになる。マネジャーは、それぞれの取引やポートフォリオを、ゼロ・デュレーションかそれに近い水準にすることで、マーケット・リスクを排除する。

パーシャル・デュレーションは、イールド・カーブ全体の動きを考慮に入れるために一部のマネジャーが使用しているデュレーションの尺度である。この場合、1年債、2年債、5年債、10年債、30年債のデュレーションをそれぞれ計算する。パーシャル・デュレーションを用いると、国債のイールド・カーブ全体を活用したヘッジが可能となる。パーシャル・デュレーションの計算は、イールド・カーブの平行

移動や形状変化を考える際に必須の事項である。

イールド・カーブの平行移動と形状変化

　MBSアービトラージのマネジャーは、国債イールド・カーブの平行移動や形状変化によるポートフォリオへの影響を避けるべく行動する。具体的には、市場の影響を中立化するのに必要な国債の組み合わせを把握するために、パーシャル・デュレーションを活用する。平行移動を想定したデュレーション計算を行えば、国債イールド・カーブの平行移動に対するポートフォリオ時価の感応度が推定可能となる。加えて、形状変化を想定したデュレーション計算を行うことにより、イールド・カーブの形状変化（ピボット回転）に対する感応度が推定できる（ピボット回転とは、イールド・カーブ上の1点を固定しつつ、ほかの点を変化させることで起こる形状変化である）。

コンベクシティ

　コンベクシティは、最終利回りの変化に対するデュレーションの変化を示す尺度である。マネジャーの多くは、コンベクシティを期限前償還リスクの尺度として用い、これによってリスク・ヘッジを行う。

プリペイメント・デュレーション

　プリペイメント・デュレーションは、期前償還率の変化に対する債券価格の変動を、ほかの変数から独立した形で取り出そうとするものである。これのみを用いたヘッジを行うことは困難なため、参考指標として利用される場合が多い。

レバレッジ

　MBSのレラティブバリュー取引では、MBSをロングする一方で、これと同様の償還期間とデュレーションを持つ国債や政府系債券をショートすることで利益を得る。この2証券間のスプレッドが非常に小さいときは、必要なリターン水準を確保するためにレバレッジを効かせることがある。ただ、レバレッジによってリターンは増えるものの、その分、追加証拠金をかけられたり不利な価格でも売却を行わざるを得なくなるリスクも発生する。

時価評価

　MBSの取引はすべて店頭（OTC）で行われているため、時価評価は往々にして主観的なものとなる。時価評価において重要なことは、その価格で取引をしたい買い手がいるかどうかということである。ポートフォリオの時価評価の方法はさまざまである。結局は市場で価格が決まるということを考えると、独自モデルのみで時価評価をするのは非常に心もとない。これを避けるため、レポ市場やディーラーを活用して時価評価を行っているマネジャーもいる（ポートフォリオにある証券をマネジャーが借り入れようとした場合、ディーラーがどれくらいの価格を提示するかが、レポ市場では決定される）。同様に、ディーラーに対してビッド・リストを送り、価格を探るマネジャーもいる。このような方法で時価評価を行うマネジャーの場合、通常は2社以上のディーラーに取材することが多い。

収益の源泉

　MBSアービトラージは「割安になっているMBSと、それに対して

ヘッジに用いる国債との関係」からリターンを得る投資戦略であり、マーケットニュートラル戦略の一種であるということができる。通常、ヘッジはデュレーションがゼロとなるよう、すなわち本来であれば債券市場全体に影響を与える金利の変動に対してポートフォリオの価値が反応しないように構築される。要するに、マネジャーは2証券間のスプレッドのみに着目し、それらの証券の関係が予想した水準に戻ることによってリターンを得るのである。このため、市場の方向性予測ではなく、証券間の相対的な割安度合い判断が収益の源泉であると言える。ただ、主な源泉が証券の相対的な割安度合い判断であるとはいっても、MBSアービトラージのリターンにはこれ以外の要因も影響していることは忘れてはいけない。

評価モデル

MBSアービトラージのリターンが証券の相対的な割安度合い判断から得られることを踏まえると、マネジャーが成功するには、証券の評価モデルの質がカギということになる。通常考えられる債券価格の変動要因のほか、MBSのモデルには、現在ならびに将来の期限前償還率の仮定や、期限前償還オプションの価値などの要素を組み込む必要がある。適切に構築された・評価モデルがあれば、マネジャーは、市場で「コンプレクシティ・プレミアム（複雑さに対するプレミアム）」と呼ばれているものを狙うことができるようになる。この言葉は、MBSの評価は難しく、MBSセクター内にはミスプライスが必ず存在するということを意味している。

レバレッジ

レバレッジはリターンを増加させることができる一方で、追加証拠

金をかけられ、望ましくない水準での売却を強いられてしまうリスクも発生する。主要MBSヘッジファンドのひとつ、エリントン・パートナーズが1998年10月に体験したのもこのようなケースだった。エリントンは追加証拠金をかけられたとき、大きくレバレッジを効かせており、これに対応するために数十億ドルにも上るポートフォリオの大部分を売却しなければならなくなった。エリントンと同様の状態に陥ることを恐れ、ほかのマネジャーはできるだけ流動性を高く維持しようとし、エリントンが売却しようとした証券の購入に慎重になった結果、市場は売り物であふれ、買い手が見つからない状態になった。この供給過剰によって、MBSの価格は大幅に下落した。エリントンはこの下落期間中に売却を行わなければならなかったため、10月だけで30％を超える損失を出すことになった。

流動性

通常、MBSの流動性は、マネジャーが投資する証券の種類によって決まる。一般的には、政府系債券の流動性は、それ以外のものよりも高い。また政府系債券であれば、担保価値の保全も相対的には良好である。さらに、個人住宅ローン債権プールに基づいて発行された証券は、一般に、商業用モーゲージ証券よりも流動性が高い。住宅ローン債権プールは、商業用モーゲージ証券よりも安定し、期限前償還のリスクが少ないと考えられている。各証券個別のレベルでは、パススルー証券が最も流動性が高い。PAC債のようなオーソドックスなCMOの流動性が、それに次ぐ。対して、より複雑なCMOは、流動性リスクをはらんでいる。こうした証券に投資するマネジャーは流動性プレミアムを得ることができるが、流動性がなくなった場合にはどんなに安くても売却できないような状況があり得ることを覚悟する必要がある。

資金調達

　MBSアービトラージ戦略のほとんどが利幅の小さいスプレッド取引を行っているため、レバレッジは必須であり、十分なリターンを上げるために大きく効かせることが多い。このため、マネジャーは、有利な資金調達方法を確立する必要がある。そのような運用を継続するためには、2500万ドルから5000万ドル程度の、比較的大きな規模の運用資産を集め、必要なクレジット・ラインを維持し、取引相手との良好な関係を構築する必要がある。

ヘッジ・テクニック

　ヘッジは、相場が上昇局面にある場合にはリターンの足かせとなるが、相場下落に対するプロテクションであり、ポートフォリオを金利のシステマティックな変動から守るのに必要な手法である。ヘッジ・テクニックには、さまざまなものがある。10年債を用いてヘッジを行うマネジャーもいれば、30年債を利用するものもいる。マネジャーによっては、イールド・カーブ全体にわたりヘッジをかけることもあるし、スワップ、オプション、先物などでヘッジを組むマネジャーもいる。ただし、対象となるMBSの流動性が低いと、ヘッジしにくい場合もある。

最近の成長と発展

　MBSアービトラージは、1990年代を通じて優れたリスク調整後リターンを示してきたが、1998年第3、第4四半期の運用結果は悲惨なものとなった。HFRI MBSインデックスでは、8月のリターンが－1.17％、9月－2.15％、10月－9.24％となり、年間のリターンは

−9.18％に終わった。加えて言うと、この数値はMBSアービトラージ・マネジャーの一部を含んでいるにすぎない。クロスアービトラージ・マネジャーやその他の参加者が経験した、目を覆いたくなるような成績は含まれていない可能性があるのである。あるマネジャーは、この状況を「1万年に一度の洪水」と表現した。実際この期間、マーケットニュートラル戦略のなかで、MBSアービトラージ戦略よりも悪い成績を示した戦略はなかったのである。ここでは、なぜこのような結果になったのかということを考えてみる。

1998年第3、第4四半期にこのような状況になったのは、この年の春に期限前償還が急増したことがひとつの背景となっている。MBSマネジャーのうち、この時期に実際の売買を行わず、独自の評価モデルのみで時価評価を行っていたものは、このような市場価格の変動を十分にポートフォリオの価格に反映させていなかった。このため、同年の下期は、金融市場の混乱によって、さらに打撃を受けることになったのである。8月中旬に400億ドルに上る債務不履行をきっかけに発生したロシア危機と、それに続く「質への逃避」の動きによるMBSスプレッドの拡大がその原因である。最も流動性の高いMBSでも、スプレッドは過去最高水準まで広がり、流動性の低いMBSに至っては、実質的に取引不能に陥った。そして、LTCM（ロング・ターム・キャピタル・マネジメント）の破綻懸念が伝えられたほか、追加証拠金に対する不透明感が広がったことなどで、事態は決定的な局面を迎えた。時を同じくして、住宅ローン金利は30年ぶりの低水準に急低下し、住宅購入者の期限前返済の動きをさらに加速させることになった。

10月上旬に状況はピークに達した。総資産数十億ドルを抱えるMBSヘッジファンド、エリントン・キャピタルに対して追加証拠金が請求され、エリントンはポートフォリオの大半を手仕舞わなければならなくなったのである。世界的な金融危機のなか、債券ディーラー

たちは自分たちの利益とボーナスを守ろうとして買いには慎重な態度を続けており、またほかのMBSマネジャーもポートフォリオの売却を強いられたり、レバレッジ・ポジションの解消を行おうとして、流動性は極端なまでに低下していた。最初の売りが一巡しても、市場には売り手しかいない状況であったため、ディーラーの買い控えには拍車がかかった。ディーラーはビッド（買い気配）を大幅に引き下げ、ビッドとオファーのスプレッドはほとんどバカげていると言ってもよいレベルまで拡大した。顧客からの解約や追加証拠金のために売却を強いられたマネジャーは、巨額の損失を被ることとなった。また、国債市場が非常に大きな変動を示すなか、その動きはMBS市場の動きとの関連が非常に小さいものであったため、国債によるヘッジ・ポジションで損失を出したマネジャーもいた。

　1998年の混乱を経て、1999年のMBS市場は通常の状態に回復した。金利は上昇に転じ、期限前償還のペースは急速に鈍化した。年末にかけて、金利は1997年以来の高水準にまで上昇し、2000年に向けてさらに上昇するものと見られていた。このため、HFRI MBSインデックスに含まれているマネジャーの実績も、これに伴って過去の平均的な水準まで回復した。MBSアービトラージ戦略の過去のリターンを、表6.2と図6.1に示す。

表6.2 MBSアービトラージのリターン（1993～1999）

ファンド数	平均規模（単位:100万USドル）	年	1月	2月	3月	4月	5月
5	52	1993	0.88	1.33	0.76	0.72	0.97
11	39	1994	1.18	1.18	1.00	0.32	0.74
12	32	1995	0.84	1.35	1.40	1.08	0.79
16	65	1996	1.36	1.03	1.37	1.13	1.35
22	160	1997	1.07	1.56	1.22	1.58	1.69
27	188	1998	0.81	1.02	0.69	−0.42	0.19
16	220	1999	1.63	1.23	1.68	1.86	0.22

注＝年間の数字は、複利で年率換算

図6.1 MBSアービトラージの増加——1000ドルを起点（1993/1～1999/12）

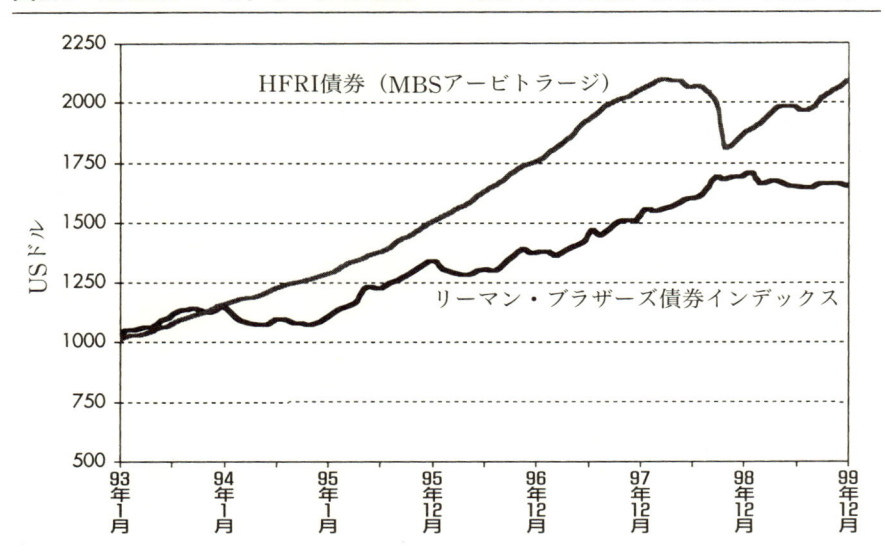

6月	7月	8月	9月	10月	11月	12月	年間
1.45	0.68	1.98	1.41	0.98	0.69	1.82	14.54
1.16	1.47	1.10	0.59	0.69	0.89	0.72	11.61
1.27	1.10	1.14	2.00	1.20	1.42	1.85	16.55
1.51	1.45	1.33	1.58	1.91	1.37	0.49	17.06
2.29	1.37	1.34	1.33	0.98	0.62	1.03	17.31
−1.36	0.17	−1.17	−2.15	−9.24	0.59	1.76	−9.18
−0.12	−0.69	0.49	2.09	1.11	0.91	1.45	12.48

第7章
買収合併アービトラージ
Merger Arbitrage

- ■買収合併アービトラージのアプローチ…………176
  - 現金による買収または株式公開買い付け………176
  - 株式交換による買収合併………177
  - 株式交換による条件付き買収合併………180
  - 複数企業競合下の企業買収………186
  - レバレッジド・バイアウトと敵対的買収………192
- ■リスク…………197
  - イベント・リスク………197
  - ディール・フロー………199
  - 流動性………199
- ■リスク管理……………200
  - 分散投資………200
  - レバレッジ………200
- ■収益の源泉……………201
- ■最近の成長と発展……………202
  - ディール・フローへの株価などの影響………202
  - 逆境の時期──1998年第3四半期………205
- ■リターン…………208

一般に、買収合併アービトラージでは、買収される側の企業（被買収企業）の株式を買う一方、買収を仕掛ける側の企業（買収企業）の株式を空売りする。マネジャーによっては、取引コストを低く抑えるために、現物株でなく株式のオプション取引を利用する場合がある。

　通常、被買収企業の株式は、買収予定価格より割安な水準で取引されている。この理由としては、①企業買収は、発表前に付けている被買収企業の株価よりも高値で行われることが一般的である、②すべての企業合併にはイベント・リスク、つまり発表どおりに合併計画が実現しないリスクが伴う——という点が挙げられる。買収合併が実現しなかった場合、被買収企業の株価は下落、時として急落することもある。買収合併アービトラージのマネジャーは、合併計画の実現可能性を正確に予測し、被買収企業の現在の株価と買収企業が提示する買収予定金額の差額を将来的に得られるであろう利益として固定化する。

　買収合併においては、買収予定価格と被買収企業の株価に格差が生じるが、この価格差は買収合併アービトラージ・スプレッドと呼ばれる。繰り返しになるが、企業買収は買収発表前の被買収企業の株価よりも高い水準で行われることが多い。買収企業が被買収企業の株価にどの程度の上乗せをした買収金額を提示することになるかは、本章でこの後、いくつかの事例を見ていくことになるが、常識的に言っても、たいていの企業は現在の株価を下回る水準での買収などを受け入れるはずもなく、買収企業は時価以上の買収額を提示せざるを得ない。買収が予定どおり実現すれば、被買収企業の株式は買収企業の所有となる。つまり、買収によって、両企業とも買収企業の株主が所有権を有することになる。

　しかし、買収成立までの間は、両企業の株価とも、買収の行方をめぐる市場の不確実性を反映して推移することになる。この不確実性を生む背景としては、財務上の問題に始まり、規制による障害、合併条件の複雑さ、経営陣の意見の不一致、市場のセンチメントに加え、い

ずれかの企業に関するネガティブな材料が新たに浮上する可能性など、このほかにもいろいろな要因が考えられる。こうした要因が台頭した場合、被買収企業側の株価が買収予定額よりも割安な水準で取引されることが多い。買収合併アービトラージのマネジャーは通常、アービトラージ・スプレッドを年率収益に換算する一方で、買収合併成功の確率を予測する。

　そして、買収合併成立時にスプレッドから得られるリターンが、不成立時に生じる損失リスクに見合う水準であるか否かを判断する。一般的に、大企業による友好的買収のケースだと、スプレッドは小幅でリターンは限定的なものとなる。買収合併に至るプロセスが複雑で、小規模な企業が当事者のケースでは、リスクが高い分、スプレッドもリターンも大きくなる。

　アービトラージ取引において、今後買収計画の発表が予想される企業に対して投資を行うということは、うわさに基づいて投資を行うことである。マネジャーはこうした投資行為を回避し、不確実性を軽減するため、すでに発表されている買収合併計画についての調査を行う。彼らはポジションをとる前に、両社の公開文書や過去の財務諸表、米国証券取引委員会（SEC）の企業電子ファイルサービス（EDGAR）、各種アナリスト・レポート、有力メディアの報道、企業説明会、経営陣や業界関係者への取材などに基づいて詳細な検討を行う。その結果、期待される投資収益率が合併不成立の場合のリスクを大幅に上回ると判断した場合に、初めて投資を行うことになる。その後さらに、買収合併の成立を後押しするような材料が出たり、市場のセンチメントが買収合併成立の確率が高いとの判断に傾き、不確実性が後退するようなら、さらにポジションを積み増すことになる。逆に、不安材料が現れたり、期待される利益がポジションを維持するリスクに見合わない水準まで下がった場合、そのポジションは閉じられる。しかし、すべてが計画どおりに進んでいるかぎり、ポジションは買収合併の成立ま

で解消されることはない。

買収合併アービトラージのアプローチ

現金による買収または株式公開買い付け

　買収合併アービトラージのうち最もシンプルなものは、現金による買収が行われる場合である。一般に、被買収企業株は買収企業が提示する買収予定金額をやや下回る水準で取引されていることが多い。被買収企業株への投資を行った投資家は、買収合併成立の時点でこの差額を手に入れることができる。投資家は、買収合意が決裂するリスクを受け入れる代償として「保険料」を受け取ることになる。現金による買収の場合、事前に発表された買収予定価格によって買収合併が成立することになり、投資家の収益は投資時の株価と買収企業が発表した買収予定価格の差額、すなわちプレミアムのみとなる。買収合併アービトラージではこのプレミアムを確保するために、被買収企業の株式またはそのオプションを購入する。

　マネジャーは、両企業のバランスシートを詳細に調べ上げ、買収企業の資産状況が買収成立後の新企業を支えられるものかどうかを調査する必要がある。この場合の投資家のリスクは、イベント・リスクに限定され、両企業の株価水準とは無関係である。考えられる障害として、法律や規制の問題、マーケットのセンチメントのほかに、買収プロセスを維持できるだけのキャッシュフローが買収企業にあるかという問題が挙げられる。

株式交換による買収合併

　株式交換による買収合併の場合、被買収企業の株主は、合併後に買収企業の株式を受け取ることになる。過去数年間においては、買収合併の大多数がこの方式によるものであった。買収合併アービトラージを行う場合、買収企業株式の空売りと被買収企業株式の買いを、株式の交換比率によって行う（例えば、買収企業が自社の株式0.5株に対して、被買収企業の株式1株の割合での株式交換を提示した場合、購入する被買収企業の株式の半数だけ買収企業の株式を空売りすることになる）。この比率によってロング・ポジションとショート・ポジションを持つことで、株式交換時における両ポジションの株数が等しくなる。買収合併成立後、ショート・ポジションを解消し、確保していたスプレッドを実現する。

　ほかの買収合併アービトラージの場合と同様に、株式交換による買収合併もイベント・リスクを伴う。どのような要因で買収合併が決裂するかはだれにも予測できない。また、通常のイベント・リスクに加え、両企業の株価の変動によるリスクも存在する。株式交換を買収合併の条件としているうえ、買収合併発表時点における双方の株価水準が交換の基準となっているため、一方または両方の株価が大きく動いた場合、買収合併の実現そのものが見直しを迫られることになる。マネジャーが、買収合併が不成立に終わるリスクに見合ったスプレッドや期待リターンが確保できると判断した場合のみ、株式交換による買収合併のアービトラージが実施されることになる。

実例——アルバートソンズとアメリカンストアの場合

　株式交換による買収合併の成功例としては、アルバートソンズとアメリカンストアのケースが挙げられる。この買収合併は1998年8月3日に発表が行われ、1999年6月24日に買収が完了した。このケースは、

買収合併アービトラージのマネジャーが検証すべきイベント・リスクについての好例である。

アルバートソンズがアメリカンストアの全資産を117億ドルで買収し、米国最大の食品・薬品小売企業が誕生すると発表したとき、アメリカンストアの株主は保有していたアメリカンストア1株当たり0.63株のアルバートソンズ株を受け取ることになっていた。この交換比率においてアメリカンストアは1株当たり30.24ドルと評価され、前日の株価23.19ドルに対して7.05ドルのプレミアムが付けられた。アルバートソンズの最高経営責任者（CEO）、ゲーリー・マイケル氏は、この買収が1999年の第1四半期には完了し、同年のうちには企業収益を増加させることができると考えており、同氏は当時、この買収合併によって「今後2、3年は大幅な業績の拡大が見込まれる」と発言していた。買収合併後の新会社の規模は、米国内37州に2470店舗を構えることになり、1998年の予想年間売上高は360億ドルであった。この買収合併は、薄利多売の小売業者であるアルバートソンズが規模の拡大を目的として実施したものである。

買収合併アービトラージのマネジャーは、買収企業が支払ったプレミアム、合併によるシナジー効果、買収合併決裂のリスクを評価するため、両社の公開文書や買収合併の条件、業界の動向を調査するとともに、合併計画に際して問題となり得る法律面での規制を確認するため、独占禁止法などの諸規定に詳しい弁護士にもアドバイスを求めた。その結果、独占禁止法関連の規定にかかわるいくつかの問題点はあったものの、規模拡大に伴うシナジー効果と買収企業が支払うプレミアム、すなわち合併によるリターンに比べ、リスクは低いものと判断し、マネジャーは買収合併契約において定められた交換比率で、アメリカンストア株のロング・ポジションとアルバートソンズ株のショート・ポジションをとることで、スプレッドを確保する投資行動を行った。以下は合併計画発表の当日、買収合併アービトラージ・マネジャーが

設定した具体的なポジションである。

1998年8月3日

ロング・ポジション　　：アメリカンストア１株当たり24ドルで１万株
　　　　　　　　　　　　取得、購入総額24万ドル
ショート・ポジション：アルバートソンズ１株当たり48ドルで6300株
　　　　　　　　　　　　売却、売却総額30万2400ドル
ヘッジ比率　　　　　　：0.63

　両社が合併を発表した後、２つの大きな出来事が起きたことから、マネジャーは当初のポジションの見直しが必要かどうか再検討する必要が生じた。同業の大手企業であるクローガーとフレッド・マイヤーの２社が合併を発表したのである。この合併によって誕生する新会社は、アメリカンストアとアルバートソンズ合併後の新会社を規模で上回っていた。アルバートソンズはこの合併による新会社に対抗するため、アメリカンストアの買収を是が非でも実現する必要に迫られた。さらに、アメリカンストアとアルバートソンズの企業基盤がカリフォルニア州を中心に重複していたことから、この買収合併が独占禁止法上の規定に抵触することになり、法廷での審議に持ち込まれた。アメリカンストアとアルバートソンズ側は、クローガーとフレッド・マイヤーの合併への対抗上、買収合併を成立されるために大幅な譲歩を強いられた。

　この120億ドル規模の買収合併で問題となった営業基盤の重複による独占禁止法上の問題を解決するため、両社は店舗の売却を余儀なくされた。両社は連邦取引委員会（FTC）の勧告に従い、144店のスーパーマーケットと５カ所の建設予定地を売却することになったが、この売却はFTC史上最大規模のものであった。この合併が実現した場合には、カリフォルニア、ネバダ、ニューメキシコの各州で、公正な

競争が阻害されると当局が判断したからである。この条件は、3州の司法長官によって調整が行われ、それぞれの州の連邦裁判所に提示されたものである。

結局、アメリカンストアとアルバートソンズの合併は1999年6月23日に完了、当時のアルバートソンズの株価は1株当たり52ドルであった。このため、1株当たり24ドルで1万株取得していたアメリカンストア株のポジションは、1株当たり52ドルのアルバートソンズ6300株の保有に変わり、結果的には8万7600ドルの利益を得ることとなった。

一方、1株48ドルで6300株売り建てられていたアルバートソンズ株は52ドルで手仕舞われ、2万5200ドルの損失となった。

合計では6万2400ドルの利益となり、投資収益率は約26％（6万2400ドル÷24万ドル）となった。

株式交換による条件付き買収合併

株式交換による買収合併には、買収企業と被買収企業の株式の交換比率を買収完了時点での買収企業の株価に基づいて算定するようなケース、特にそのなかでも特異な手法として、買収企業の株価が「カラー」と呼ばれる下限水準を割り込んだら、被買収企業が合併を中止できるというようなものもあり、さらに複雑なものとなっている。この場合、買収合併を実現できるか否かは、買収企業の株価次第ということになり、ほかの買収合併アービトラージよりも株式市場の価格変動に対して敏感になる。

買収企業の株価がカラーを割り込むと買収合併が中止される可能性があるということは、マーケット・リスクがイベント・リスクになり得るということである。株価水準が変動すると、新たな交換比率を反映できるようなヘッジ率の調整が必要になるほか、買収企業の株価水準が合併基準を満たさなくなった場合には、ポジションの解消を迫ら

れる可能性も生じる。一方で、このカラーの存在によって、被買収企業が受け取る金額は適正な水準を確保できることから、株価変動以外の要因で買収合併が取り止めになるリスクを軽減しているとも言える。一般に、買収合併の形態が複雑なほど、買収合併成立までの不確定要因が増加するため、スプレッドは拡大する傾向にある。

買収合併アービトラージのマネジャーはカラーが設定された株式交換による買収合併案件への投資を行うとき、通常、次の２つのアプローチを行う。

1. 想定されるシナリオごとの発生確率を推定し、交換比率とその発生確率に基づいて期待収益率を計算する。例えば、ひとつのカラーに対して、交換比率が異なる３つのシナリオが考えられるとしたら、各シナリオの収益率にそれぞれの発生確率を掛け合わせて全体の期待収益率を計算する。
2. カラーをひとつのオプションとしてとらえる。買収企業の株価がカラーを割り込んだ場合、マネジャーのオプションの行使権はなくなり、そのポジションはディレクショナルなものとなる。つまり、マネジャーは、被買収企業のヘッジしていないロング・ポジションを持っているのと同様の状態となる。

実例──ワールドコムとスカイテルの場合

カラーを設定した株式交換による買収合併の例として、1999年５月28日に発表されたスカイテルとMCIワールドコムのケースを取り上げる。スカイテルは顧客数160万のワイヤレス通信会社である。同社は1989年以来、通信業界のサービス地域拡大の潮流に乗って、通信事業の全国展開を図ってきた。同社は、ワイヤレス通信における革新的な技術やサービス、例えば、インターネットとポケットベル間のメッセージ交換、Ｅメールやインターネットでのメッセージ受信、米国内

のあらゆる電話へのメッセージ送信などができる双方向通信サービスを提供しており、1998年の営業収入は5億1800万ドルで、同年の年間収益は124億ドルであった。

　一方、MCIワールドコムは国際通信サービス会社であり、南北アメリカ、欧州、アジア太平洋地域に跨る65カ国以上に業務展開を行っていた。同社は、自前の設備を有し、市内、長距離通信、国際通信、インターネットの総合サービスを提供していた。同社は、欧州地域全体を網羅するネットワークや大陸間ケーブル・システムを有するとともに、世界中で4万棟を超えるビルに対して、大容量での接続サービスを提供していた。同社は現在、光ファイバー・ネットワーク網を補完するものとして、従来の電話線（銅線）を活用したデジタル加入者線（DSL）技術によるブロードバンド・アクセスを推進しているところであった。また、ブロードバンド配信の次なる手段は家庭用衛星通信アンテナ（業界用語でMMDS）と見られており、これによって従来の電話線が届かない遠隔地にもサービスが提供できることになっていた。MCIワールドコムの1998年の営業収益は、300億ドル超だった。両社とも、ミシシッピ州に本社を構えており、MCIワールドコムは、スカイテルサービス最大の再販業者であるという関係でもあった。

　合併計画発表の3日前、インフォノーティクス社の無料オンライン・ビジネスサービスであるカンパニー・スレースは、MCIワールドコムがインターネット・ドメインとして「skytel worldcom.com」を登録していたことを発見した。スカイテル株は、このアドレス登録の情報が伝えられると16％もの上昇となった。MCIワールドコムの広報担当者、バーバラ・ギブソンは、合併交渉を進めているかどうかについての明言を避けたが、1999年5月25日のインタビューでは「現時点でお話できることは、アドレス登録と2社の合併交渉の有無とはまったく関係ないということである」と語った。スカイテルのインベスター・リレーション部門バイスプレジデント、スコット・ハミルト

ンもまた、合併交渉に関することには一切言及しなかった。その日の取引で、スカイテル株は1.25ドル高の20.125ドル、MCIワールドコム株は0.125ドル高の83.25ドルで引けた。
　5月28日、両社は合併することで最終合意したと発表した。MCIワールドコムはアナリストらに対し、通信業界の巨大企業である同社がワイヤレス通信という新たな可能性に踏み出し、基幹分野である長距離電話やインターネット・サービスの枠を超えて、業務の幅をさらに広げることになると発表した。同社はさらに、合併完了後の収益はただちに増加するとの見通しを発表した。1999年6月2日のインタビューで、スキッドモア副会長は将来、パーム・パイロットからポケベル、携帯電話、さらに現時点ではまだ実用化されていない製品まで含めると、1人がワイヤレス通信機器を5つずつ持ち歩くようになる時代が来るだろうと語った。
　買収合併の条件は次のようなものであった。

- スカイテルの株主は、それぞれの持分割合に応じてMCIワールドコム株を受け取る権利を有する。5月27日の平均取引価格に基づいて、スカイテル株は1株当たり21.24ドルと算定された。
- 株式交換比率は、合併完了の3営業日前までの20営業日間におけるMCIワールドコム株の平均取引価格が80.00ドルを上回った場合、スカイテル1株に対してMCIワールドコム0.25株とする。
- MCIワールドコム株の平均取引価格が72.00～80.00ドルだった場合は、スカイテル1株に対するMCIワールドコム株の価値が20.00ドルに等しくなるように、平均取引価格に応じて交換比率を引き上げる。
- 平均価格が72.00ドルを下回る場合、交換比率はスカイテル1株に対し、MCIワールドコム0.2778株とする。
- 買収発表時のMCIワールドコム株価（84.96ドル）に基づくと、

スカイテル1株を21.24ドルにするというオファーは、発表時のスカイテル株価（20.23ドル）に対して5％のプレミアムを上乗せしたものである。

以上の前提条件から、次の4つのシナリオが考えられる。

シナリオ1

MCIワールドコム株がカラーを上回って推移し、スカイテル1株がMCIワールドコム0.25株と交換される。このシナリオは、MCIワールドコムのファンダメンタルズの堅調さに加え、合併によるシナジー効果を考えると、実現の可能性が高いと思われた。マネジャーはMCIワールドコム株が80ドルを割り込むことは、ファンダメンタルズ面におけるネガティブ要因が生じないかぎりあり得ないと考えており、このシナリオの発生確率を60％と予測した。

シナリオ2

MCIワールドコム株はカラーのレンジ内（72～80ドル）にとどまり、交換比率は、20ドルをMCIワールドコムの平均取引価格で除した値となり、スカイテル1株に対し、交換比率に基づくMCIワールドコム株が割り当てられる（比率は0.25～0.277の範囲になる）。MCIワールドコムのビジネスの堅調さやウォール街のアナリストによる評価を勘案すると、このシナリオはシナリオ1よりも可能性が低いものと考えられた。AT&Tのような同業大手の収益が悪化するといった業界全体に影響するような悪材料が出た場合は、通信株セクター全体が下落し、このシナリオの発生可能性が高まることになる。マネジャーはこのシナリオの発生確率を27％と予測した。

シナリオ3

MCIワールドコム株が72ドルを割り込み、スカイテル1株の交換比率がMCIワールドコム0.278株となる。このシナリオが実現するには、MCIワールドコムについての経営上の悪材料が出るか、通信セクター株全体が一斉に売り込まれるといった状況が前提となる。マネジャーはこのシナリオの発生確率を8％と予測した。

シナリオ4

買収合併が実現しなかった場合である。この買収合併には独占禁止法上の規定に抵触する部分はないものと見込まれており、買収合併計画発表時点では連邦通信委員会の承認と株主の同意だけが唯一の障害とされていたことから、どちらか一方の企業から、極めて深刻な経営上の懸念材料が新たに出てきた場合にだけ、買収合併が実現しない可能性があった。マネジャーはこのシナリオの発生確率を5％とした。

結局、マネジャーは、可能性の高いシナリオ1を採用して、4対1の比率でスカイテル株のロングとMCIワールドコム株のショートを実施し、5月28日、以下のポジションをとった。

ロング・ポジション　　　：スカイテル1株当たり20.50ドルで2万株購入
ショート・ポジション：MCIワールドコム1株当たり85.00ドルで5000株売却
交換比率　　　　　　　：0.25

その後、MCIワールドコム株がカラーのレンジ内に入ると、マネジャーは交換比率の変更に備え、両社の株価をモニタリングするとともに、合併の行方に関するニュースや両社のファンダメンタルズ、そ

の他買収合併に影響するような変化に注意を傾けた。

　1999年10月1日、買収合併はMCIワールドコムの株価が1株当たり72ドルとなり成立した。買収合併成立前20営業日のMCIワールドコムの平均取引株価は78ドルであり、交換比率は0.2566となった。このため、1株20.50ドルで購入した2万株のスカイテル株は、1株当たり72ドルのMCIワールドコム5132株と交換され、4万0496ドルの損失となった。

　一方、1株85ドルで売り建てたMCIワールドコム株5000株は、72ドルで手仕舞われ6万5000ドルの利益が出た。

　この結果、2万4504ドルの収益となり、この4カ月間の収益率は約5.98％（2万4504ドル÷41万ドル）となった。

複数企業競合下の企業買収

　グローバル・クロッシングに関する買収合併は、さらに複雑だった。同社はまずフロンティアとの買収合併の合意を発表し、その後、さらにUSウエストとの合併計画を発表した。グローバル・クロッシングとフロンティアの合併計画にはカラーの条件が付けられており、グローバル・クロッシングの株価がこの水準を下回った場合、フロンティアはこの合併ディールを買い取り、破棄することができた。一方、USウエストとの計画はグローバル・クロッシング3900万株をUSウエストがキャッシュで株式公開買い付けを行うというものであり、合併の届出と最終承認を経て、両社は合併することになっていた。

　さらに、このディール全体を複雑にしたのは、新会社（名称はグローバル・クロッシング）には、2つのクラスの株式ができることであった。G（グローバル）クラスの株式は、グローバル・クロッシングとフロンティアが行ってきた事業である、高成長分野の光ファイバーやブロードバンド・プロバイダー事業の業績に連動し、L（ローカル）

クラスの株式は、USウエストとフロンティアが得意とし、すでに確たる事業基盤を築いている従来型の市内・長距離電話事業の業績に連動するものであった。加えて、これらの買収合併計画の発表後、これだけではまだ足りないとでも言わんばかりに、グローバル・クロッシングのライバル企業であるクエストがフロンティアとUSウエストに、グローバル・クロッシングを上回る条件での買収提示を行った。この発表を受けてクエスト株は20%下落し、大きかったプレミアムは即座に縮小した。クエストは、買収条件面でさらなる譲歩を行い、フロンティアとUSウエストに対し、株価の大きな変動によっても相手方の企業にとっての利益が損なわれないような条件を提示した。結果として、グローバル・クロッシングがフロンティアとの合併を成立させ、クエストはUSウエストとの合併を実現させることになった。

グローバル・クロッシングとフロンティアのディール

グローバル・クロッシングがニューヨーク州ロチェスターの電話会社フロンティアを約1120万ドルで買収すると発表した1999年3月17日に、この複雑なディールが始まった。通信会社であるグローバル・クロッシングは、独立系企業として世界で最初のグローバル光ファイバー・ネットワークを構築中であった。一方、フロンティアは全米第6位の長距離電話会社だった。

フロンティアの株主が受け取るグローバル・クロッシング株の株数は、買収合併成立前一定期間のグローバル株の平均株価が34.56～56.78ドルの範囲内（カラー）にあれば、フロンティア1株当たり62ドル相当になるよう交換比率が調整されることになっていた。カラーの範囲外では、フロンティアの株主は事前に決められた一定の比率に基づいて計算された株数、すなわちカラーの上限では1.0919株、下限では1.7939株を受け取ることになっていた。またグローバル・クロッシング株がカラーの下限を割り込んだ場合には、フロンティア側

は2億7500万ドルをグローバル・クロッシングに支払うことで、この合併の合意を破棄できるようになっていた。

　グローバル・クロッシングがフロンティアを買収するというニュースが伝えられたとき、グローバル・クロッシングの株価は30ドル台半ばまで下落した。投資家は、この合併の意味に疑問を持ったのである。加えて、両社に財務上の問題があるとのうわさが広がったことで株価の値下がりは、さらに大きくなった。しかし両社がこのうわさを全面的に否定したことから、グローバル・クロッシング株は反転し、買収合併発表時の水準をも上回ることになった。

　買収合併アービトラージのマネジャーの立場から見ると、このディールはいくつかのリスクを内包していた。まず、かなりの数の州政府機関から承認を受ける必要があった。加えて、グローバル・クロッシングは買収合併にかかわる事業戦略を明示し、そのうえで投資家にとって期待はずれにならないような業績を上げ続ける必要があった。同社の業績は、1998年には約8800万ドルの損失であったが、1999年には1株当たり0.03ドルの純利益が見込まれていた。

　マネジャーは、最もスタンダードな投資手法である被買収企業の買い、買収企業の売りを検討したが、グローバル・クロッシング株の市場からの借り入れが困難であり、空売りはほとんど不可能であった。

グローバル・クロッシングとUSウエストのディール

　5月17日、「ベビー・ベル（旧AT&Tの分割によって生まれた地域電話会社）」のひとつであるUSウエストは、グローバル・クロッシングとの合併に合意した。この買収合併は、USウエストがグローバル・クロッシング株の発行済株式の9.5%を約24億ドルで買い取った後、両社が、出資比率50対50で合併するものであり、この合併によって年間収入170億ドル、株式時価総額650億ドルの新会社が誕生するというものであった。

新会社は名称をグローバル・クロッシングとしたまま、2種類の株式を発行することになっていた。ひとつは高成長のインターネット、データ関連事業の業績に連動する株式（Gクラス）で、もうひとつは従来型の電話関連事業の業績に連動する株式（Lクラス）である。投資家はこのうち、保有したいほうを選ぶことができた。

　グローバル・クロッシングCEOのロバート・アナンジアータ氏と、USウエストCEOのソロモン・ツルジロ氏は、新会社における経営トップの座を分け合うことになっていた。取締役会メンバーは両社からそれぞれ10人が選任され、さらに協定によって2人がこれに加わることになった。アナンジアータ氏は「かつての巨大企業AT&Aが分割されて15年、情報通信産業における競争は世界中に広がっている。今日、われわれが手を組もうとしているのは、競争の何たるかを知っているベビー・ベルのひとつである」との声明を発表した。

　デンバーに本社を置くUSウエストは、西部と中西部14州での市内電話サービス、ワイヤレス電話サービスのほか、高速インターネットアクセスのサービスを提供していた。1998年の年間収入は124億ドルであった。

　USウエストとグローバル・クロッシングの合併は、フロンティアとグローバル・クロッシングの合併よりも投資家受けが悪かった。アナリストたちは、USウエストが従来型の電話サービスに重点を置いていることから、ネット・データ・ビジネスという急成長分野を主力としているグローバル・クロッシングの魅力を薄めてしまうと警戒した。その結果、買収合併のニュースによって、グローバル・クロッシングの株価は40ドル台まで値下がりすることになった。グローバル・クロッシング株がこのままUSウエストとの買収合併のニュースによって下げ続けるようだと、フロンティアとの買収合併まで危うくなりかねないとの懸念の声が、投資家の間から上がり始めた。

　買収合併アービトラージのマネジャーの立場からは、グローバル・

クロッシングとUSウエストの買収合併は、買収プロセスの複雑さからくる独自のリスクを抱えていたということが言える。第一に、この買収合併自体、グローバル・クロッシングとフロンティアの買収合併の成否に大きく左右される点である。第二に、2種類のトラッキング・ストックから生じる問題である。投資家は、LクラスよりもGクラスの株式に人気が集中する可能性が高いと考え、新会社が2種類の株式を発行することに対して否定的であった。

クエストとUSウエストとフロンティアのディール

さらにこの一連の買収合併プロセスを複雑にしたのは、6月14日、グローバル・クロッシングのライバル会社であるクエストがフロンティアとUSウエストに対して敵対的買収を提示したことである。クエストとグローバル・クロッシングはいずれも世界規模の光ファイバー事業を立ち上げ、高速データ処理、インターネット、Eメールなどの通信サービスに対する需要の急増に対応していた。ただ、両社ともこれらの事業を立ち上げてわずか3年程度であり、AT&TやMCIワールドコムに対抗できるだけの営業基盤・ブランド力を欠いていた。

クエストは、USウエスト1株に対して1.738株の交換比率を提示した。また、フロンティアに対しては、フロンティア1株に対し、20ドルのキャッシュとクエスト1.181株の交換比率を提示した。この2つの企業への買収合併の総額は、買収計画発表時点で550億ドルの規模となった。しかし買収計画発表を受けて、クエストの株価は25％下落し、合併後の新会社の規模は415億ドルに減少した。それによって、グローバル・クロッシングの提示を上回っていたプレミアムは吹き飛んでしまった。その結果、その後の数日間、USウエストとフロンティアはいずれも、グローバル・クロッシングとの買収合併に対する姿勢を変えていないとアピールすることになった。両企業とも、クエストの株価下落や新会社のもとで現在の拡大戦略を継続することについ

て、懸念をもっていたからである。

　マーケットと被買収企業の両方に拒否されたにもかかわらず、クエストCEOのジョセフ・ナッチオは両社に対して書簡を送り、交渉の席につくよう求めた。6月23日、クエストは当初の買収条件を変更した。USウエストに対しては株式交換によってUSウエスト1株に対して69ドルを支払い、フロンティアに対しては1株当たりキャッシュと株式を組み合わせて68ドルを支払うとの新たな提示を行った。このディールではクエスト株のカラーとして43.50〜30.40ドルのレンジが設定された。この新たな提示は、グローバル・クロッシングのオファーに対して12％のプレミアムを付けたものであり、この結果、USウエスト、フロンティアともクエストとの交渉テーブルにつくことになった。

　買収合併アービトラージ・マネジャーの立場から見れば、特定企業の買収を希望する企業が複数存在することは両刃の剣である。プレミアムは高くなるが、どの買収企業が最終的にディールを勝ち取るのかが不確実なためヘッジを行うことが難しくなる。さらに、被買収企業がすでに締結されている買収合併の合意を買い取ることが必要になる場合もあり、この場合にはプレミアムがこの支払金額を上回らなければ意味がなくなってしまう。USウエストがグローバル・クロッシングとの買収合併を破棄する場合は、グローバル・クロッシングに対して約7億5000万ドル支払うことになっていた。12月31日、USウエストはグローバル・クロッシング株の上昇をとらえ、所有していたグローバル株の65％を売却した。約2400万株が売却され、売却金額は総額で11億5000万ドル（1株当たり47.92ドル）となった。この株式売却が契機となり、USウエストはグローバル・クロッシングとの買収合併にかかわる一連のいざこざから解放される方向に進みだした。本書の執筆時点で、クエストとUSウエストの買収合併は株主の承認を得ており、2000年半ばの買収完了に向けて動き出している。

グローバル・クロッシングとフロンティアのディール結果

　フロンティアとグローバル・クロッシングとの合併合意は破棄されていなかった。ただ、この合意では、グローバル・クロッシングの株価下落を反映するよう比率が変更されることになっており、フロンティア1株に対して、グローバル2.05株の交換比率への変更が発表された。この発表の後、グローバル・クロッシング株は以前より空売りが容易な状況になり、このディールにかかわる問題は解消に向かった。1999年9月28日、両者の合併は完了し、グローバル・クロッシング株は、9月の安値である20.25ドルから150%も上昇した。

レバレッジド・バイアウトと敵対的買収

　レバレッジド・バイアウト（LBO＝対象企業の資産を担保とした借入金による買収）とは、主に1980年代に行われた買収手法である。マイケル・ミルケンは、ジャンクボンド（高イールド・低クレジット）の発行を通じて企業買収を資金調達面で支えた人物であり、1980年代最も成功した金融界のカリスマ的な存在であった。ロン・パールマン、ブーン・ピケンズ、ネルソン・ペルツ、サー・ジェームズ・ゴールドスミスといった著名な企業乗っ取り屋は、ミルケンのドレクセル・バーナム・ランバートを通じてジャンクボンドを売り、レブロン、TWA、ディズニー、ユニオン・カーバイドなどの企業買収の資金調達を行った。エドワード・チャンセラーが指摘したように「LBOの目的は、可能なかぎり巨額の資金調達を行って企業を買収し、買収した企業が生み出すキャッシュフローによって即座に債務を返済し利益を得ること」（日経BP社刊『バブルの歴史——チューリップ恐慌からインターネット投機へ』参照）である。新たなオーナーはバランスシートの「スリム化」を図ると同時に、しばしば経営陣の刷新も行う。

　LBOにおいては、従来の企業評価手法ではなく、買収企業がどれ

だけキャッシュフローを生み出し、そのキャッシュフローによって資金調達時に負った債務を返済できるか否かが重要になる。買収企業が債務返済のための十分なキャッシュフローを生み出せるなら、買収する側は借り入れによる資金調達によって、買収を効率的に実施できる。1980年代アイバン・ボウスキーのような、いわゆる「アービトラージ・マネジャー」として名を馳せた人物は、LBOの対象になりそうな企業を探し出し、企業乗っ取り屋が買収成功によって得るはずのプレミアムを狙って、被買収企業の株式を購入していた。今から思えば、彼らを「アービトラージ・マネジャー」と呼ぶのは的外れであった。彼らは、あまりにも投機的すぎたからである。

　1990年代初めに入ると、LBOと企業乗っ取り家の時代は終わりを告げた。それまで繁栄を誇っていた彼らの失敗が目につき始めたのである。そして、ついにはミルケンが懲役10年の刑に服するに至った。ミルケンは、企業乗っ取り屋の買収資金調達のために、数多くのジャンクボンドを発行してきたが、そのような抜け穴は、封じられてしまった。しかし、LBOがあまり一般的なものでなくなったとはいえ、まったく行われなくなったわけではない。ただ、経験豊かな買収合併アービトラージ・マネジャーであれば、すでに計画が発表された買収合併案件しか投資の対象にせず、ボウスキーなど、いわゆる80年代の「アービトラージ・マネジャー」が行ったような投機的な投資は行っていない。

　LBOの場合、依然として買収企業は資金の調達のためにレバレッジ（資金の借り入れ）を利用している。買収資金を集めるために、買収企業がジャンクボンドを発行する場合もある。一般にLBOは友好的な買収形態ではないため、被買収企業はこれに対抗しようと、より高いプレミアムを要求する場合が多い。このタイプの買収合併には、キャッシュや株式交換による買収合併とはまったく異なったリスクが存在する。買収企業側にとっては高金利のもとでの資金調達には限度

があり、また被買収企業の経営陣にとっては、この種の買収が不本意なものである場合が多い。

　LBOの資金はたいてい、新たな資金調達による負債の増加によっているため、買収合併アービトラージ・マネジャーは、負債の状況が買収の実行を脅かすようなものとなっていないかどうか、買収企業の財務面における信用分析を行う必要がある。一般に、LBOや敵対的買収の場合、スプレッドが大きくなる傾向があるが、このことは、通常の買収合併アービトラージより大きなリターンが約束される一方で、買収合併アービトラージ・マネジャーにとって分析しづらいリスクも多く内包していることを意味する。

実例――アライド・ウェイストとブラウニング・フェリス・インダストリーズ

　アライド・ウェイストは、一般家庭や商業活動、産業や医療活動で排出される廃棄物の収集、リサイクル、処理サービスを請け負う企業である。ブラウニング・フェリス・インダストリーズもアライド・ウェイストと同様のサービスを行っている。1999年3月8日、アライド・ウェイストは現金と債務引受による94億ドルでブラウニング・フェリス・インダストリーズを買収する計画を発表した。これは米国第2位と第3位の廃棄物処理業者が合併するものであった。アライド・ウェイストは規模でブラウニング・フェリス・インダストリーズに及ばないものの、買収資金を転換優先株で約16億ドル、チェース・マンハッタンを中心とする銀行団からの借り入れで95億ドル調達した。このディールではアライド・ウェイストがブラウニング・フェリス・インダストリーズの18億ドルの債務を引き受け、かつ1株当たり45ドルを支払う必要があった。これは、買収合併発表時点のブラウニング・フェリス・インダストリーズの株価に29％のプレミアムを乗せた水準であった。アライド・ウェイストは2000年までにこの買収によって収益が拡大すると予測していた。

合併によって得られるシナジー効果の分析や独占禁止法上の規定の検討に加え、この買収は、通常の株式交換やキャッシュによる買収合併と異なるリスクを内包していた。例えば、買収企業が高金利で資金調達を行い続けるには財務上の限界があることや、ブラウニング・フェリス・インダストリーズ側の経営陣が、アライド・ウェイストが提示した29％のプレミアムに対して不満を持っている点などであった。買収を行うための資金は基本的に外部調達によってまかなわれ、新たな負債が生じることになるため、買収合併アービトラージ・マネジャーは買収企業の財務面から信用力分析を行い、負債の増加が買収の遂行を妨げないことを確かめる必要があった。このディールは、LBOがいかに大きなスプレッドによる高リターンが狙えるかを示している一方で、買収合併アービトラージ・マネジャーが受け入れるか否か迷うような、通常のディールではあまりあり得ないリスクを内包していた。

　イベント・リスクが非常に小さいと判断したマネジャーは、ブラウニング・フェリス・インダストリーズ株を取得し、合併買収成立後に受け取ることのできるプレミアムを固定化することにした。

　3月8日、このマネジャーは以下のようなポジションをとった。

ロング：ブラウニング・フェリス・インダストリーズ1株当たり36ドルで2万株購入

　買収合併が実現すれば、マネジャーは1株45ドルになり、25％のリターンを受け取れるものと期待して、両企業のファンダメンタルズや独占禁止法上の規定など、ディールに影響する可能性のある事由を調査した。

　4月9日、アライド・ウェイストとブラウニング・フェリス・インダストリーズは、司法省の指導に対応するため、買収合併によって市

場の公正な競争を損なうことのないように、企業間で事業の交換を行うことにした。

4月15日に、アライド・ウェイストは、ステリサイクルとの間で、ブラウニング・フェリス・インダストリーズとの買収合併によって取得する医療廃棄物の処理事業を、ステリサイクルがすべて買い取るとの最終合意を取り付けたと発表した。アライド・ウェイストCEO兼会長、トン・バン・ウィールデン氏は「ブラウニング・フェリス・インダストリーズの医療廃棄物処理部門を売却することは、新会社の戦略上の中核から外れる業務を売却し、買収に伴う負債の削減を図るというアライド・ウェイストの方針に沿ったものである」と述べている（PRニュースワイアー1999年4月15日付）。

4月下旬、両社の第1四半期業績が発表されたが、アナリストの予想どおりの内容だった。

7月7日、廃棄物処理業界の最大手ウェイスト・マネジメントが、第2四半期業績についてアナリスト予想を1株当たり約7セント下回る可能性があると発表した。同社の株価はこの発表を受けて36％下落したが、ブラウニング・フェリス・インダストリーズとアライド・ウェイストの株価は、これに影響されたものの下げ幅は小幅にとどまった。なぜなら、両社がウェイスト・マネジメントのマーケットシェアを奪うことになると見られていたからである。

8月2日、アライド・ウェイストは買収合併が完了したことを発表した。ブラウニング・フェリス・インダストリーズの株主は、1株当たり45ドルのキャッシュを受け取った。買収合併アービトラージのマネジャーは1株当たり36ドルでポジションをとっていたので、1株当たり9ドル、25％のリターンを得た。

リスク

イベント・リスク

すべての買収合併アービトラージ・マネジャーにとってまず問題となるリスクが、イベント・リスクである。買収合併が実現しなかった場合、保有していた被買収企業の株価は通常急落し、期待プレミアムも消え去ってしまう。1998年6月3日に発表され、同年9月14日に破棄されたシエナとテラブスの買収合併計画は、買収合併アービトラージのマネジャーの期待を集めつつも計画が頓挫したケースである。

シエナとテラブスの失敗ディール

メリーランド州リンシカムに本社を置くシエナは、新たに通信ケーブルの増設なしに、これまでの40倍の音声や文字データを送れる光ファイバー機器の製造を行っていた。この技術は、高密度波長分割多重（DWDM）として知られており、通信業者にとって、新たに通信ケーブルを敷設することなく、既存の光ファイバー・ケーブルを利用してより多くのデータ送信を可能にする技術であった。1997年の同社事業収益は約3億7300万ドルだった。

イリノイ州リスルに本社を置くテラブスは、入力・出力ラインを統合したデジタルの「クロス・コネクト」システムや、ひとつの回路で多くのシグナルを送れるシステムを製造していた。1997年の同社事業収益は12億ドルだった。1998年6月3日、テラブスはシエナを株式交換によって買収合併すると発表し、買収額は計画発表時点でのテラブス株価65.75ドルに基づき、71億ドルとされた。当初の買収合併の合意では、シエナ1株当たりテラブス1株の比率で交換することとなっていた。これは、この時点でのシエナ株の水準に対して約14％のプレ

ミアムを上乗せしたものであった。

この合併の目的は、新会社設立によって、ルーセント・テクノロジーのような大企業に対抗することであった。テラブスには、シエナの顧客基盤を手に入れられるという利点があり、このなかには2つの通信業者、ワールドコムとスプリントも含まれていた。テラブスの社長兼CEOマイケル・バークは「通信業者間の競争はますます激しさを増しており、ハードの供給業者として、既存業者だけでなく新興の通信業者からの、ネットワーク回線容量の拡大ニーズに効率的に対応する必要がある」と述べた。シエナの社長兼CEOパトリック・ネトルズは「新会社の設立によって、公共の情報ネットワークの進化・革新スピードは、より加速することになろう」と述べた。テラブスはこの合併により、1998年の収益が小幅減少すると見込んでいたが、このディールはウォール街でも、買収合併アービトラージ・ファンド業界でも歓迎されていた（CNN1998年6月3日付）。

6月3日時点以降、アービトラージ・マネジャーは次のようなポジションをとっていた。

ロング　　　：シエナ1株当たり59ドルで1万株購入
ショート　　：テラブス1株当たり63ドルで1万株売却
ヘッジ比率：1対1

この年の夏、シエナの株価は90ドルの高値を付けた。この買収合併についての株主総会1週間前、両社のCEOであるバーク氏とネトルズ氏は電話会議を開き、1週間後に買収合併を実施することを再確認していた。8月21日、シエナの株主総会当日、AT&Tがシエナの DWDMシステムの採用を見送ると発表したことから、シエナの株価は45％下落し、株主総会は延期された。さらに、シエナは第3四半期業績が予想を割り込む可能性があることを明らかにした。株主の動揺

を鎮め、合併を推進するために、買収合併条件の変更が検討された。

8月28日に発表された内容は、株式交換比率をシエナ1株に対してテラブス0.8株とするものであった。シエナ株は反発したが、合併条件の変更については株主の承認を得る必要があった。さらに悪いことに、シエナはもうひとつの重要な顧客であるデジタル・テレポートとの契約も失った。

9月14日、買収合併契約は破棄された。このときシエナの株価は15ドルまで下げており、テラブスの株主はマーケットで15ドル出せば購入できる株に対して37ドルを出そうとはしなかった。テラブス株も、収益が事前予想を下回るとの発表から売られて約16%安の38ドルとなった。

買収合併アービトラージのマネジャーは、9月14日にポジションをクローズすることによって、次のような損失を被ることになった。

売り　　　　　：シエナ1株当たり15ドルで1万株売却、4万4000ドルの損失
買い　　　　　：テラブス1株当たり40ドルで1万株買い戻し、2万3000ドルの利益
ネットリターン：損失2万1000ドル÷元本5万9000ドル＝－35.66%

ディール・フロー

発表される買収合併の件数には周期的な増減があり、それは景気によって左右される。例えば、1998年秋にはほとんど買収合併の案件について発表が行われなかった。これは買収計画中の企業が、世界経済や政治の不安定さに対する懸念が後退するまで、買収や合併の発表を控えたためである。このような場合、買収合併アービトラージ・マネジャーは、発表される買収合併の質と量の双方に影響を受けることに

なる。

流動性

買収合併アービトラージにおける投資対象は公開株式のみであり、通常は流動性が問題になることはない。しかし、小規模の企業を対象にする場合には、ある程度流動性リスクが問題となる可能性がある。

リスク管理

分散投資

買収合併アービトラージ・マネジャーがイベント・リスクを回避するひとつの方法として、分散投資がある。買収合併取引の複数の案件を分散させてポートフォリオを組成していれば、どれかひとつの取引に問題が生じても、ポートフォリオ全体では大きな悪影響を受けることにはならない。また、投資額の上限を管理するために、ポートフォリオにおけるポジションの制限を設けるマネジャーも多い。分散ができるかどうかは、発表された買収合併案件の質と量にある程度左右されることになる。

レバレッジ

多くのマネジャーが一定程度のレバレッジを利用している。レバレッジも慎重に利用すれば、リスクの増加はレバレッジの増加分だけにとどまる。しかし、1998年第3四半期に見られたように、買収合併アービトラージのポートフォリオが、ほぼ全額調達資金で維持されてい

たような場合には、極めて危険な状態になり得る。LTCM（ロング・ターム・キャピタル・マネジメント）の買収合併アービトラージ・ポートフォリオがどれだけのポジションを保有していたかは、だれにも分からないが、確かなことは非常に大きなポジションで、そのほとんどが調達資金によって維持されていたということである。LTCMはポジションの手仕舞いを強いられ（そのほとんどが損失を出していたが）、その結果、ほかのポートフォリオで必要な流動性をようやく確保した。

収益の源泉

　アービトラージのリターンは（マーケット・ドリブンというよりは）イベント・ドリブン、すなわち買収・合併といったイベントによって生じるものである。なぜなら、買収合併アービトラージは通常のマーケットにおいて、被買収企業をロングし、買収企業をショートするものだからである。買収合併時の株式交換比率によって、将来ひとつの新会社となる2社の間の株価スプレッドが確定することから、マネジャーは買収合併が不成立となるリスクを受け入れる一方で、買収企業が支払うプレミアムを受け取ることになる。このため、買収合併アービトラージのリターンは、ほとんどの場合、マーケット全体の動きとさほど大きな相関関係を持っていない。なぜなら、両社の株価の相関関係からリターンが得られるからである。

　しかし、収益の源泉に関するこの一般論は、いつでも適用できるわけではない。買収合併アービトラージのリターンは、ディール・スプレッドとディール・フローの量によって決定されるが、そのいずれもがマーケット全体の方向性に関連している。下落相場では、ディール・フローが減少、あるいは消滅することがある。同様に、上昇相場においては、株価の上昇により買収資金が潤沢になれば、買収企業がよ

り高いプレミアムを支払う可能性も出てくる。

　戦略に独自のリスクはつきものである。一般的に言ってこれらのリスクは、株式市場全体の方向性にかかわるディレクショナル・リスクでなく、被買収企業と買収企業の間の相関関係にかかわるイベント・リスクである。だが、買収合併アービトラージでは、市場の方向性にベットするタイプの投資戦略とは異なり、ある特定の取引結果を予想する能力によって、安定した高いリターンを継続的に獲得することが可能となる。

　買収合併アービトラージ・マネジャーが、投資の可否を判断するため、用いる調査プロセスはどのような場合も同じである。合併によるシナジー効果を評価するために、買収企業と被買収企業の公開文書を検討し、買収合併の実現可能性を検証した後、障害となり得る法的規制を調査し、そして両社の株価を評価する。

最近の成長と発展

　買収合併アービトラージがヘッジファンド資産全体に占める割合は、1990年の1％から1999年の2％超へと、2倍以上の伸びを見せた。買収合併の案件数や法的規制による限界があってもなお、これだけの成長が見られたのである。

ディール・フローへの株価などの影響

　買収合併アービトラージのリターンは、株式市場の動きに対して相関が高くはないが、買収合併の発生件数やその内容は影響を受ける。世界の金融や政治情勢に対する不安が高まった1998年第3四半期のように、ディール・フローが大きく低下した場合、買収合併アービトラージ・マネジャーにとっては、ポートフォリオの分散を図ることが非

常に難しくなる。1998年第4四半期から1999年末までの株式交換による買収合併を見れば分かるように、株価が上昇すれば、企業がその上昇を活用して、買収合併を行う機会が生じる。

インターネット関連株の状況は、まさに株価の上昇で企業買収が活性化したケースである。インターネット関連株への需要は極めて高く、まだ利益を出していない無名のネット企業に対する投資意欲は非常におう盛だった。アメリカン・オンライン（AOL）やヤフー！といった、このセクターの有名企業はすでに収益率が比較的低く、株価は高めであるが、それでもその株価の高さによって、ネットスケープやブロードキャスト・ドットコムなどほかの大手企業を買収することができた。

また、足下の上昇相場は、ディール・フローの種類にも変化をもたらした。買収合併の件数は1990年代に爆発的に増加したが、ジャンクボンドを利用したLBOや敵対的買収は激減した。現在の買収合併の大半が戦略的かつ非競争的なもので、買収企業は、ビジネス上の理由に基づいて買収を行おうとしているのである。

こうした買収合併が増加している背景として2つの理由が考えられる。

1．株式の上昇相場によって、株式交換による買収が容易になったこと。
2．規模拡大を画策する企業は、すでに1990年代初頭に効率性をアップさせており、その結果として収益性が上昇し、キャッシュフローが増加した。こうした企業が、関連分野への多角化をもくろむ場合、既存の企業と競争するよりも買収してしまうほうが安くつくことが分かったこと。

また、国際競争に対応するための企業統合の動きも見られる。国内

市場の活況を維持するためにも、海外市場の重要性は高まっている。また、法的規制の変更も買収合併の促進要因となっている。銀行業界が良い例で、州ごとの境界が取り払われ、統合の動きが続いている。主だったところでは、ファースト・シカゴとバンク・ワン、ドイツ銀行とバンカーズ・トラスト、バンク・オブ・アメリカとネーションズ・バンク・モンゴメリーなどが挙げられる。

　また、買収合併の件数やそのタイプに影響するもうひとつの要因として、経営陣の報酬政策に対する変化が挙げられる。ストックオプションはすでに当たり前になりつつあり、経営陣の報酬に占めるストックオプションの割合が高まったことから、当然に、経営陣と株主の関心がこれまで以上に近いものとなった。経営陣は（事業売却や買収合併も含めて）、株主価値を創造するよう行動し、さらなる事業展開を積極的に考えるようになり、この過程で役員個人の資産も増加することになった。1998年11月に発表された、AOLとネットスケープのディールを例に挙げれば、発表時の買収合併規模は40億ドルであったが、翌月にAOL株が急伸したため、1999年12月には150億ドルになった。1999年4月のニューズウィーク誌は、ネットスケープのCEOジェームズ・バークスデールの持ち株総額を7億ドルと推定している。バークスデールは、この合併に関して「この手法をとったおかげで、株主価値が大きく増加した」と語っていた。

　こうした経緯は、買収合併アービトラージのマネジャーにとっては良し悪しである。投資機会が増加する一方、株価の高い企業はそれを資金として利用するため、比較的高いプレミアムを払うことに積極的なのにもかかわらず、非競争的な買収合併はスプレッドの縮小を招いてしまう。一方、敵対的買収や買収企業が複数いる場合には、買い手がそれほど経験を積んでいないことが多く、買収に関してプレミアムを過剰に支払ってしまう傾向がある。

逆境の時期──1998年第3四半期

　1998年8月は、買収合併アービトラージにとって、1990年1月以来最悪の月だった。1998年の夏の間、一貫してマイナスのリターンが続いた。これは買収合併アービトラージに過剰な資金が流入し、スプレッドが縮小していったためである。クロス・アービトラージ（マルチ・ストラテジー）プレーヤーがレバレッジを効かせつつ、買収合併アービトラージを自身のポートフォリオに加えたのである。この状況は、ロシア債務危機によって流動性が枯渇し、これが市場のあらゆる面に影響を及ぼし始めたときに表面化した。

　ヘッジファンド・リサーチ社（HFR）の買収合併アービトラージ・インデックス（買収合併アービトラージを専門とするマネジャー約28人の実績によるインデックスで平均資産規模6100万ドル）はこの月、リターンが−5.69％となった。この実績はそれだけですでに悪い数字だが、LTCMのようなクロス・アービトラージのプレーヤーによるさらに悪いパフォーマンスは含まれていない。LTCMは同年8月から大幅にレバレッジを効かせた買収合併アービトラージのポジションをとっていたが、投資家の償還要求に応じるために、レバレッジを低減させ、ポートフォリオに流動性を供給せざるを得なかった。

　LTCMのような会社がどこまで買収合併アービトラージに投資していたのかは、今後も十分に解明されることはないかもしれないが、LTCMがシエナ−テラブスのアービトラージに400万株ものポジションを持っていたことが分かっており、このことから考えてもかなり大きな投資をしていたものと見られる。さらに、大手証券会社のトレーディング・デスクのなかにも、リスク軽減を目的として買収合併アービトラージのポジションをすべて手仕舞うところもあった。流動性が逼迫したことから、社債のクレジット・スプレッド（社債と国債のスプレッド）が急拡大し、信用リスクをとっているディールにとっては

マイナスの要因となった。特に、LBOはジャンクボンドに大きく依存していたため、被害が大きかった。

投資家の間には、ロシア情勢に加え、アジア金融危機、米国内外の政情不安から世界規模の景気後退が起こるとの懸念が広がっていた。このような状況が買収合併アービトラージに対して与えた影響として、次の2つが挙げられる。

1．世界経済情勢が安定化するまで、計画していたディールが見送られたことから、ディール・フローが枯渇した。
2．買収を発表した企業が発表したディールを続行するかどうか、買収合併アービトラージのマネジャーが疑問を抱き始めた。

イベント・リスクの増加に加え、多くの主要プレーヤーが流動性への懸念から市場を離れ、成立しない買収合併が増加し、買収合併アービトラージのスプレッドは急速に拡大していった。

表7.1　買収合併アービトラージのリターン（1990〜1999）

ファンド数	平均規模（単位:100万USドル）	年	1月	2月	3月	4月	5月
7	5	1990	−6.46	1.71	2.90	0.98	2.28
8	5	1991	0.01	1.59	2.30	2.83	1.55
8	5	1992	1.96	0.96	1.34	0.14	0.00
10	5	1993	2.12	1.64	0.49	1.30	1.17
11	11	1994	1.50	−0.41	1.37	−0.25	1.22
17	30	1995	0.86	1.45	1.49	0.35	1.26
20	41	1996	1.57	1.29	1.51	1.62	1.46
19	55	1997	1.04	0.39	1.05	−0.70	1.92
28	61	1998	0.96	1.89	1.05	1.59	−0.60
40	72	1999	0.71	0.25	1.05	1.31	2.04

注＝年間の数字は、複利で年率換算

8月のロシア危機と10月の米国利下げの間、ロシア危機以前に発表されていた買収合併が意外なほど大量に成立した。シエナ－テラブスのケースを除けば、ほぼすべての株式交換による買収合併ディールが成立したと言える。ただしカラーを設定した株式交換による買収合併の一部には、買収企業の株価がカラーを割り込んで問題化したケースもあった。LBOはジャンクボンドに依存していたことから、総じて成立しなかった。

　この8月は、ほとんどすべての買収合併アービトラージ・マネジャーが時価評価ベースで損失を出していた。顧客の償還要請に応じるために、流動性を確保する目的でショート・ポジションの解消を迫られたマネジャーの実績はさらに悪化した。この混乱期に、レバレッジを過剰に効かせることがなかったマネジャーは、流動性が枯渇したことによる影響も比較的小さく、損失を最小限に抑えた上、スプレッドが拡大したところで、非常に割安なポジションをとることができた。スプレッドが広がった時期にポジションをとったマネジャーは、総じて

6月	7月	8月	9月	10月	11月	12月	年間
0.73	0.02	−0.82	−4.58	0.73	2.19	1.21	0.44
1.12	1.44	0.64	1.10	1.41	1.38	1.20	17.86
0.30	1.45	0.12	1.34	0.40	−2.22	1.91	7.90
2.25	1.54	1.67	1.85	2.05	0.86	1.65	20.24
0.89	0.68	1.99	0.59	−0.26	−0.22	1.48	8.88
2.47	1.35	1.35	1.63	0.91	2.13	1.31	17.86
0.78	0.81	1.64	0.81	1.23	1.38	1.37	16.61
2.13	1.60	1.04	2.13	0.84	2.02	1.90	15.79
0.50	−0.57	−5.69	1.74	2.14	2.33	1.94	7.23
1.61	1.38	0.52	1.28	0.93	2.37	1.08	15.52

**図7.1　買収合併アービトラージの増加──1000ドルを起点
　　　　（1990/1～1999/12）**

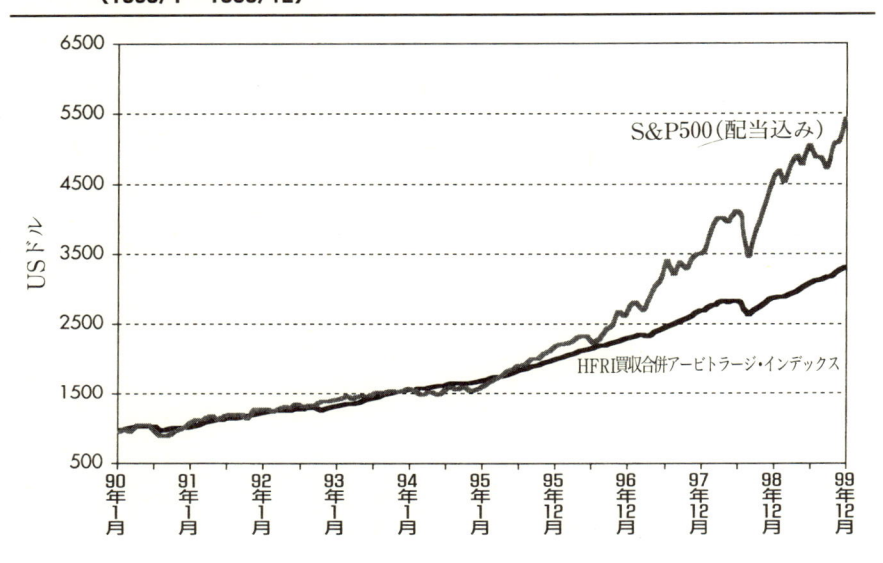

[図: 1990年1月から1999年12月までのS&P500（配当込み）とHFRI買収合併アービトラージ・インデックスの累積収益推移を示すグラフ。縦軸はUSドル（500～6500）、横軸は90年1月から99年12月まで。]

ディールが成立した第4四半期に利益を出すことができたのである。

リターン

　1998年第4四半期には、買収合併アービトラージャーのパフォーマンスも回復し、1999年も引き続き好調なパフォーマンスを示した。
　1999年にはディール・フローが過去最高となり、買収合併アービトラージにとっては投資機会が多く存在するようになった。さらに、ディールが不成立となる割合も、ほぼ平年並みに低下した。買収合併アービトラージの1990年代の時系列リターンを示したのが表7.1で、1990年に買収合併アービトラージに1000ドル投じた場合の累積収益（HFRI買収合併アービトラージ・インデックスで計測）を示したのが図7.1である。

第8章

株式ヘッジ
Equity Hedge

- ■投資テーマとファンダメンタルズ分析 …………211
  - 投資テーマ ………211
  - ファンダメンタルズ分析………213
- ■株式ヘッジ戦略のアプローチ …………213
  - 定量分析と定性分析の比率………214
  - 株式ユニバース………214
  - 投資スタイル………215
  - 流動性………221
  - ネット・エクスポージャ………221
  - リサーチ………223
  - レバレッジ………225
- ■リスクとリスク管理…………225
  - 銘柄選択リスク………225
  - マーケット・リスク………226
  - 株式ユニバース………227
  - 分散………228
  - 売却ルール………229
  - レバレッジ………229
- ■収益の源泉…………230
- ■最近の成長と発展…………231

株式ヘッジのマネジャーは、核となる株式のロング・ポジションと株式または株式指数オプションのショート（空売り）を組み合わせ、ポートフォリオを構築する。ネット・エクスポージャ（ロング・ポジションからショート・ポジションを引いたもの）は、マネジャーの考えやそのときどきの相場状況によって変化する。原則的には、強気相場でロング・エクスポージャを積み増し、弱気相場では減らす（または、売り越す）ことになる。ショート・エクスポージャは、株式市場の下落に対するヘッジとして利用されるが、さらにこのショート・ポジションによってリターンを得ようとするマネジャーもいる。

　相場の上昇局面においては、市場と同程度かそれ以上の速さで価格上昇が見込まれる銘柄についてはロング・ポジションが最適な選択である一方、市場の価格上昇よりも緩やかな上昇か、価格が下落することが見込まれる銘柄についてはショート・ポジションが最適な選択になる。同様に、相場の下落局面においては、市場の値下がり以上に急落することが見込まれる銘柄についてはショートを選ぶ一方、市場の価格低下よりも緩やかな低下か、あるいは上昇することが見込まれる銘柄についてはロング（買い）を選ぶことが最適な選択になる。相場上昇時においてパフォーマンスの劣るショートを抱えることはリターンが低下する要因となるが、これは下落時にこのショートによって得られるプロテクション効果との引き換えとして位置づけられる。

　株式ヘッジ戦略におけるロング・ポジションの収益の源泉は、通常の株式取引と変わらないものの、相場の下落局面において空売りやヘッジを用いることで、市場のリターン以上にパフォーマンスを上げようとする点が通常の株式取引と異なっている。このため株式ヘッジ戦略の場合、強気相場では利益を上げつつも、ロングのみの運用よりリターンが低くなる。他方、弱気相場では損失を生じることもあるが、ロングのみの運用に比べて損失は小さくてすむ。したがって、株式ヘッジ戦略においては、長期的にもロングのみで運用する場合に比べ、

低いボラティリティで同程度のリターンを期待することができる。

投資テーマとファンダメンタルズ分析

株式ヘッジ戦略では、主に次の２つの分析手法が利用されている。

1．投資テーマ――将来的に株価を左右するマクロ経済トレンドに関する見方。
2．ファンダメンタルズ分析――各企業の財務状況と今後の見通しの判断。これはさらに定量分析と定性分析に分けることができる。

投資テーマ

株式ヘッジ戦略のマネジャーは、市場に大きな影響を与える経済のトレンド（「投資テーマ」とも呼ばれる）を早いうちに見いだそうとする。どの産業やテクノロジーに需要が起こりつつあり、今後もその需要が継続するか否かを見極めることは、ロングすべき株式を特定するための重要なプロセスである。

市場の動きのどこに注目すべきかを見極めたら、次はその動きにかかわるどの企業が予想される経済状況や技術発展をうまく利用できるポジションにあるかを探ることになる。産業によって、影響する要因もさまざまに異なってくる。例えば、デルコンピューターは顧客への直接販売戦略、BTO（注文生産）戦略によってパソコン業界の先端に踊り出た。この革新的なセールス戦略の優位性を早くから見抜いていたマネジャーであれば、デル株をロングし、その後の株価上昇によって利益を得ていたことだろう。

また、別の例としては、インターネットにおける音声、データ、画

像等の伝達手段の将来像に関する議論が挙げられる。候補としては、ケーブルモデムや光ファイバー、衛星通信などがある。ケーブルモデムに分があると判断したマネジャーなら、AT&Tのような通信大手の株をロングするであろう。AT&Tは大手ケーブルテレビ4社のうち2社を買収し、すでにケーブルモデム業界での支配的な地位を確立しているからである。

以上は、株式ヘッジのマネジャーがマクロ経済の状況に応じてロングを行う対象銘柄を選ぶ例として、2つのケースを挙げたにすぎない。賢明なマネジャーであれば、ロングの対象を見いだすために、市場の関心事になりそうなテーマを探そうとする。例えば、市場予想を上回る企業収益や、ポジティブな新聞発表などのようなものである。

ショートについて言えば、マネジャーはロングと逆のことを考える。マネジャーがロングで投資しようと、ロングの対象を探しているときにショートの材料が出てくることもよくある。競争力のある企業を探すなかで、経営陣の無能さや会計上の問題、キャッシュフロー不足、過剰債務など競争面でのマイナス要因を抱えている企業が見つかることも少なくない。マネジャーはロング・ポジションをとる場合以上に、好ましくない報道や業績悪化の発表など、市場センチメントをさらに悪化させるような材料に対して神経質になる。

投資テーマは、「グロース」投資における投資判断基準の一部のように思えるかもしれないが、実際には多くの「バリュー」マネジャーたちもマクロ経済動向に関する見通しを利用している（2つの主な投資スタイル、「グロース」と「バリュー」については、この後、本章で扱う）。バリュー・マネジャーは、マクロ経済に影響を受ける各企業の評価ばかりでなく、マクロ経済トレンドそのものも重視している。バリュー・マネジャーたちがロングの候補として理想的と考えるのは、今は人気薄だが、今後生じることになるであろう経済トレンドに乗ることのできる可能性が高い企業である。

ファンダメンタルズ分析

投資の世界でファンダメンタルズ分析と言えば、株価に影響を与えることになる企業の事業内容や財務状況のような基本的、本質的な部分の分析である。一般にファンダメンタルズ分析は、定量分析と定性分析の2つのカテゴリーに分けられる。

定量分析

定量的なファンダメンタルズ分析においては、財務内容の健全性を示す数値が分析対象となる。典型的な例としては、PER（株価収益率）、PBR（株価純資産倍率）などがある。これらの分析指標は、すべての産業において一様に算出することができるため、異なる業種の企業同士の比較も容易に行うことができる。株式ヘッジのマネジャーは、各企業の公開財務諸表の調査分析によって定量分析を行う。

定性分析

定性分析は、定量分析と比較するとかなり主観的な要素が多い。例えば、ある企業の事業計画の評価において、客観的な基準を適用することは困難である。しかし、事業計画は事業の成功と失敗を左右する本質的な要因であり、着目すべきものである。定性分析は、数値化はできないが将来の企業の成長に不可欠な要因を分析することである。こうした要因の例としては、事業計画、経営陣の質、競争力、当該企業に対する外部の見方などが含まれる。また、定性分析はその企業の将来見通しに関するものも多い。

株式ヘッジ戦略のアプローチ

株式ヘッジ戦略はいくつかの主要な要素に分けることができ、株式

ヘッジ・マネジャー間の差別化は、これらの要素の違いによって生じる。最も重要な要素は次の7つである。①定量分析と定性分析の比率、②投資銘柄の範囲（株式ユニバース）、③投資スタイル、④流動性、⑤ネット・エクスポージャ、⑥リサーチ、⑦レバレッジ――。以下にそれぞれの簡単な定義を、そして投資スタイル、ネット・エクスポージャ、リサーチについては詳細な説明を記す。

定量分析と定性分析の比率

　定量分析ならびに定性分析に対するファンドマネジャーの評価はさまざまである。極端な例として、定量分析だけに大きく依存しているマネジャーがいる。彼らは株式マーケットニュートラルやスタティスティカル・アービトラージのマネジャーとよく似通っており、モデル化された統計指標のみを頼りに投資判断を下しているマネジャーである。そして、もう一方の極端な例として、定性分析だけを信頼するマネジャーがいる。彼らはアナリスト・ミーティングやカンファレンスコール（電話による企業説明会）、企業訪問などによって考えをまとめている。数字を参考にするのは、自分たちが「フィールドワークで」発見した事実を確認するときだけである。どのファンドマネジャーも、分析手法の選択上この極端な2つの例の間のどこかに位置づけられる。

株式ユニバース

　ファンダメンタルズ分析（企業分析）のリサーチ対象数には限界があるため、マネジャーは株式市場の特定の部分だけにリサーチ対象を絞り込む必要がある。この場合の絞り込みは、銘柄の時価総額、マネジャーの専門分野、あるいは特定の投資テーマなどによって行われる。

比較的少数の企業群やアイデアを追いかけつつ、より大きなグループについても目配りを忘れずにいるというパターンが多い。

投資スタイル

2つの主要な株式投資スタイルとして「バリュー」と「グロース」がある。極端なケースではこのうちのどちらか一方だけを採用し、もうひとつには見向きもしないというマネジャーもあるが、実際には両方の要素を取り込み、さまざまな割合でこの2つを組み合わせたスタイルも存在する。また最近では、この2つのスタイルを隔てる境界線も、徐々にあいまいになりつつある。「バリュー」と「グロース」は、単に投資スタイルというよりは、個別銘柄に対する考え方の違いを指す場合が多い。

バリュー
バリュー投資家は、企業の収益力や資産価値からみた株価の水準が割安のまま放置されている銘柄に投資する。このタイプのマネジャーは、こうした銘柄が将来好パフォーマンスをもたらすと信じているため、本来その銘柄が持っているはずの潜在力が株価を期待レベルまで押し上げてくれるまで、このポジションを維持する。逆にショートする場合は、現在の株価が企業のファンダメンタルズからみて不当に割高な銘柄を見つけ、これを空売りするのである。

マネジャーはまず、企業の現在の株価がその企業の将来の収益性に見合うものなのか判断する。次に、その企業の将来の収益性に見合う株価の現在価値について評価する。これらの指標の多くは「買い得さ指標」的なものが多く、次のように現在の株価水準の相対的な価値を示したものである。

- ●株価収益率（PER）
- ●株価純資産倍率（PBR）
- ●株価売上倍率（PSR）
- ●総資産売上率
- ●ディスカウント・キャッシュフロー
- ●配当割引モデル
- ●オペレーティング・マージンの変化
- ●自己資本利益率
- ●超過キャッシュフロー
- ●配当利回り

　割安あるいは割高とは何だろうか。従来の銘柄選択においては、例えば、PERは12倍以下などというように、PERやPBRについての具体的な数値基準を持つマネジャーが多かった。しかし1990年代を通じての一貫した強気相場によって、マネジャーたちはこの基準の見直しを迫られることになった。株価評価の議論が活発に行われたが、結局のところセクターや産業ごとで適正な株価の判断基準が異なるということになった。自動車産業のように、企業の収益基盤が確立され、歴史もあり安定した産業は、一般に従来型の評価基準に基づく株価評価が適している。一方、インターネット関連企業のように、その歴史が新しく、市場での事業基盤の確立に取り組んでいる最中の産業では、従来の評価方法はあまり通用しない。ただ、どんな株価水準であっても買われてしまうような一時的な熱狂によって株価が上昇し、事業内容からは到底説明できないような水準に至った場合には、従来型の株価評価基準も重要な視点となる。強気相場の行き過ぎでよく見られるように（1980年代後半日本の株式市場が良い例である）、急激な上昇相場で大きなリターンを得た投資家は、企業の将来性や業績の可能性のみを考えて投資する傾向がある。だが、上昇傾向が衰えるか基調が

表8.1　メリルリンチ——ファンダメンタルズ分析の抜粋

会計年度（12/31）	1994	1995	1996	1997	1998
収入（単位:100万USドル）	18,233	21,513	25,713	32,499	35,853
EPS	2.37	2.71	4.08	4.79	3.00
株価（12/31）	16.56	24.13	39.29	71.28	66.04
株価収益率（12/31）	6.99	8.90	9.63	14.88	22.01

出所＝ウォール・ストリート・ジャーナル。株式分割調整後の値を使用

反転した後は、市場参加者の注目は今現在の株価水準や現状の収益力に移る。

バリュー投資の例——メリルリンチ

　メリルリンチは個人や機関投資家向けにブローカー、ディーラー、銀行、保険およびそのほかの金融サービス子会社を通じて、投資、金融、保険そのほかのサービスを、世界規模で提供している。資産総額は3000億ドルを超える。表8.1は、過去5会計年度の財務内容の一部である。

　1998年10月に同社の株価は42ドルの安値を付けた。確かに株式市場の低迷に加え、ロシア危機やLTCM（ロング・ターム・キャピタル・マネジメント）の破綻にかかわる損失が明らかになっていたが、メリルリンチは十分な手元キャッシュフローと高い資産価値をもつ高配当企業であり続けた。株価下落によって、賢明な投資家はメリルリンチ株をPER9倍以下、PBR2倍以下の水準で買うことができた。同社株は同年第3四半期まで、PER20倍前後で推移していた。

　これは、バリュー投資家の考え方を説明するのに非常に良い事例である。彼らが自問するのは「企業の資産価値、収益性、キャッシュフローはどうなっているか」「これらの分析指標についての将来見通しは」「これらの企業収益力に見合った株価水準は」といったことであ

る。また、この事例はバリュー投資における各分析要素がマクロ経済動向や投資テーマとどう関連しているか、ということも教えてくれる。国際金融システムが崩壊の危機に瀕し、長期的な弱気相場が始まるのではないかと予想していた投資家にとって、メリルリンチ株はどの株価水準であれ、投資妙味のある銘柄とはみなされなかったであろう。一方、第３四半期の国際金融システム危機が短期間のうちに回避され、米国株式市場が間もなく強気を回復するだろうとみていた投資家の場合、メリルリンチ株は今でこそ不人気かもしれないが、これは潜在成長力の高い株式を安値で買う好機であるということになる。またこれに加えて、米国における個人の株式投資ブームや株式市場の出来高増加（メリルリンチはこの恩恵を非常に受ける地位にあるのだが）といった長期的なトレンドなどが判断材料となったのかもしれない。バリュー投資家のなかでも、国際金融システムの混乱からくる市場の先行き不透明感に惑わされず、株価が40ドル台にあるときでもメリルリンチ株が割安のまま放置されていると判断できた人々が、大きなリターンを得ることができたのである。同社の株価は1999年３月には92ドルにまで上昇している。

グロース

　グロース投資家は、成長性が高く、事業基盤が強固であり、どの水準の株価であってもそれが企業価値としてふさわしいと判断できるような銘柄に投資する。本書執筆時点における典型的なグロース投資の対象銘柄としてはアマゾン・ドットコムなどが挙げられる。まだ利益こそ計上していないものの、革新的なネット小売ビジネスモデルの確立と高い認知度から、同社の株価は収益や純利益の水準からは到底説明できないような高水準にある。一方、特定の銘柄をショートする場合は、企業のファンダメンタルズに問題があり、このために、将来的に株価が下落するとみられるような企業を探すことになる。

定量的に企業の将来的な成長力を測るには、一般には企業の潜在成長性を尺度とするが、これは将来の企業の収益見込みや投資家の期待感の変化によって影響される。通常、株価はアナリストの業績予想に基づく投資家の期待感の変化によって変動する。このため、上方修正であれ下方修正であれ業績予想の変更はその企業の成長トレンドの変化を示す指標となる。通常用いられるグロース投資の判断要素には次のようなものがある。

- 収益成長性
- 株価収益率に対する将来の収益成長性
- 収益予想修正
    - アナリストのコンセンサス
    - 株価に対する見通しの変化
    - 予想値修正の規模と方向
    - 予想の修正可能性
- 収益サプライズ

　グロース投資にとって、成長性に対する定性的判断は定量的判断より重要と言っていい。グロース投資家にとって大切なことは、その企業が将来成功を収めるかどうかなのである。したがって、この投資スタイルはバリュー投資と比べ、より主観的、質的な偏りを持つものと考えられる。事業計画やマネジメント力、競争力などといった定性的な要素がグロース重視のマネジャーにとっての評価材料となるのである。

　バリューの場合と同様、グロースを構成する要素も産業によって異なる。伝統的な循環株に最近のIT銘柄のような急成長を望むのは論理的なスタンスではない。多くのマネジャーは、同一業種のなかである企業の株を他社と比較して、その成長可能性を判断する。

グロース投資の例――シスコシステム

シスコシステムはコンピューター機器とコンピューター・ネットワークを接続するネットワーク・ソリューションの会社である。ネットワークへの接続によって、時間や場所、システムの違いを超えさまざまな情報へのアクセスや送信が可能となる。シスコシステムは1990年代を通じて、数多くの企業買収や調査開発投資を行うことで、商品改良・新規開発を可能にし、成長めまぐるしいコンピューター・ネットワーク産業でのシェア拡大につなげた。同社は以前からインターネットの成長を予見しており、その爆発的な成長に乗じて業績を伸ばす準備ができていた。インターネットが経済の推進力として台頭するにつれて、シスコシステムはこの業界内でも特に成長性の高い分野で支配的な地位を占めるようになっている。国際的にもアメリカ国内においても代表的なプロバイダーがインターネット・プロトコル（IP）サービスに基づいたネットワークの統合を始めるなか、シスコシステムは「ニューワールド・インターネット・コミュニケーション・ソリューション」を世に出した。これは、音声、データ、画像を単一のネットワーク上で統合するものだった。この結果は表8.2のとおりであり、売り上げ、利益とも90年代を通じて急成長し、その勢いはその後も持続するものと多くの投資家に思わせた。

表8.2　シスコシステム――ファンダメンタルズ分析の抜粋

会計年度（7/31）	1993	1994	1995	1996	1997	1998	1999
純売上高伸び率（％）	91	92	67	84	57	31	43
1株当たり収益伸び率（％）	75	71	28	94	10	19	32
株価伸び率（％）	94	-19	165	86	54	81	95
年度末株価収益率	41	19	39	37	52	76	100

出所＝ウォール・ストリート・ジャーナル。株式分割調整後の値を使用

1993年7月から1999年7月にかけてシスコシステム株は2000％もの急騰となり、1株当たり利益は785％増加し、同社の株式時価総額は2000億ドルを突破した。シスコシステムが順風満帆のまま、事業を拡張し続けるのは間違いないところであろうが、ここで投資家が考えるべきことは、この銘柄に、PER100倍の株価を支払うに値するだけの潜在成長性があるかどうかである。インターネットの拡大を投資テーマとして選択したマネジャーにとって、株価水準は無関係かもしれない。彼らにとっては、そういった企業が今後も急成長を続けるであろうということこそが重要だからだ。グロース・マネジャーは、事業の拡大が続くかぎり、企業の株価も上昇を続けると信じているのである。

流動性

　株式ヘッジ戦略において、流動性は、各銘柄の株式時価総額とマネジャーがファンドで保有する残高によって決まる。売買が活発で時価総額が大きい企業の株式（大型株）は、流動性が高い。また、大型株の保有残高と時価総額の小さな企業の株式（小型株）保有残高が金額的に同額であっても、大型株のほうがより流動性が高い。なぜなら、大型株のほうが、マネジャーの保有残高がその企業の発行済株式数全体に占める割合がより小さくなるからである。したがって、株式ヘッジ戦略のポートフォリオの平均株式時価総額は、流動性の指標として機能することになる。

ネット・エクスポージャ

　ネット・エクスポージャは、株式市場全体のシスティマティックな上昇や下落に対してマネジャーがとっているエクスポージャを示している。マネジャーは、弱気相場に比べて強気相場でより多くのエクス

ポージャを持つことになる。以下に示したのは、通常使われるネット・エクスポージャの簡易計算式である。

$$\text{ネット・エクスポージャ} = \frac{\text{ロング・エクスポージャ} - \text{ショート・エクスポージャ}}{\text{投資元本}}$$

例えば、あるファンドマネジャーが100万ドルの投資元本を持ち、さらに40万ドルを借り入れていたとする。その後、このマネジャーはロングを80万ドル、ショートを60万ドル建てる。この場合のネット・エクスポージャは20％のネット・ロング（20万ドル÷100万ドル）ということになる。保守的なマネジャーの場合、ネット・エクスポージャを0％から100％の範囲に収めるようにし、場合によってはネット・ショートすることもある。一方、積極的なマネジャーのなかには、レバレッジを効かせてネット・エクスポージャが100％を超えるようなリスクをとる者もいる。市場全体の方向性に対するマクロ的な見通しからネット・エクスポージャを調整するマネジャーがいる一方、ロングとショートのどちらにより優れた投資機会があるかという点からネット・エクスポージャが決定されると考えるマネジャーもいる。後者のマネジャーの場合は、同じショート・ポジションを建てるにしても、市場全体の下落に対するヘッジというより、ショートするという行為自体を単独でリターンを生み出す投資機会としてとらえている（このショート・ポジションはヘッジとしても機能はするが、それはあくまでも副産物である）。このタイプのショート・ポジションは、ポートフォリオ全体のヘッジとして建てるショート・ポジションと区別するために「トレーディング・ポジション」と呼ばれる。一般に、ネット・エクスポージャは、そのファンドマネジャーがより積極的か慎重かを示す指標としてとらえられる。大切なのは実際のポジションの内容を見極め、その時点のエクスポージャがヘッジのためなのか、それと

もトレーディング・ポジションとして建てられているのかを見極めることである。

リサーチ

ファンドマネジャーが投資判断を下す場合、企業に関する情報分析に基づいて判断することが必要である。この情報は正確かつタイムリーであることが要求されるうえ、ある程度将来を見通すうえでの手がかりとなることが望ましい。しかし、入手可能な企業情報は大量に存在するうえ、その質や視点が一様でないため、マネジャーがどこから情報を得ているかを確かめることは重要である。重要な情報ソースとして、以下のようなものが挙げられる。

- 業界誌や新聞──マネジャーのほとんどが、投資アイデアのヒントになるようなニュースや出来事に即座に対処できるように、ウォール・ストリート・ジャーナル紙、フィナンシャル・タイムズ紙、あるいはより専門的な出版物を購読している。
- データの入手──電子媒体を使って入手できる金融関連情報としてブルームバーグ、ロイター通信、EDGARオンラインなどが挙げられ、このほかにもより特定分野に特化した情報ソースがある。
- 業界内のコネクション──マネジャー（アナリストも）は、金融業界を始め、それぞれが関心をもつさまざまな関係業界内にネットワークを築いている。アナリストのなかには、過去において特定の業界で働いた経験を持ち、その専門知識を生かしてその業界を分析しているものも多い。
- カンファレンスコール（電話による企業説明会）──企業のなかには、多くの投資家と一度に交流することができるため、カンファレンスを開催するところが多い。こうした説明会に参加するこ

とで、企業を訪問しなくても経営陣に接触する機会をもてるほか、企業との距離感をより近いものとすることができる。
- 企業訪問——多くのマネジャーが企業を直接訪問し、その企業の顧客や取引先あるいはライバル会社の関係者などと接するようにしている。そうすることで、企業が公開している文書や報道などからはうかがいしれない詳細な情報を得ることもある。また、訪問先の企業が日々の業務をどのように運営しているのか「肌で感じる」こともできる。
- アナリストの意見——投資候補企業を評価する場合に、マネジャーによってはウォール街の大手ブローカーのアナリストに頼ることもある。マネジャーは、アナリストの多くが担当企業を限定したうえで、特定の業界に特化した分析を行っているために、その分野に関しては高水準の専門知識を持っていると考えている。しかし、こうした方法には注意が必要である。アナリストの意見は、企業を客観的に描き出すというよりも、ブローカー会社の手数料稼ぎという意図による場合も多い。アナリストによるレーティングは水増しされており、売りが推奨されることはほとんどない。
- ニュースレター——現在、入手可能な業界ニュースレターの数は急速に増えている。
- インターネット・サイト——今やインターネットは、情報の宝庫になっている。企業ホームページやニュース検索サイト、ニュース配信サービスなどは重要なデータソースとなっている。株式の電子取引が出現したことで、さらにその重要性は増している。また、金融関連出版物の多くがネット上にあり、かつ内容の検索が可能になっている。

レバレッジ

　株式ヘッジマネジャーの大半は、レバレッジを効かせている。すなわちマネジャーは資金を借り受けることで、元金よりも大きな投資を行うことが可能になっている。レバレッジはリスクを増加させるが、新たにポートフォリオに組み入れたい株式について、保有している株式を売ることなく取得することができる。積極的にリスクをとる運用を行うタイプのマネジャーは、レバレッジを利用して、投資機会を逃さないよう素早い売買を行っている。保守的な運用マネジャーの場合、レバレッジの利用を比較的控えるものの、株式ヘッジファンドにおいてある程度のレバレッジを効かせることは、もはや当たり前のことになっている。

リスクとリスク管理

銘柄選択リスク

　ロングであれショートであれ、ポートフォリオに組み入れる銘柄を選択するとき、マネジャーは選んだ企業に対してのリスクを背負うことになる。そのリスクには（これですべてではないが）、規制面の問題、市場でのシェアや企業の地位が脅かされる可能性、利益率の低下やその他業界のトレンド、経営陣の安定性、規模拡大の推進よる企業価値の希薄化、新技術の台頭、買収ターゲットとなる可能性などが含まれる。企業固有のリスクは避けられるものではないが、株価上昇の潜在的可能性（ロング・ポジションの場合）や下落の潜在的可能性（ショート・ポジションの場合）を考えれば、マネジャーは、そのリスクを受け入れることに確信をもっているはずである。この種のリス

クに対応するには、入手可能なすべての情報に基づいて詳細なファンダメンタルズ調査・分析を行い、将来を予測することが本質的な対策となる。

また、ある種のリスクを相殺するために、特定のショート・ポジションをとることがある。例えば、あるマネジャーが特定の業種へのリスクをペア・トレーディングによってヘッジしたとする。ペア・トレーディングとは、ある業種において将来有望な見通しの銘柄をロングする一方、同じ業種内の別銘柄（ライバル企業であることが多い）をショートすることである。その業種の銘柄全体がシステマティックな下落を強いられる（業界の大手企業の悪材料が、その業界全体の悪材料としてみなされる）場合でも、個別銘柄におけるロング・ポジションとショート・ポジションが互いに相殺し合ってくれるのである。

マーケット・リスク

金融市場や経済全体の状況変化は各企業に影響を与え、株式市場全体にも影響を与えることになる。そのため、市場全体の株価の方向性が変化する場合がある。その代表例が、金利である。金融緩和政策（金利低下）が取られると、資金流通量が増加することで、株価は一般に上昇する。逆に、通常、インフレ対策として導入される金融引き締め政策（金利上昇）のもとでは、資金調達コストが上昇するため資金流通量は低下する。投資家にとっては、高いリターンが期待できることになった債券市場の妙味が増すことになり、株式市場から債券市場へと資金が流れ、株価は下落する。

株式ヘッジ戦略のマネジャーは、株価に影響を与えるようなマクロ経済の動きをモニタリングし、株式市場の動きに合わせてロングとショートのエクスポージャを慎重に調整することで、市場のシステマティックな変動リスクを軽減している。このプロセスはその性質上不完

全ではあるが、多くのマネジャーは下落相場でのロング・ポジションや上昇相場でのショート・ポジションが過剰にならないように注意を払っている。株式ヘッジ戦略のポートフォリオのうち「ヘッジ目的」の部分については、ほぼ市場に対して中立の状態にある場合もあるが、多くの場合、ロングとショートの両方のポジションを建てていたとしても、マネジャーが損失を出す可能性というのは避けられるものではない。もちろん、ヘッジされていない部分は急変する相場の動きに対して無防備である。

株式ユニバース

広く知られていることだが、企業規模が大きく売買が容易に成立する株式と、小規模で流動性の低い株式とでは取引の仕方に違いがある。一般的には大企業や大型株のほうが、中小企業や小型株より多くの情報が手に入る。入手できる情報が多く、より多くの大手ブローカーのアナリストが調査している銘柄ほど、情報面でほかの投資家よりも優位に立つ可能性は低くなる。このため、大型株のマーケットは小型株よりも効率的だと言われる。ファンドマネジャーは、大型株を扱う場合、高い流動性によるメリットがある半面、情報面での優位性は得にくいことを考慮すべきだろう。また、ファンドで保有しているポジションがその銘柄の時価総額に占める割合によってもリスクは異なる。すでに述べたように、大型株のポジションは同額の小型株ポジションと比べ、その銘柄の発行済株式数全体に占める割合が小さいため、流動性がより大きい。株式ヘッジ・ポートフォリオの平均株式時価総額は、流動性を見る場合の指標となる。

未発掘のこれから伸びそうな株式を物色するマネジャーたちは、中型・小型株に目を向ける。一般的な傾向としては、時価総額が小さければ、それだけその銘柄のリスクは大きくなる。小型株は、多くは無

名で、収益基盤が確立していない無配当の企業である。1998年秋の例でも、流動性の低下に対して小型株が大型株よりも不利であることが証明されている。ラッセル2000小型株インデックスは、1998年7月の天井から同年10月の底値まで33％超も下落した。1999年には19.62％上昇したが、同インデックスは依然として1998年の底からわずか9.76％しか戻していない。一方、天井から底値まで19％下げたS&P500は、1998年7月の底値から1999年末にかけて27.92％も上昇しているのである。

分散

モダンポートフォリオ理論によれば、ほかの条件が一定であるとき、銘柄分散したポートフォリオは、銘柄集中したものよりもボラティリティが小さい。これは「すべての卵をひとつのかごに入れるな」という古い格言を言い換えたものだとも言える。論理的には、相関関係の低い株式で構成されたポートフォリオであるなら、ある株式が下落しても別の株式が上昇することによって、全体のボラティリティは軽減されるはずである。株式ヘッジ戦略のマネジャーの多くも、ポートフォリオの内容を業種やセクターを超えて分散させ、どの業種やセクターで何が起きても、それがポートフォリオ全体に大きな影響を及ぼさないようにしている。また、自主的にポジション制限を設定し、特定銘柄のポジションがポートフォリオ全体に与えるインパクトを抑制し、ポートフォリオを常に一定程度分散させている株式ヘッジ戦略のマネジャーも多い。この場合、ある株式のポジションが株価上昇によって想定以上のウエートになると、マネジャーはその超過分のポジションを売却することになる。

売却ルール

　マネジャーの多くは将来の目標株価を設定し、現在の株価が買うのにふさわしい水準だと判断した場合、株式を購入する。株価が目標に達した場合は、これを売却するかあるいは目標値の再検討を行う。また、新たな情報によって企業の潜在的成長性や割安感など買いの理由となっていた材料についての確信が揺らいだ場合は、目標価格に達する前に売却することもあり得る。また株価が見通しどおりにならない場合、マネジャーはそのポジションを見直すことになる。一般に株式ヘッジ戦略のマネジャーは、長期保有を目的とするコア部分の銘柄が予想外の動きをしても、トレーディング・ポジション、すなわち比較的短期間でリターンを実現させることを目的として保有したポジションの場合よりもポジションを売却しないで持ち続けることが多い。

レバレッジ

　株式ヘッジマネジャーの大半は、レバレッジを効かせている。レバレッジを行うことによって、新たにポートフォリオに組み入れたい株式について、保有している株式を売ることなく取得することができる。あるいは、うまくいっているポジションを積み増すためにレバレッジを利用することもある。積極的にリスクをとる運用を行うタイプのマネジャーは、レバレッジを利用して、投資機会を逃さないよう素早い売買を行っている。保守的な運用マネジャーの場合、レバレッジの利用を比較的控えるものの、株式ヘッジファンドにおいてある程度のレバレッジを効かせることは、もはや当たり前のことになっている。

収益の源泉

　個別銘柄の株価は株式市場全体のマクロな動きとは無関係に、各企業個別の要因によって上下することがあり得るし、また実際にそうなることも多い。このため、運用マネジャーのパフォーマンスは、市場全体を上回るパフォーマンスを上げる銘柄あるいは下回る銘柄を選択する能力によっていると言える。ロングの場合には、伝統的なロングのみの戦略を取るマネジャーと何ら変わるところはない。異なるのは、ショート・ポジションを利用してリターンを得る場合である。この場合、企業のファンダメンタルズ面での問題や株価が割高な水準にあるなどの理由から、今後下落が予想される銘柄をいかに選択することができるかが問われる。

　株式ヘッジ戦略の場合、ポジションをロング、ショートのいずれにも傾けられる柔軟性があるため、相場の上昇と下落の双方からリターンを得ることができる。ただ実際には、ショート・ポジションが上昇相場でリターンを低下させることになるケースが多い。上昇相場においては、株式ヘッジ戦略は伝統的なロングのみの戦略をパフォーマンスで上回れないこともあるが、相場が下落あるいは横ばいの状況においては、ショート・ポジションがあることによって市場を上回るパフォーマンスを示すこともあるため、ある程度長い期間で見るとリスク調整後リターンベースで市場リターンを上回ることが可能になる。

　株式ヘッジ戦略において銘柄選択は重要な収益の源泉ではあるが、これが唯一のものということではない。もうひとつの重要な収益の源泉は、ポートフォリオの銘柄間の相関関係であり、特にロング・ポジションとショート・ポジションの間の相関が重要になる。相関関係の大きな銘柄でポートフォリオを構築すると、ボラティリティを抑えた安定的なリターンの確保という分散によって得られる効果が減少してしまう。これと同様に、ヘッジのためのヘッジを行ってしまうと、株

式ヘッジの投資手法としての有効性が減少してしまい、最終的には単にリターンを減少させるだけに終わりかねない。ある特定のリスクを回避するためにヘッジを行う場合、ポートフォリオの銘柄構成とその相関関係には十分な注意を払う必要がある。ポートフォリオ全体としては、株式ヘッジのマネジャーはネット・エクスポージャを調整することによってマーケット・リスクを低減し、下落局面であっても利益を確保することが可能になる。個別のポジションについてみると、同業種内のほかの銘柄をショートすることによって、その業種のリスクをヘッジすることが可能になる。言うまでもないが、特定の企業あるいは業種を目的としたヘッジをポートフォリオ全体としてうまくバランスさせる手腕は、サイエンスというより芸術的な領域のものである。

最近の成長と発展

株式ヘッジ戦略がヘッジファンド運用全体に占める割合は、1990年には5％だったものが1999年には11％以上にまで増加した。株式市場の記録的な伸びに加え、株式ヘッジ戦略のパフォーマンスが目を見張るものであったことが、この時期の急成長に拍車をかけた。HFRI株式ヘッジ・インデックスによると、株式ヘッジ戦略のマネジャーはS&P500に比べてはるかに低いボラティリティでこれと同水準のリターンを達成している。この戦略は、現在の株価水準の維持に不安を感じ、株式ポートフォリオに対するヘッジ手段を求めている投資家を引きつけている。

1998年の第3、第4四半期は、伝統的なロングのみの戦略にとっても大変困難な環境であったが、そのような時期に株式ヘッジ戦略がどのようなパフォーマンスを示すのかをよく表している。第3四半期には、株式ヘッジ・マネジャーの多くがマイナスのリターンとなったが、ショート・ポジションを組み込んでいたために、相場下落のインパク

トを弱めることができた。1998年8月にS&P500が14.5%下げ、ラッセル2000小型株インデックスは19%を超える下落となるなか、HFRI株式ヘッジ・インデックスの下落は7.65%にとどまった。

相場は、流動性の喪失と国際金融システムの安定性に対する懸念がピークとなった10月第1週に底を打った。その後、日本では金融再生法が成立し、米国が3週間で2回の利下げに踏み切ったことを受けて、米市場における流動性と金融システムに対する信認が回復した。その後、大型株やハイテク株、金融株が主導するかたちで米国株は上昇に転じ、それまでの下げ幅の大半を回復したばかりでなく、銘柄によっては危機前の水準を上回るケースすら見られた。

1998年のHFRI株式ヘッジ・インデックスは、10月2.47%、11月3.48%、12月5.39%のリターンであった。一方、同時期のS&P500はそれぞれ、8.13%、6.06%、5.76%だった。株式ヘッジ戦略のパフォーマンスは、期待どおりであったが、相場の調整局面では市場を上回り、その後の市場が回復軌道に乗った上昇局面ではこれを下回ることになった。図8.1は、同時期の米国の各種株式インデックスについて、その推移を示したものである。

このパフォーマンスの背景にあるのは米国の株式市場の動きであり、程度の差はあるものの、これがすべての株式ヘッジ・マネジャーに影響を与えている。各マネジャーは、株式市場の動きをよく見通したうえで自らのポートフォリオに対する影響やリスクを見極め、リスク管理の方法を考える必要があった。この時期に顕著に見られた3つのトレンドがある。それは、①大型株のパフォーマンスが中・小型株を大きく上回ったこと、②ハイテク株中心のナスダック株式指数のボラティリティ（上昇・下落ともに）がダウ工業株30種平均やS&P500よりも大きかったこと、③グロース株のパフォーマンスがバリュー株を上回ったこと――の3つである。

小型株のパフォーマンスが悲惨なものになったのは、ロシア国債の

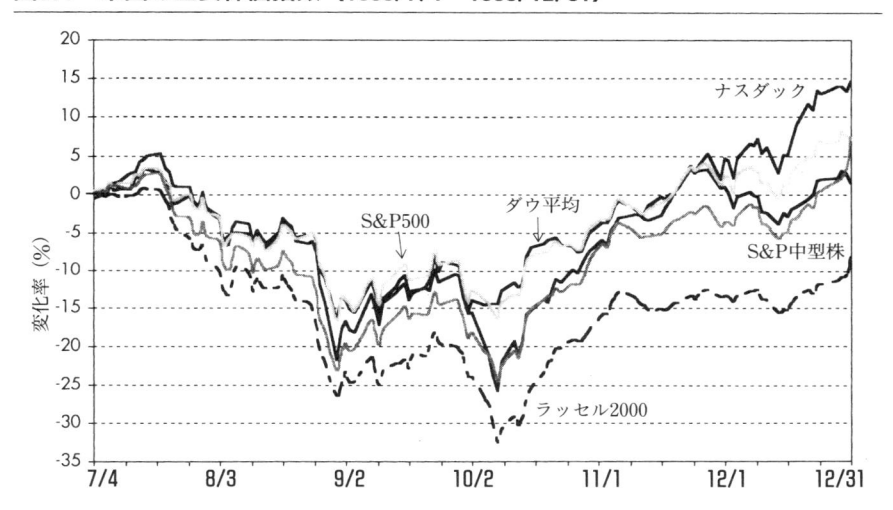

図8.1　米国の主要株価指数（1998/7/1〜1998/12/31）

一部で債務不履行が生じたことに端を発し、LTCMの破綻によって拍車がかかった「質への逃避」の動きによるものだったと言える。これらの出来事によって、国際金融システムの不安定性や企業収益の悪化や景気後退懸念などが広がったことから、投資家は、弱気相場でも取引が行われやすい大型株を、流動性プレミアムを払ってまでも選択したのである。例えば、市場が危機的な状況にあったとしても、IBM株のほうが創業間もない小さなハイテク・ベンチャー企業株よりも、買い手を見つけられる可能性は高いからである。すでに述べたように、小型株は総じて大型株よりもリスクが高いとみられているため、リスク管理がクローズアップされる時期には大型株よりも売られやすい傾向がある。

　7月16日の天井から10月8日の底値まで、ラッセル2000インデックスは33％超も下落した。これと対照的にダウは約18％安、S&P500は

ほぼ20％安にとどまった。また、小型株は第４四半期の反発場面でも、市場全体ほどの上昇を見せなかったのである。加えてS&P500は７月１日から12月31日までの半年間で７％を超える上昇となったが、同時期のラッセル2000インデックスは８％近い下落となった。株式ヘッジ戦略のマネジャーのなかには、この時期の流動性リスクの上昇に対応して、ポートフォリオの内容を時価総額規模による分散を図ったり、小型株のロング・ポジションをほかの小型株のショート・ポジションによって相殺させたりして、流動性リスクに対するエクスポージャを軽減した者もいた。結果として、こうしたマネジャーたちは、市場の動きに対して適切なポートフォリオの調整を行わなかったマネジャーよりも優れたパフォーマンスを残すことになった。

　残る２つのトレンドは、お互いに関連したものである。ナスダック指数には、この時期人気の高かった成長株あるいはモメンタム銘柄が多く含まれており、まるでナスダックが「成長と勢い」と同義語であるかのようだった。1998年５月には投資家がグロース株志向になっている傾向がはっきり現れ、利食い売りや金融危機が見られた一時期を除き、1999年末までこの傾向は変わらなかった。このトレンドは、1998年の８月下旬から10月中旬にかけて、流動性不足が懸念材料として台頭するなかでも市場を支配し続けた。ナスダックが天井から底値まで30％超の下落となったとき、ダウは18％、S&P500は20％下げたにすぎなかったが、反発局面ではナスダックの上げ幅がほかの指標を上回った。ナスダックは年末までに、３カ月足らず前に付けた底値から40％戻している。そして、翌1999年には、84％という驚くべき急伸を達成したのである。

　投資家がバリュー型ではなくグロース型の投資を好むのも、投資スタイルの循環性からかなりの程度説明がつく。上昇相場で大儲けをした投資家たち（90年代の米国の強気相場ではこうした投資家が増加した）は、将来における企業の潜在的な収益力を信じるようになるもの

である。しかし、上昇モメンタムが減退、あるいは基調が反転すると、投資家の関心は将来よりも足元の状況を重視し、現在の企業収益力に移るものである。この傾向が、新世代の個人投資家の台頭や金融技術・データの爆発的な普及によって変わるのかどうかについては、まだなんとも言えない。いずれにせよ、伝統的なロングのみの投資を行っていたマネジャーであっても、1998年後半にナスダック銘柄を買っていれば、タイミング次第ではモメンタム相場から高いリターンを獲得したことであろう。しかし、この投資リターンは極端に大きなボラティリティを抱え込むことによって得られるものである。株式ヘッジ・マネジャーであれば、似たような株式を買ったとしても、一方向のみの動きだけを期待せずにショート・ポジションで適切にヘッジを行うため、ある程度はその高いリターンを享受しつつ、ボラティリティを低減させることができた。

1999年、米株式市場は再び上昇基調に転じた。すでに述べたように、ナスダック指数はこの年84％上昇し、その他のインデックスもかなりの上げ幅を記録した。株式ヘッジ戦略のマネジャーもこの上昇相場のかなりの部分を享受でき、HFRIインデックスは46.14％のリターンを示した。この年の好調なパフォーマンスにより、表8.3と図8.2に示されるように、株式ヘッジ戦略は90年代を通じて高いリターンを上げ続けることになった。

表8.3 株式ヘッジファンドのリターン（1990～1999）

ファンド数	平均規模（単位:100万USドル）	年	1月	2月	3月	4月	5月
12	44	1990	−3.34	2.85	5.67	−0.87	5.92
26	48	1991	4.90	5.20	7.22	0.47	3.20
37	33	1992	2.49	2.90	−0.28	0.27	0.85
59	29	1993	2.09	−0.57	3.26	1.30	2.72
78	42	1994	2.35	−0.40	−2.08	−0.37	0.41
90	41	1995	0.30	1.68	2.09	2.64	1.22
102	70	1996	1.06	2.82	1.90	5.34	3.70
133	76	1997	2.78	−0.24	−0.73	−0.27	5.04
210	100	1998	−0.16	4.09	4.54	1.39	−1.27
226	122	1999	4.98	−2.41	4.05	5.25	1.22

注＝年間の数字は、複利で年率換算

図8.2 株式ヘッジの増加──1000ドルを起点（1990/1～1999/12）

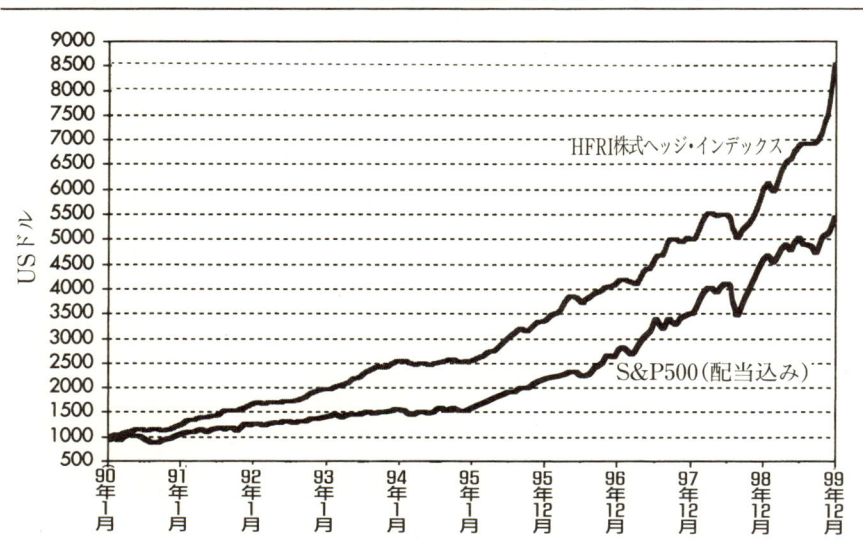

6月	7月	8月	9月	10月	11月	12月	年間
2.52	2.00	−1.88	1.65	0.77	−2.29	1.02	14.43
.59	1.41	2.17	4.30	1.16	−1.08	5.02	40.15
−0.92	2.76	−0.85	2.51	2.03	4.51	3.38	21.32
3.01	2.12	3.84	2.52	3.11	−1.93	3.59	27.94
−0.41	0.91	1.27	1.32	0.40	−1.48	0.74	2.61
4.73	4.46	2.93	2.90	−1.44	3.43	2.56	31.04
−0.73	−2.87	2.63	2.18	1.56	1.66	0.83	21.75
1.97	5.05	1.35	5.69	0.39	−0.93	1.42	23.05
0.50	−0.67	−7.65	3.16	2.47	3.84	5.39	15.98
3.80	0.61	0.04	0.45	2.74	7.23	11.30	46.14

第9章
株式マーケットニュートラルとスタティスティカル・アービトラージ

Equity Market-Neutral and Statistical Arbitrage

- ■株式マーケットニュートラルのアプローチ……242
  - 銘柄スクリーニング──投資対象銘柄ユニバースの作成………242
  - 銘柄選択………244
  - ミーン・リバージョン（平均回帰）に基づくアプローチ………250
- ■リスクとリスク管理………254
  - ポートフォリオ構築と最適化………254
  - マネジャーの投資スタイル………258
- ■収益の源泉………260
- ■最近の成長と発展………261

株式マーケットニュートラル・マネジャーの目標は、適切にポジションを選定し、ネット・エクスポージャをゼロにとどめつつ、上昇・下落いずれの相場でも着実にリターンを得ることである。彼らは、株式ロングのポジションを大量に持つ一方、同額かほぼ同水準のショート・ポジションでこれを相殺し、全体のネット・エクスポージャをゼロに近づける。このようにネット・エクスポージャをゼロの状態（ドル・ニュートラリティという）にすることが、株式マーケットニュートラル・マネジャーに共通する特徴である。彼らは、同額のロング（買い）とショート（空売り）のポジションを持つことで、市場全体のシステマティックな価格変動の影響を中立化しようとする。
　また、マネジャーのなかには、中立化する対象にリスク要因やその他の特性、例えば、ベータ、産業、セクター、投資スタイルや時価総額規模などを加えている者もいる。株式マーケットニュートラルのポートフォリオでは、市場を上回るパフォーマンスが見込まれる株をロングし、逆にこれを下回るとみられるものをショートする。リターンはロング・ショート間のスプレッド、言い換えるとロング・ポジションとショート・ポジションのパフォーマンス格差から得られる。このため、理論的には、株式市場全体の方向性にかかわらず安定したリターンを確保することができるのである。
　なかには、この投資戦略のことを「ブラック・ボックス」投資などと批判する者もいる。この場合のブラック・ボックスの例としては、コンピューターを使った定量分析モデルによる投資戦略がよく知られている。この戦略を使う多くのマネジャーが、期待リターンやリスク・エクスポージャに基づいて銘柄選定するときに、マルチファクターモデルを利用している。適切に設計された定量分析モデルを使えば、膨大なデータを駆使して対象企業をランキング化することによって、多くの銘柄の比較が可能になるからである。一方、こうしたモデルの助けを借りずにポートフォリオを構築する場合には、時間的・資源的

な制約から、十分な証券分析をすることも、株価の推移を把握することもできないのである。

　株式マーケットニュートラル戦略が1990年代に有力な投資戦略として登場したのは、けっして偶然ではない。この戦略の考え方は少なくとも50年前から知られていたが、この10年間にIT技術が急速に発展し、金融関連データを利用しやすくなったことによって実用可能となった。何千もの株式を分析し、何百ものポジションをモニターするためのインフラ構築のコストが大幅に削減されたおかげで、小規模なブティック運用機関でも、この戦略を実施することができるようになったのである。

　この戦略では、定量分析モデルに依存しているマネジャーがほとんどではあるが、実際にはその他のさまざまなアプローチが利用されていることも見逃してはならない。ファンダメンタルズの定性分析を利用した銘柄選択など、ほとんど株式ヘッジと変わらないような手法もあれば、人の手をほとんど介さないスタティスティカル・アービトラージ手法が利用される場合もある。株式スタティスティカル・アービトラージは、株式マーケットニュートラル戦略のひとつと考えられる。スタティスティカル・アービトラージのマネジャーも、株式マーケットニュートラルと同様に、ロングとショートで同額のポジションをもつポートフォリオを構築する。しかし、この2つの戦略にははっきりした相違点がある。マネジャーの裁量が入り込む余地が、スタティスティカル・アービトラージの場合は株式マーケットニュートラルよりも極端に少ないのである。

　マネジャーごとに裁量は異なるが、定量分析を重視するタイプのマネジャーでさえ、モデルを実際に繰り返し活用するなかで、人の手によるある種の「芸術」的な側面をモデルのなかに組み込んでいる。この戦略のアプローチは、ロングとショートに同額のポジションを建てることで、市場のシステマティックな動きから守るという意味では共

通している。しかし、各マネジャーがこの目標を達成する方法には、さまざまなものがある。

株式マーケットニュートラルのアプローチ

この戦略の投資プロセスには、大きく分けて、①銘柄スクリーニング、②銘柄選択、③ポートフォリオ構築——の3つのステップがある。ポートフォリオ構築については、本章の「リスクとリスク管理」で論じるが、このステップが単なる銘柄選択の結果を受けて見直されるようなものでないことに留意すべきである。ポートフォリオの構築と銘柄選択作業は、期待リターンを最大化し、リスク・エクスポージャを最適化するために、一連の流れのなかで行われる。

銘柄スクリーニング——投資対象銘柄ユニバースの作成

まず、マネジャーは各種モデルを使用して、大量売買が困難な銘柄を除外する。一定の基準を用い、米国内で上場されている約8000の銘柄から、管理可能な銘柄数（400～1200）に絞り込む。最も一般的な選択基準としては、流動性、空売りの容易性、自己の取引が市場価格に与えるインパクト、買収合併に関する情報、そして対象外セクター・産業などが挙げられる。

流動性
対象となる銘柄は（例外はあるものの）一般的に、大型株で非常に流動性の高いものに限られる。規模が小さく流動性が低い銘柄の場合、空売りを行うための借り受けが常にできるとは限らないからである。マーケットニュートラルのポートフォリオの場合、回転率が高いことが多く、このため借り受け・空売りが容易にできる銘柄を用いて取引

する必要に迫られる。小型株や中型株で構成される株式マーケットニュートラルのポートフォリオを構築するマネジャーもいるにはいるが、そのようなポートフォリオの規模には限界がある。1000～2000の最も流動性が高い国内銘柄だけを選んでいるマネジャーがほとんどである。

　また、銘柄の時価総額規模は、その銘柄をカバーしているウォール街のアナリストの数とも関連している。一般に、企業の規模が大きいほど、より多くのアナリストがカバーしている。アナリストのカバレッジが増えると、そうした大型株の価格形成がより効率的になることは、多くのマネジャーが認めているところである。一部には、スクリーニングの段階で大型株を除外したり、あるいは大型株については別のファクターを用いたモデルを利用したり、といった方法で、価格の非効率性を望みにくい銘柄を避けるマネジャーもいる。

空売りの容易性

　株式マーケットニュートラルのマネジャーにとって、空売りができることは必須である。株式ブローカーが「借り受け困難銘柄」としてリストアップしている銘柄を、初めから対象として考えないマネジャーも多い。また、株の空売りがアップティック・ルールのために実務上の難しさを抱えていることも事実である。アップティック・ルールとは、直近の価格より下値で空売り取引を行ってはいけないというものである。このため、ロングを建てる前にまずショート・ポジションを建てるケースが多い。こうすれば、ロングは建てたがそれに対応するショートが建てられないという事態を防ぐことができるからである。

マーケット・インパクト

　運用サイズの大きなマネジャーは、自分自身の売買が市場全体に与えるマーケット・インパクトについても考慮したいと考えている。その銘柄を大量に買うことが市場価格に悪影響を与えてしまうようなケ

ースでは、そのような銘柄を投資対象ユニバースから外すこともある。1日当たりの平均出来高に占める割合を、市場へのインパクトの指標としているマネジャーもいれば、また一定のサイズのポジションを手仕舞うまでに必要な期間を指標として利用するマネジャーも見られる。

買収合併案件に関連した銘柄

買収合併に関係している銘柄を売買対象リストから外すマネジャーも多い。その理由は、買収計画には不確実性がつきものなので、株価の動きが当初のモデルでは想定していないものになることがあるからである。本来なら高水準で推移するはずの銘柄が、買収計画の先行き不透明さによって低迷する可能性がある。マネジャーは、自分たちのモデルを用いてポートフォリオを構築する場合、そのモデルの効きやすい銘柄を選びがちになるので、買収関連銘柄は除外されることになる。

対象外セクター・産業

一部のマネジャーは、動き方がほかと異なるとか、モデルがあまり有効に働かないとの理由で、ある特定の産業やセクターを投資対象から除外することがある。例えば、従来型の評価基準を重視したモデルを作り上げているマネジャーは、そのモデルの有効性がほとんどあるいはまったくないとして、ネット関連株を投資対象に入れないことがある。同様に、特定の銘柄の動きをよく予想できるような、セクター特定型のモデルを使用しているマネジャーもいる。

銘柄選択

投資対象銘柄ユニバースが限定されてしまえば、ポートフォリオに組み入れる個別銘柄の選定作業に入ることができる。この第2ステッ

プにおいて、マネジャーは銘柄選択モデルの構築に手腕を発揮する。マネジャーは、投資家の行動を示唆するような定量的な指標を探し求める。その帰結としてマネジャーが得るのは、期待リターンをベースに銘柄間の相対ランクを付けるマルチファクターモデルであることが多い。効率的なモデルを構築するには、あらゆる分野の銘柄の予測に対応できる要因を選ぶこと、さらにはその後で各要因を総合し、有効性の高いランキングに結びつけることが必要になる。

テクニカルと相場のモメンタム要因

株価のモメンタムは投資家の反応と関連が高いため、テクニカル要因分析ではそのようなモメンタムを分析するのが一般的である。投資家の反応は、上昇要因にも下落要因に対しても過剰になりがちなものである。株価モメンタムという要因の存在は、直近の値動きを見ればその後の展開が予想できる（「今動いているものは今後も動き続けるに違いない」という見方は誤っている可能性もあるが）、という見方をする投資家がいることを反映している。テクニカル要因と相場のモメンタム要因の例としては、次のようなものが挙げられる。

- 上昇時の出来高と下落時の出来高
- DAISスタティック・レラティブ・ストレングス——市場全体の動きと株価の関連性
- 1カ月レラティブ・ストレングス——4週間の値動きの市場全体との関連性
- 6カ月レラティブ・ストレングス
- 移動平均価格

ファンダメンタルズ要因——定量面
バリュー要因 バリュー要因は、ファンダメンタルズ的な要素を重

視する投資家たちの動きを表している。当該企業の現在の資本価値や過去の収益の状況、将来の収益見通しなどを評価し、この「バリュー」を達成するために投資家が払える価値を測定するのである。多くは「買い得さ指標」的なものが多く、次のように現在の株価水準の相対的な価値を示したものである。

- 株価収益率（PER）
- 株価純資産倍率（PBR）
- 株価キャッシュフロー倍率（PCFR）
- 割引キャッシュフロー
- 配当割引モデル
- 株価売上倍率（PSR）
- 総資産売上比率
- オペレーティング・マージンの変化
- 業界内相対収益と株価の関係
- 自己資本利益率
- 超過キャッシュフロー
- 配当利回り

グロース要因 グロース要因は、企業の潜在成長性を計るもので、将来の利益予想や投資家の期待感の変化に現れる。通常、株価はアナリストの業績予想に基づく投資家の期待感の変化によって変動する。このため、上方修正であれ下方修正であれ業績予想の変更はその企業の成長トレンドの変化を示す指標となる。通常用いられるグロースの判断要素には以下のようなものがある。

- 利益成長
- 株価収益率と利益成長予想

- ●利益予想修正
    - アナリストのコンセンサス
    - 予想の変化と株価の関係
    - 予測修正の規模と方向
    - 予想の修正可能性
- ●アーニングス・サプライズ
- ●現在のROEと過去5年間の実績との比較

ファンダメンタルズ要因——定性分析

　多くの株式マーケットニュートラルのマネジャーは、そのモデルに定性分析の要素を取り入れていないが、マネジャーによっては定量的データのほかに定性的な要素を加味している場合もある。定性的なデータには、企業経営者との接触や取材で得られたものが含まれる。一般に、この種の情報は、モデルによって得られた結果をさらにチェックするために利用される。スタティスティカル・アービトラージと一般的な株式マーケットニュートラルを分けるのは、この定性的なデータを利用するかどうかである。スタティスティカル・アービトラージのマネジャーは、定量モデル以外には頼らず、定性判断の要素を排除しようとする。

企業内部の動きから得られるシグナル

　ある企業の従業員株主が、突然自社株の取引を始めた場合、株式マーケットニュートラルのマネジャーは、これを懸念材料にする。こういった行為が、何か重要な発表が近いことを示唆していることもあるが、こうした情報をモデルに組み入れることは困難である。

相対ランキングの設定

　一般的なマルチファクター銘柄選択モデルの一次方程式は以下のよ

うになる。

$$r = \beta_1 f_1 + \beta_2 f_2 + \ldots + \beta_n f_n$$

　ここで、r（ガンマ）はある銘柄の期待リターンを指し、β（ベータ）は対応するファクターfの変化に対する感応度を表す。伝統的なマルチファクターモデルでは、各銘柄ごとのファクターとその期待リターンの関係式を構築するのに回帰分析を利用する。このため、方程式の各ファクターのウエートは、その決定力に基づいて決められる。通常は各独立変数の回帰係数が、各ファクターのウエートとなる。

　図9.1にあるような、以下のウエートをもつ4ファクターモデルを仮に考えてみる。

$$\beta_a = 0.4 \quad \beta_b = 0.3 \quad \beta_c = 0.2 \quad および \quad \beta_d = 0.1$$

　最初に、全銘柄を各要因について分析し、要因に1（最高）から10（最低）までランキングを付ける。例えば、XYZ社の各ファクターのランキングが、ファクターAは1、Bは6、Cは2、Dは10であれば、マルチファクターモデルによるXYZ社のスコアは、(0.4×1) + (0.3×6) + (0.2×2) + (0.1×10) =3.6となる。同様のプロセスをすべての銘柄に対して行えば、計算されたスコアを使って全銘柄を、十分位数（全体の10%）ランキングに従って1（最も魅力的）から10（最も魅力がない）までランク付けすることができる。

　図9.2は、銘柄のランキング手順をまとめたものである。

売買のルール

　売買は、相対ランキングシステムの結果により決定されるのが一般的である。ロングされる銘柄は、銘柄選択モデルのランキングが一定

図9.1　4ファクターモデルの例

マルチファクターモデル $r = B_1 f_1 + B_2 f_2 + \ldots + B_k f_k$

- ●ステップ1　ファクターfによるランキング（1〜10）
  - ——例　XYZ社の場合
  - ——A＝1、B＝6、C＝2、D＝10

- ●ステップ2　ファクター・ウエートの決定
  - ——（0.4×1）＋（0.3×6）＋（0.2×2）＋（0.1×10）＝3.6

- ●ステップ3　銘柄をランキング
  - ——1＝最も魅力的
  - ——10＝最も魅力がない

ウエートの仮定

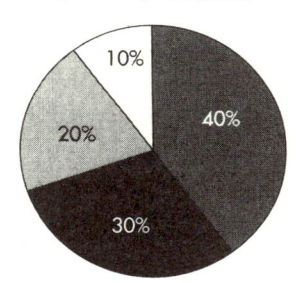

- 40% ファクターA
- 30% ファクターB
- 20% ファクターC
- 10% ファクターD

図9.2　ランキング手順

全上場銘柄：8000銘柄以上
↓
スクリーニング：1000〜2000銘柄
↓
マルチファクターモデルによるランキング
↓
結果：期待リターン（予想アルファ）によるランキング

以上で、かつポートフォリオ全体のリスク管理面からも問題ない場合にポートフォリオに加えられるのが通常である。反対に、ランキングが一定水準以下になった場合には売却されることになる。ショート銘柄についていえば、一定ランクを下回る銘柄が空売りされ、これを上回った場合には買い戻される。より絶対的な目標水準を設定するマネジャーもいる。売買のルールは、リスク最適化の枠組みのなかで運営されるのが普通で、ポートフォリオの適切なバランスを維持するために、ルールが厳格に適用されないこともある。株式マーケットニュートラル戦略の3番目のカギとなる要素が、この適正なポートフォリオ構築なのである。

ミーン・リバージョン（平均回帰）に基づくアプローチ

スタティスティカル・アービトラージのマネジャーのなかには、平均回帰（統計的アノマリー）に基づいて銘柄選択を行う者もいる。この手法を使うマネジャーは、短期的な株価形成においてはアノマリーが発生するが、長期的にはマーケットが情報を織り込んでいくにつれて自律的に修正されると考えている。つまり、過去に同じような推移をしてきた銘柄群については、短期的なイベントや意外性のある材料に対する投資家の過剰な反応によって、価格形成に一時的な歪みが生ずる可能性がある（つまり、ほかの銘柄に比べて割高、または割安になる銘柄が存在することがある）が、それも長期的には続かないという考え方である。ある銘柄の統計的価格アノマリーが平均値に回帰した場合、このような動きを平均回帰と呼ぶ。これが、スタティスティカル・アービトラージが収益機会としている動きである。相関関係が高い銘柄の株価が過去とはかけ離れた動きをしたときが、この戦略にとっての大きなチャンスである。

平均回帰を利用するマネジャーは、長期的にみて正の相関関係が見

られるような銘柄群を探す。通常は、共通する何らかのテーマがそのグループ内の銘柄を結びつけるカギとなっている。それは、セクターや産業という要素の場合もあれば、その他のリスク・ファクターの場合もある。また、ほかのグループとの相関関係が負である銘柄群も、マネジャーの物色の対象となる。

図9.3に示したように、グループの長期トレンドラインは滑らかだが、短期的な銘柄の動きは、まさに山あり谷ありである。平均回帰性を利用するマネジャーは、天井で売りを出し、底で買いを入れようとすることになる。

平均回帰戦略のマネジャーの多くは、売買判断にレラティブバリュー・システムを利用している。ポートフォリオのなかでショートされるのは、グループ内のほかの銘柄よりも一定以上割高になっているも

図9.3　グループでみた平均回帰の例

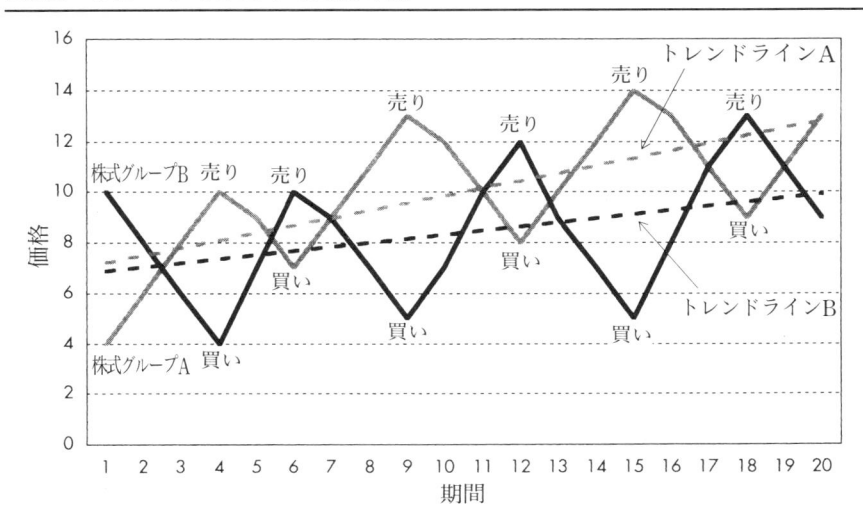

のである。このショート・ポジションは割安感がなくなるにつれ買い戻される。ロング銘柄について言えば、価格に割安感があるうちは、ロングのままで維持される。なかには絶対的な目標価格を定めているマネジャーもいる。各マネジャーの売買ルールの決め方によって、売買規模やそのポートフォリオの回転率、取引コストなども異なってくる。平均回帰モデルには、取引コストや売買による値動きへのインパクトなども組み込まれており、その取引により得られる利益よりもコストのほうが高いことが明らかな場合、取引を見送ることになっている。

　売買ルールは、リスク・リターン最適化の枠組みのなかで運営されるのが通常である。その銘柄が買収合併計画にかかわっている場合など、例外とされる場合もある。

　市場は非常に変化が激しいため、その銘柄群を特徴づけていた要因が今後もそのまま機能するとは限らない。スタティスティカル・アービトラージのマネジャーは、グループからどの株を外し、あるいは新たに組み入れるのかについて、その時期や是非を判断していく必要がある。例えば、1998年第3四半期の「質への逃避」が起きた場面では、銘柄時価総額規模とクレジット・クオリティが非常に強力なファクターとして浮上したため、それまで用いられていた投資テーマの有効性が低下した。同じような動きをする銘柄群を探してモデルを構築し、その有効性を維持するには、状況変化に注意を怠らないようにしなければならない。マネジャーに求められているのは、それぞれの銘柄グループがどんな要因によって動かされているのかを判断する能力であり、それこそがモデル構築の本質である。

　グループ内で相対的に割安になっている銘柄を買い、逆に同じグループで割高になっている銘柄を売るということは、マネジャーがテーマを共有している銘柄群のネット・エクスポージャを最小化しつつ、値上がり期待の最も高い株を買い、最も低い株を売るということを意

味する。銘柄グループにおけるテーマの例としては、以下のようなものが考えられる。

1. **セクター**――同一セクターの銘柄は同じような動きをする場合が多い。ひとつの銘柄の値動きは、セクター全体の動向にも影響を与える。これに対し、スタティスティカル・アービトラージにおいては、同一セクター内で個別銘柄の値動きに着目し、同量のロングとショートを建てることによって、そのセクター全体の動きによる損失を回避する。

2. **産業**――同一産業内の銘柄も同じように動くことが多い。ひとつの銘柄の値動きは、グループ全体の動向にも影響を与える(例えば、コンパックの収益が悪化したとの発表があった場合、デルやゲートウェイの値動きにも同様の影響が出る)。これに対し、スタティスティカル・アービトラージにおいては、同一産業内で個別銘柄の値動きに着目し、同量のロングとショートを建てることによって、産業全体の動きによる損失を回避する。このため、その産業の銘柄群が全体としてどう動くかではなく、ロングした銘柄がショートした銘柄よりも良い結果を残すかどうかのほうが重要になる。

3. **時価総額規模**――流動性がテーマとして着目されている相場では、流動性が高い大型株のほうが小型株よりも有利である。ただし、相場のサイクルのなかでは、大型株が小型株よりも過大評価され、大型株がさほど上がらない場合でも小型株だけが上昇するということもある。いずれにせよ、時価総額規模が同じ銘柄は、同じ方向に動く傾向がある。

4. **金利**――多額の借り入れをしている企業や、多額の融資を行っている企業は、金利変動に大きく左右される。これらの企業の株価は、金利の動きと相関を示すことがある。

5. **石油価格**——石油資源に依存している企業（例えば、航空会社）は、石油価格の変動に影響を受ける。これらの企業の株価は、石油価格の変動との相関を示すことがある。
6. **労使関係**——多くの従業員、特に大きな労組を抱えている企業は、ストライキによって悪影響を被る可能性がある。これに対し、スタティスティカル・アービトラージにおいては、労使関係に着目した銘柄選択を行い、これらの銘柄間で同量のロングとショートを建てることによって、この動きによる損失を回避する。

リスクとリスク管理

ポートフォリオ構築と最適化

　ポートフォリオを構築する最終目的は、リターンとリスクのバランスを図ることにある。マネジャーは、個別銘柄についてそれぞれの期待リターンとリスクの評価を行った後、着目するテーマにおけるネット・エクスポージャをできるかぎりゼロに近づけるため、魅力度の高い銘柄（ロング・ポジション）と魅力度の低い銘柄（ショート・ポジション）の最適な組み合わせを選定する。この過程で多くのマネジャーが利用するのが、クワドラティック・オプティマイザーと呼ばれるモデルである。このなかにはAPTやBARRAなどが含まれるが、独自に開発したオプティマイザーを持つマネジャーも多い。システマティック・リスクを中立化する過程で得られるリスク低減効果は、これに伴って生ずるリターンの減少と合わせて考える必要がある。期待リターンとリスクのバランス次第では、マネジャー自身の判断によって、①あらかじめ定めた売買ルールを逸脱することで適正なポートフォリ

オのバランスを維持する、②特定のリスク・ファクターについてネット・エクスポージャの中立性を放棄する――こともある。

リスク要因

一般的には、株式マーケットニュートラルのマネジャーは、ロングとショートに同額のポジションを持つことで、株式相場全体の予期せぬ動きからポートフォリオを守るようにする。このロジックの適用対象を個別のリスク・ファクターにまで拡大するマネジャーもいる。この場合でも、ロジック自体は何も変わらない。つまり、リスク要因を相殺するようなロングとショートを持つことによって、そのリスク・ファクターは理論的には中立化されるのである。最適化のプロセスは、中立化したいリスク要因のネット・エクスポージャを最小化しつつ、値上がり期待の最も高い株を買い、最も低い株を売るというものである。一般的にリスク・ファクターとしては、以下のようなものが挙げられる。

1. **ベータ**――特定の銘柄あるいはポートフォリオの、市場全体（例、S&P500）に対する感応度。ベータがゼロ近辺のポートフォリオであれば、市場全体の値動きに対する感応度が低いことになる。
2. **セクター**――ひとつの銘柄の値動きは、セクター全体の動向にも影響を与える。これに対し、株式マーケットニュートラルにおいては、同一セクター内で個別銘柄の値動きに着目し、同量のロングとショートを建てることによって、そのセクター全体の動きによる損失を回避する。
3. **産業**――ひとつの銘柄の値動きは、グループ全体の動向にも影響を与える（例えば、コンパックの収益が悪化したとの発表があった場合、デルやゲートウェイの値動きにも同様の影響が出

る)。これに対し、株式マーケットニュートラルにおいては、同一産業内で個別銘柄の値動きに着目し、同量のロングとショートを建てることによって、産業全体の動きによる損失を回避する。このため、その産業の銘柄群が全体としてどう動くかではなく、ロングした銘柄がショートした銘柄よりも良い結果を残すかどうかのほうが重要になる。

4. **時価総額規模**——流動性がテーマとして着目されている相場では、流動性が高い大型株のほうが小型株よりも有利である。ただし、相場のサイクルのなかでは、大型株が小型株よりも過大評価され、大型株がさほど上がらない場合でも小型株だけが上昇するということもある。いずれにせよ、時価総額が同規模の銘柄は、同一の方向に動く傾向あることから、株式マーケットニュートラルのマネジャーは、銘柄規模によるバイアスを排除しようとするのである。

5. **金利**——多額の借り入れをしている企業や、多額の融資を行っている企業は、金利変動に大きく左右される。これらの企業の株価は、金利の動きと相関を示すことがある。このため、株式マーケットニュートラルのマネジャーは、金利によるバイアスを排除しようとする。

6. **商品価格**——石油資源に依存している企業(例えば、航空会社)は、石油価格の変動に影響を受けることがある。これらの企業の株価は、石油価格の変動との相関を示すことがある。このため、株式マーケットニュートラルのマネジャーは、商品価格によるバイアスを排除しようとする。

7. **労使関係**——多くの従業員、特に大きな労組を抱えている企業は、ストライキにより悪影響を被る可能性がある。これに対し、株式マーケットニュートラルにおいては、労使関係に着目した銘柄選択を行い、これらの銘柄間で同量のロングとショートを

建てることによって、この動きによる損失を回避する。
8. **取引コスト**──最適化プロセスにおいては、その取引執行に伴う売買コストを考慮する場合が多い。
9. **マーケット・インパクト**──最適化プロセスにおいては、売買執行時に生ずる株価への影響を考慮する場合が多い。
10. **株価収益率**──株式マーケットニュートラルのマネジャーは、ポートフォリオのPERを中立化する場合がある。
11. **株価純資産倍率**──株式マーケットニュートラルのマネジャーは、ポートフォリオのPBRを中立化する場合がある。

最適化

　株式マーケットニュートラルのマネジャーは、各銘柄ごとの期待リターン(予想アルファとも言う)を推定した後、オプティマイザーを用いて魅力度の高い銘柄と低い銘柄を組み合わせる。これによって、中立化しようとするリスク・ファクターのネット・エクスポージャを可能なかぎりゼロに近づけつつ、期待リターンを最大化しようとするのである。すでに述べたように、よく用いられるオプティマイザーとしてはAPTやBARRAなどがあるが、独自に開発したオプティマイザーを持つマネジャーも多い。多くのマネジャーはポートフォリオの最適化シミュレーションを日々行い、リスク・エクスポージャをモニターしているが、ポートフォリオのリバランスを日々行うと取引コストがかさむため、週または月に一度程度のリバランスの実施がほとんどである。

取引執行とトレーディング

　モデルによってポートフォリオの売買リストが作成されたら、後は取引を執行するのみである。マネジャーは、トレーダーたちが正確にしかも最低のコストで取引を執行できるように、システムに工夫を凝

らしている。トレーディングにおいては、以下の3種のコストを考慮する必要がある。

1. **機会コスト**——最良のアイデアをタイミングよく実行できなかった場合のコスト（逸失利益）
2. **マーケット・インパクト**——あるポジションをとるべく取引を行った場合に、その取引が当該銘柄の市場価格に与えてしまうインパクト
3. **手数料**——取引にかかる経費

マネジャーの投資スタイル

　株式マーケットニュートラルやスタティスティカル・アービトラージのマネジャーの投資スタイルは、株式マーケットニュートラル戦略の異なる要素をいかに融合させていくかによっている。すなわち、マネジャー自身がどんなファクターを選ぶかという点だけではなく、ファクターの数（ファクターが多ければそれだけ好ましいと思っている者がいる一方で、モデルの実効性の希薄化、つまり「オーバーフィッティング」を警戒する者もいる）や、要因の組み合わせ方、どのリスクを中立化するかなどの点を考える必要がある。結局のところ、株式マーケットニュートラル戦略のスタイルとは、バランスの取り方の問題になる。マネジャーは定量分析モデルを駆使しつつもそれに依存しすぎない必要があり、また、モデルが最適なリスク・リターンの組み合わせを選び出しているかどうかを定期的にチェックしなければならない。

　さらには、スクリーニング、銘柄選択、ポートフォリオ構築の手法のほかにも、この戦略を取っているマネジャー間でそれぞれの特徴が出るポイントがいくつかある。

ポートフォリオ・リバランスの手法とその頻度がそのひとつである。すでに述べたとおり、売買ルールは、期待リターンのマルチファクターモデルによって得られた相対ランキングに基づいているのが普通である。あるマネジャーがルールをどのように設定するか（例えば、ロング・ポジションの手仕舞い売りは、その銘柄がランク2に落ちたところで行うのか、あるいはランク3まで待つのか）ということによって、そのマネジャーの取引量やそのポートフォリオの回転率、取引コストの水準が決まってくるのである。

　こうしたルールはまた、ポジションのタイムホライズン（想定投資期間）も反映することになる。あるマネジャーが短期的な値動きから利益を得ようとしているのであれば、そのことは、使用しているファクターから分かるだけでなく、長期的な動きを狙っているマネジャーよりも回転率が高くなることからも判明する。

　取引コストとマーケット・インパクトは、最適化プロセスのなかに組み込まれている。生ずるコストと比較してその期待リターンが見合わない場合は、取引が見送られることもある。売買ルールは通常、リスク・リターン最適化の枠組み内で運営される。その銘柄が買収合併計画にかかわっている場合など、例外とされる場合もある。

　株式マーケットニュートラルと、より定量分析志向のスタティスティカル・アービトラージを分けるもうひとつの重要なポイントは、マネジャーが投資プロセスにおいてどこまで定性的な裁量を容認するかという点である。一例としては、定量分析モデルのほかにどれだけ定性分析を取り入れるのかといったことが挙げられる。定性的判断の例としては、売買リストの見直しを定量的分析ではカバーできないアノマリーの観点から行うことなどがある。そのような見直しのときに着目されるポイントとしては、買収案件への関与、市場のうわさ、データの信頼性などがある。

　マーケットは常に動いており、株価を動かす要因も一様ではないた

め、過去に有効だった材料が今後は有効でなくなることもあり得る。株式マーケットニュートラル・マネジャーもスタティスティカル・アービトラージ・マネジャーも、モデルのファクターの除外や追加について、その時期や是非を判断していかなければならない。投資家の行動をとらえるモデルの構築が目標なのであれば、モデルの有効性を維持するためには、状況変化に注意を怠らないようにしなければならない。どのファクターを採用し、どうウエート付けをするかというのは、株式マーケットニュートラルにもスタティスティカル・アービトラージのマネジャーにとっても、重要なことである。

収益の源泉

株式マーケットニュートラルのマネジャーは、ロングのポートフォリオとショートのポートフォリオの相対的なパフォーマンスから、言い換えればロング・ショート・スプレッドからリターンを得ている。この銘柄間の相対的な関係は、ここ数年の間、株式市場全体に比べてボラティリティが低いように思われてきたが、実際にはそうではない。重要なことは、株式マーケットニュートラルのマネジャーは株式に投資しているのだが、その収益の源泉が伝統的なロングのみのマネジャーとはまったく異なっているということなのである。株式マーケットニュートラル戦略におけるリスクは「相対的な」銘柄選択リスクであり、「絶対的な」銘柄選択リスクではない。この戦略においては、すべてのロング銘柄が上昇し、ショート銘柄がすべて下落する必要はない。ロングのパフォーマンスがショートのそれを上回りさえすれば十分なのである。株式マーケットニュートラル・マネジャーの考え方は、ある特定の銘柄や市場全体の動向を予測するよりも、精度の高い定量分析モデルを活用して銘柄間の相関関係をコントロールするほうがより容易であるというものである。

多くのマネジャーが、株式マーケットニュートラルは感情的な判断とは縁遠い投資法だと指摘している。ポートフォリオ判断モデルがあることによって、その日そのマネジャーが個人的に問題を抱えていようが、彼にとってたまたまその日が不快な日であろうが関係なく判断を下すことができる。株式マーケットニュートラルのマネジャーは、人間的な感情や直観による投資よりも、説明力を持つことが明らかなファクターに基づく手法のほうが長期的にはより有利であると信じている。こうしたマネジャーのなかには、市場のシステマティックなリスクを取り除き、使っているモデルを市場全体の動きからは一切影響を受けないようにしようとする者さえいる。そうした場合、彼らがとっているリスクは、モデル・リスク、つまり彼らの定量モデルが欠陥品であったり、思ったほど説明力がなかったりするリスクということになる。

株式市場は常に変化しており、他方、定量モデルとそれを作ったマネジャーが市場の動きに反応するには時間が必要である。この２つの事実から分かるように、定量分析モデルに組み込まれている静的なファクターは、素早くダイナミックな市場の動きを勘案して定期的に見直す必要がある。マネジャーは、例えば、伝統的なファクターは現在のインターネット株に対して有効なのだろうかといったように、それぞれのモデルごとにチェックを行う必要がある。

最近の成長と発展

株式マーケットニュートラル戦略とスタティスティカル・アービトラージ戦略は、1990年にはヘッジファンド全体の資産に占める割合が２％にすぎなかったのに、1999年には10％を超えている。この劇的な増加は、株式市場の記録的な伸びや安定したリスク調整後パフォーマンス、それに、完全にヘッジされ下値がプロテクトされた株式ポート

フォリオに対する投資家の選好による結果である。また、定量分析モデルの改良や技術革新によってインフラ・コストが低下したことで、比較的資金力に乏しいマネジャーにも株式マーケットニュートラル戦略が選択肢のひとつになったという事情もある。

　1998年の上昇相場についていくことのできたマネジャーはほんのわずかだったが、株式マーケットニュートラル戦略は、8月の相場下落局面において下落リスクのプロテクション能力を示した。S&P500が14.5％以上、ラッセル2000小型株インデックスは19％超も下げたなかで、HFRI株式マーケットニュートラル・インデックスのリターンは－1.67％にとどまった。しかし、バリュー・ファクターに基づくモデルの多くは、このモメンタム主導の相場に翻弄され、モデルの信頼性が揺らいだと感じたマネジャーが多かったのも事実である。

　1998年5月以降、米株式市場ではグロース銘柄へのシフトが始まっていた。株価モメンタムに引かれた投資家がバリュー銘柄にまったく見向きもしなくなってしまったため、バリュー銘柄とグロース銘柄のパフォーマンス格差は詳細なデータ収集が開始された1970年以来最大の乖離を示した。あるマネジャーの推定によると、彼の投資ユニバースから、従来のグロースとモメンタムのファクターだけでロング・ショート銘柄を選定した場合、そのポジションの1998年のリターンは30％になった（ロングのパフォーマンスがショートを30％上回った）という。反対に、従来のバリュー・ファクターのみでポジションをとった場合には、－38％のパフォーマンスになった（ロングのパフォーマンスがショートのそれを大きく下回った）との推定がなされている。

　これと似たようなケースで、同年後半には大型株と小型株の間に乖離が見られた。S&P500は、1998年8月に月間ベースで90年代最大の下げ幅となったが、その後の回復によって1998年通年では28.55％のプラスリターンを示すこととなった。だが、ここで注意すべきなのは、S&P500が時価総額加重のインデックスであることだ。つまり、株式

市場全体としての低調なパフォーマンスは大型株の上昇によって見かけ上底上げされていたのである。グロースやバリューのようにスタイルを構成する要素は銘柄選択における予想要素とされるが、銘柄時価総額規模は通常リスク管理要因とみられている。すなわち、この期間は、銘柄同士や銘柄グループ間について説明力のあるファクター、あるいはリスク要因として考えられてきた「正常な」過去の関係や相関が必ずしも維持されていなかったのである。マーケットニュートラルのマネジャーの多くは、こうした「正常な」相関関係に基づくオプティマイザーを利用しているため、この期間の最適化が十分なものであったかどうかは疑わしい。

図9.4に示されるように、流動性懸念や国際金融システムの安定性に対する不安が頂点に達した10月第1週、株式市場は大底を打った。その後、日本では金融再生法が成立し、連邦準備制度理事会

図9.4 米国の主要株価指数（1998/7/1〜1998/12/31）

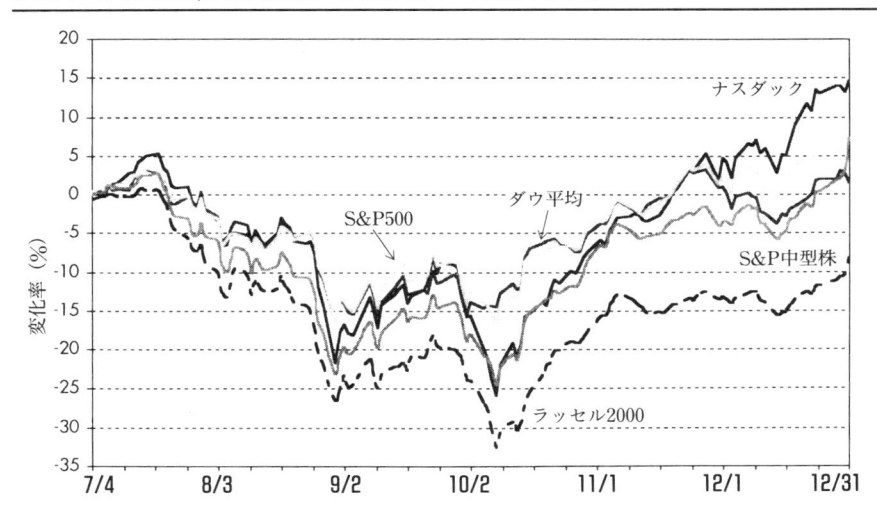

(FRB)が3週間で2回の利下げに踏み切ったことなどを受け、米市場の流動性と金融システムに対する信認が回復した。その結果、米国株式は大型株、ハイテク株、金融株などの主導で上昇に転じ、それまでの下げ幅の大半を取り戻したばかりでなく、銘柄によってはそれ以上の上げ幅を達成した。これと対照的に、HFRI株式マーケットニュートラル・インデックスのリターンは、10月が－0.61％、11月が0.85％、12月が3.59％にとどまり、HFRIスタティスティカル・アービトラージ・インデックスのリターンは、それぞれ0.46％、1.38％、2.24％であった。ちなみに、同時期のS&P500は、8.13％、6.06％、5.76％となっていた。

マネジャーたちにとってこの時期最も重要だったのは、ある種のファクター（特にPERやPBRなど、従来からあるバリュー指標）がそれまでのような説明力を発揮しなかった点である。投資家がバリュー型ではなくグロース型の投資を好むのも、投資スタイルの循環性からかなりの程度説明がつく。上昇相場で大儲けをした投資家たち（90年代の米国の強気相場ではこうした投資家が増加した）は、将来における企業の潜在的な収益力を信じるようになるものである。だが、上昇傾向が衰えるか基調が反転した後は、投資家の未来志向は現在志向へシフトする。新世代の個人投資家の出現や金融技術の爆発的な進歩、そしてデータの入手が容易になったことなどによって、こうしたあり方がどう変わり、定着していくかは、今後を見てみなければ分からない。

また、株式マーケットニュートラル戦略は、マクロ経済事象にも影響を受ける。ロシアの債務不履行は「質への逃避」の動きをもたらした。投資家たちは国債の安全性を選好し、株式市場から資金を引き上げた。このため、それまで個別銘柄のファンダメンタルズ要因をもとにロングを行っていた株式マーケットニュートラルのマネジャーは、そのファンダメンタルズには変化がないにもかかわらず、市場でロングのみを建てていた伝統的マネジャーが株式市場全体から資金を引き

上げたという理由だけで損失を被ることになったのである。さらに、株式マーケットニュートラルのマネジャーは、自分のとっている戦略に特有の要因、つまり同様の戦略をとっている投資家の動きにも影響された。そのマネジャーのモデルファクターにほかの投資家と共通の部分がある場合に、ファンダメンタルズ以外の要因で手仕舞いを余儀なくされる投資家が出たことによって、そのマネジャーもパフォーマンスの悪化を強いられることになった。まったく同じポジションをとっていたわけでなくても、ある銘柄が売りを浴びればそれと関連性の高い銘柄も同様に売られるため、被害を受けることはあり得るのである。

　株式マーケットニュートラルとスタティスティカル・アービトラージ戦略にとっては、1999年は受難の年だった。うわさでは、一部のマネジャーはモデルを調整しモメンタムのウエートを高めているようだ（その証拠に、同年後半には定量分析志向の低い株式マーケットニュートラル・インデックスが反発している）。一方で、株価は従来の常識と異なる動きを続け、結果的にはスタティスティカル・アービトラージのパフォーマンスは低迷が続いた。今後、より合理的な価格形成が再度行われるようになれば、スタティスティカル・アービトラージのパフォーマンスは回復するだろう。表9.1と表9.2は、HFRIの株式マーケットニュートラル・インデックスと同スタティスティカル・アービトラージ・インデックスのリターンを示している。図9.5と図9.6は、1990年にこの2つの戦略にそれぞれ1000ドル投資した場合のリターンを図示したものである。注意してほしいのは、1999年にスタティスティカル・アービトラージ戦略が株式マーケットニュートラル戦略と異なる動きをしていることである。このことは、この戦略の定量的な性質をより明確に反映している。1990年から1998年までのスタティスティカル・アービトラージ・インデックスのリターンは、このインデックスに含まれるマネジャーの過去の実績リターンから計算されたものである。

表9.1 HFRI株式マーケットニュートラルのリターン（1990〜1999）

ファンド数	平均規模（単位:100万USドル）	年	1月	2月	3月	4月	5月
8	14	1990	1.23	1.23	0.82	0.73	0.50
10	19	1991	2.51	0.04	2.70	−0.01	−0.02
15	22	1992	0.36	0.96	0.58	−0.03	0.11
19	22	1993	1.91	1.06	1.67	−0.14	0.58
25	89	1994	0.78	0.58	0.44	0.92	−0.95
31	75	1995	0.22	1.42	1.77	1.86	0.60
34	70	1996	2.18	0.95	0.86	0.35	1.39
38	133	1997	1.20	0.12	0.43	0.96	1.49
78	136	1998	0.54	0.76	1.26	0.66	0.48
48	185	1999	0.15	−1.33	−0.76	−0.65	0.17

注＝年間の数字は、複利で年率換算

表9.2 HFRIスタティスティカル・アービトラージのリターン（1990〜1999）

ファンド数	平均規模（単位:100万USドル）	年	1月	2月	3月	4月	5月
6	10	1990	0.83	1.02	0.48	−0.18	1.72
9	15	1991	4.46	1.81	1.21	1.06	1.79
15	19	1992	0.16	1.84	1.68	0.85	−0.07
18	38	1993	2.24	1.47	1.97	−0.38	0.62
19	191	1994	1.52	−0.19	−0.40	1.08	−0.70
23	139	1995	0.33	1.99	1.16	1.59	1.58
25	115	1996	2.42	1.32	1.30	−0.08	1.11
32	144	1997	1.04	0.91	0.49	2.23	1.21
42	147	1998	−0.05	1.47	1.85	0.52	1.11
29	99	1999	−0.98	−1.14	−2.00	−0.23	0.49

注＝年間の数字は、複利で年率換算

6月	7月	8月	9月	10月	11月	12月	年間
1.37	0.77	1.80	1.81	1.37	0.83	2.01	15.45
0.56	2.50	0.28	1.92	0.97	1.17	2.07	15.65
0.62	1.24	−0.35	1.17	1.04	1.18	1.54	8.73
2.37	0.63	0.91	2.44	−0.10	−1.45	0.77	11.11
0.58	0.37	−0.35	0.02	−0.12	−0.45	0.82	2.65
0.92	2.23	0.98	1.85	1.58	0.78	1.03	16.33
1.37	1.62	0.78	0.66	2.10	0.16	0.95	14.20
1.54	2.17	0.21	2.18	1.36	0.53	0.67	13.66
1.69	−0.27	−1.67	0.81	−0.61	0.85	3.59	8.30
2.02	1.91	0.70	0.89	1.00	1.10	5.26	10.80

6月	7月	8月	9月	10月	11月	12月	年間
1.61	0.98	−0.31	−0.33	0.81	2.18	1.88	11.19
−0.50	2.39	0.44	1.01	0.30	−0.19	2.85	17.84
0.51	1.53	−0.38	0.55	−0.17	0.96	2.86	10.77
2.85	0.86	1.15	2.08	−0.89	−0.98	1.04	12.62
0.21	0.87	0.86	−0.75	0.55	−0.03	1.59	4.67
1.08	2.01	0.59	1.80	0.87	0.63	−0.21	14.25
1.96	1.20	0.45	1.42	3.44	2.28	1.28	19.63
2.16	3.60	−0.25	2.21	1.31	1.44	1.53	19.36
1.90	−0.39	−1.03	0.15	0.60	1.38	2.24	10.14
1.98	1.23	0.02	0.12	0.46	−0.45	−0.76	−1.32

図9.5 株式マーケットニュートラルの増加——1000ドルを起点
　　　（1990/1〜1999/12）

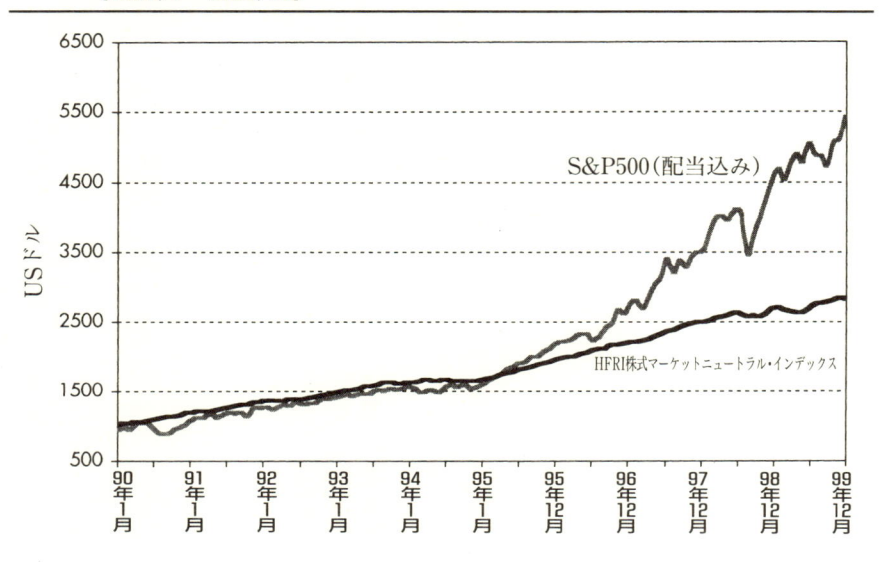

図9.6 スタティスティカル・アービトラージの増加——1000ドルを起点
　　　（1990/1〜1999/12）

第10章 レラティブバリュー・アービトラージ
Relative Value Arbitrage

- ■レラティブバリュー・アービトラージのアプローチ……………270
  - 転換社債アービトラージ………271
  - 買収合併アービトラージ………272
  - 株式スタティスティカル・アービトラージ………275
  - ペア・トレーディング………275
  - 債券アービトラージ………276
  - オプション・ワラント取引………277
  - キャピタル・ストラクチャー・アービトラージ………279
  - レギュレーションD（ストラクチャード・ディスカウント転換証券）アービトラージ………279
- ■リスクとリスク管理……………280
  - 戦略ミックス………281
  - 戦略のウエート付け………281
- ■収益の源泉……………281
- ■最近の成長と発展……………282

レラティブバリュー・アービトラージは通常、複数の投資戦略を駆使する。全体を通じて目につくのは、市場の方向性に沿った売買でなく「スプレッド取引」を行うことである。スプレッド取引とは、証券間の割高・割安に着目して、そこからリターンを得る取引である。この戦略の場合、統計的またはヒストリカルには価格が連動しているものの、一時的にその関係に歪みが生じているような、類似性・関連性のある証券についてロング（買い）とショート（空売り）のポジションを建てる。証券間の相関関係に歪みが生じた後、それが通常の関係に戻る過程が収益獲得の機会となる。

マネジャーは、将来の相場の方向性を予想しようとするのでなく、ロングとショートの両方のポジションを持つことでポートフォリオ全体としてのエクスポージャを中立化しようとする。さらに、レラティブバリュー・マネジャーは、どのレラティブバリュー戦略が最大の投資機会を提供するか判断し、その戦略をポートフォリオ全体のなかでウエート付けすることで、付加価値を生み出していく。レラティブバリュー戦略のなかには、債券アービトラージ、モーゲージバック・セキュリティーズ・アービトラージ（MBSアービトラージ）、買収合併アービトラージ、転換社債アービトラージ、スタティスティカル・アービトラージ、ペア・トレーディング、オプション・ワラント・トレーディング、キャピタル・ストラクチャー・アービトラージに加え、レギュレーションD証券としてよく知られるストラクチャード・ディスカウント転換証券などが含まれる。

レラティブバリュー・アービトラージのアプローチ

レラティブバリュー・アービトラージを定義すると、複数の投資戦略にかかわるアービトラージということになる。ただひとつの戦略だけを利用しているのであれば、その戦略のマネジャーとして分類され

るのが適切である。レラティブバリューのマネジャーは、伝統的に２つのタイプに分けて考えられてきた。ひとつめのタイプは、転換社債アービトラージとワラントであるとか、ワラントとオプション、あるいは転換社債アービトラージとレギュレーションＤ（ストラクチャード・ディスカウント転換証券）証券などのように、２つ以上の関連性の強い戦略を使うマネジャーである。このようなタイプの戦略は、共通した特徴（例えば、分析でのオプション・プライシング・モデルの使用など）か、構造的な類似性を持っている。２つめのタイプは、買収合併アービトラージと転換社債アービトラージとか、債券アービトラージとペア・トレーディングなど、関連性の低い戦略を組み合わせるマネジャーである。彼らは一般に、それぞれの戦略を別々のユニットで運営する。その結果、ユニットをどう組み合わせるかというアセット・アロケーションが最も重要になってくる。マネジャーはリターンを上げたいばかりに、ほとんど自分が知識を持っていない戦略に多額の資産をつぎ込むことにもなりかねない。

　つまり、レラティブバリューのマネジャーは、使用する戦略によって明確に区別される。使用できる戦略は、転換社債アービトラージや買収合併アービトラージのように証券間の価格の歪みが収斂するところを狙う戦略のものから、債券アービトラージのように価格の収斂を伴わないアービトラージまで幅広い。ここでは、レラティブバリューのマネジャーが一般に使用する戦略を簡単に説明し、ここまでの章で詳解したものを振り返ってみたい。

転換社債アービトラージ

　転換社債アービトラージは、転換証券と対応する株式が持つ相関関係を利用するレラティブバリュー取引である。一般には、転換社債をロングする一方で、これと同銘柄の株式をショート（空売り）する。

転換社債は、発行企業の株式に転換することができる債券のことで、債券と株式の双方の特性を備えたハイブリッド証券のため、その評価もこの両方の投資対象を反映したものになる。一般的な傾向として、転換社債の価格は、同銘柄の株式が下落する局面では、株式の下げに比べて緩やかに下げるが、上昇局面ではこれによく追随する。転換社債アービトラージは、転換社債をロングし、これと同銘柄の株をショートすることで、株価の動きが債券価格に与える影響を中立化して、この複雑な価格関係からリターンを得ようとするものである。

転換社債の市場価格の構成要素としては、少なくとも6つが考えられる。転換社債は、株式の価格変動だけでなく、さまざまな市場の影響を受ける。実際、転換社債の価格は、これと同銘柄の株式と正確に連動するわけではない。例えば、転換社債価格は、その債券としての性質によって、金利の動きと逆（金利が上昇すれば価格は下落する）に動く傾向があるが、株式のほうはマクロ経済や金利の動きどおりの影響を受ける。

転換社債とこれと同銘柄の株式の値動きを、関数として表す単一の計算式など存在しない。むしろ、いくつかの要因が将来の価格に影響を及ぼしている。転換社債アービトラージのマネジャーは、転換社債と株式の価格の歪みを見つけだし、この価格の関係に変化を与える要因をモニターし、リターンを得るのである。

転換社債アービトラージ戦略についての詳細は、第4章を参照してほしい。

買収合併アービトラージ

買収合併アービトラージは、買収合併にかかわっている2つの企業の株価に見られる関連性を利用するレラティブバリュー取引である。一般に、買収合併アービトラージは、買収される側の企業または吸収

合併が計画されている側の企業の株式を買う一方、買収を仕掛けている側の企業の株式を空売りする戦略である。通常、被買収企業の株式は、買収予定価格より割安な水準で取引されている。この理由としては次の2つが挙げれる。

1. 一般に、企業買収は買収発表前の被買収企業の株価よりも高い水準で行われることが多い。
2. 買収合併にはイベント・リスク、つまり発表どおりの買収合併が実現しないリスクが伴う。

買収合併が実現しなかった場合、被買収企業の株価は下落、時として急落することもある。買収合併アービトラージのマネジャーは、合併計画の実現可能性を正確に予測し、被買収企業の現在の株価と買収企業が提示する買収予定金額の差額を将来的に得られるであろう利益として固定化する。

買収企業と被買収企業の株価の差は「買収合併アービトラージ・スプレッド」と呼ばれる。このスプレッドの大きさは、2つの大きな要因によって決まる。1番目の要因は、買収企業が被買収企業の株に対して、どの程度プレミアムを支払うかということである。買収企業が支払うプレミアムの大きさは、多くの要因によって影響を受けるが、このプレミアムがなくなることはない（たいていの企業は現在の株価を下回る水準での買収など受け入れるはずがないからである）。

2番目の要因として、合併が完了するかどうかという不確実性が挙げられる。買収合併成立までは両企業の株価とも、買収合併の行方を巡る市場の不確実性を反映して推移することになる。この不確実性を生む背景としては、財務上の問題に始まり、規制による障害、ディールの複雑さ、経営上の意見の不一致、市場のセンチメントに加え、いずれかの企業に関するネガティブな材料の浮上など、このほかにもい

ろいろな要因が考えられる。こうした要因が台頭した場合、被買収企業の株が買収合併予定価格よりも割安な水準で取引されることになる。

通常、買収合併アービトラージのマネジャーは、①アービトラージ・スプレッドから年率換算した投資収益を検証し、②買収合併の可能性を推定し、③そして（買収合併が成立した場合に）スプレッドから得られるリターンが、買収合併不成立時に生じる損失リスクに見合う水準かどうか――を判断する。一般的に、大企業による友好的買収の場合、スプレッドは小幅でリターンは限定的なものとなる。一方、買収合併に至るプロセスが複雑で、小規模な資本しか持たない企業が当事者のケースでは、スプレッドもリターンも大きくなる。

買収合併アービトラージのマネジャーは、今後どの企業が買収合併を行うか予想することはしない。買収合併を予想するということは、うわさに基づく投資を行うことになってしまうからである。むしろ彼らは、すでに発表された買収合併の計画についての調査を行い、ひとつひとつの不確定要因についての懸念を払拭するための確認作業を実施する。そして、実際にポジションを持つ前に、両社の公開文書、それまでに公表されている財務諸表、米国証券取引委員会（SEC）の企業電子ファイルサービス（EDGAR）、各種アナリスト・レポート、有力メディアの報道、企業説明会、経営陣や業界関係者への取材などに基づいて詳細な検討を行う。その結果、期待される投資収益率が買収合併不成立の場合のリスクを大幅に上回ると判断した場合に、初めてポジションをとることになるのである。そして、その後さらに買収合併契約成立を後押しするような材料が出たり、市場のセンチメントが合併成立の確率が高いとの判断に傾き、不透明感が後退するようなら、さらにポジションを積み増すことになる。逆に、不安材料が現れたり、期待されるリターンが、ポジションを維持するリスクに見合わない水準まで下がった場合、そのポジションを手仕舞うことになる。しかし、すべてが計画どおりに進んでいるかぎり、ポジションは買収

合併の成立時まで手仕舞われることはない。

買収合併アービトラージ戦略についての詳細は、第7章を参照してほしい。

株式スタティスティカル・アービトラージ

株式スタティスティカル・アービトラージは、さまざまな角度から類似する株式グループを対象として、アノマリーや統計的な関係を利用して利益を上げる。このような関係のなかで、よく見られるのは、類似株式の価格がグループの平均値に回帰する傾向があることである。平均値を上回る株はショートされ、これを下回る株はロングされる（いずれも、最終的にはその平均値に回帰するという期待がある）。市場全体の動きよりもパフォーマンスで上回るとみられる株をロングし、逆にこれを下回るとみられるものをショートするという意味で、株式マーケットニュートラル・アービトラージと似ていることは明らかである。要するに、スタティスティカル・アービトラージとは、慎重にグループ分けされた株式のなかで、スプレッド取引を行うポートフォリオを構築することである。

株式スタティスティカル・アービトラージ戦略についての詳細は、第9章を参照してほしい。

ペア・トレーディング

典型的なペア・トレーディングは、定性的な要素の強い株式マーケットニュートラルである。この戦略では、あるセクターや産業の株をロングする一方、同セクターや産業の別の株を同じ額だけショートする。理論的には、最も優れたパフォーマンスが見込める株式をロングし、逆に最も劣る株式をショートすることで、そのセクターや産業の

システマティックな動きにポートフォリオが影響を受けないようにしている。株価の方向性からではなく、株式間の価格変化の相違から利益を上げる。このため、この戦略では、必ずしもロングが上昇し、ショートが下落しなくても構わない。ロング・ポジションの株式がショート・ポジションの株式よりも上昇するか、ショートの株式がロングの株式よりも下げさえすれば、利益を上げることができる。

債券アービトラージ

　債券アービトラージは、ある債券に投資すると同時に別の債券にも投資をし、マーケット・リスクをヘッジしようとする。これは、金利をはじめとする各種のシステマティック・リスクに対するエクスポージャを最小限に抑える一方で、（通常は小幅の）アノマリーを巧みにとらえて収益機会を得ようとするものである。過去データの分析上、相関関係を有する同種の債券について、マーケット・イベントや投資家の選好、急激な外生的需給の変動、債券市場の構造的特性などによって相関関係が一時的に歪められたときに、マネジャーは互いに相殺し合うようなロング・ポジションとショート・ポジションを建てる。このポジションに含まれるのは、国債、社債、政府機関債、ソブリン債、地方債、エマージング債などである。また、スワップや先物取引を含むこともある。

　この戦略では、割安になっている債券を買う一方、割高な債券を空売りし、債券市場全体としての金利変動の影響を受けないようにする。選択した債券が金利の動きに対して同じだけ動くとすると、金利上昇はロング・ポジションにとってマイナス要因となるが、逆にショート・ポジションに対してはプラス材料となって、互いの変動を相殺することができる。債券アービトラージでは、相場の方向性にベットするような投資は行わない。債券間の相関関係に歪みが生じた後、それが

通常の関係に戻る過程が収益獲得の機会となる。ここでは市場の方向性を予測しようとするのではなく、市場金利変動の影響を相殺したうえで、債券間で一時的に生じた価格形成上の歪みがもとに戻る力を利用して利益を出すことになる。債券価格はイールド・カーブ、ボラティリティ曲線、期待キャッシュフロー、格付け、特殊債やオプションの特性によって決定されるため、ファンドマネジャーは価格不均衡を見極めるため、洗練された分析モデルを駆使する必要がある。債券価格決定の複雑さは、債券アービトラージを行う者にとって、避けることのできない部分である。債券アービトラージのマネジャーが利益を上げることができるのは、市場でのさまざまな出来事に加え、異なるインセンティブや制約を持った投資家や異なる分析方法を使う投資家、未熟な投資家たちが、債券価格を過大にあるいは過小に評価するときに収益機会を得るからである。

債券アービトラージの詳細ついては、第5章を参照してほしい。

オプション・ワラント取引

オプション・ワラント戦略は、株価と株式オプションとの間のレラティブバリュー取引である。ここでは株価の方向性に左右されないように、取引が行われることが多い。むしろ、上昇であれ下落であれ、株価のボラティリティ（または大きさ）こそが重要となる。

以下に示すのは、オプションを使って株価のボラティリティからリターンを得る典型的なオプション取引の例である。

- ●株価が50ドルの水準にあった場合
- ●権利行使価格50ドル、6カ月満期のコール・オプション2枚を各5ドルのプレミアムで購入（2枚×プレミアム5ドル×100株＝1000ドル）

●50ドルの株式100株を空売り（1000ドル×50＝5000ドル）

　この取引によって、価格の上下に関係なく、ボラティリティが高まった場合、下値を限定し上昇にも対応できるポジションが出来上がる。この場合、最悪のシナリオはオプション取引での1000ドルが損失となる場合である。しかし、株価が上であれ下であれ、レンジから外れた動きを見せた場合、利益を上げることができる。この取引は「バイイング・ボラティリティ」と呼ばれる。状況に応じて、マネジャーはインデックスや特定株のボラティリティの売買を行う。また、その株のボラティリティに対して、インデックスのボラティリティを組み合わせる場合もある。どのような場合でも、割安なオプションを作り、下値リスクを制限しようとしているのである。

　オプションを利用した戦略として次に紹介するのは、スプリット・ストライク・コンバージョン戦略である。この戦略は、発行量の大きい大型株のポートフォリオを買い、エクスチェンジ・インデックス（OEX）オプションでこれをヘッジする。ポートフォリオの株式を見合うだけのアウト・オブ・ザ・マネーのOEXコール・オプション売りとアット・ザ・マネーまたはアウト・オブ・ザ・マネーのOEXプット・オプション買いによってヘッジを行う（コール・オプションは、権利行使価格が原市場のインデックス価格を上回っている場合に、また、プット・オプションは、権利行使価格が原市場のインデックス価格を下回っている場合に、アウト・オブ・ザ・マネーになる）。原市場の株に対するOEXコールの売りによって、そのままでも利益率が高まるだけでなく、株価が権利行使価格に向けて上昇した場合、さらにリターンが望める。プット・オプションは、株価が下落した場合に、対応する株式ポートフォリオをプロテクトし、プット・オプションを買うための資金は、コールの売りや株式の配当によって賄われる。

キャピタル・ストラクチャー・アービトラージ

　キャピタル・ストラクチャー・アービトラージは、企業の資本構成内容によってロングまたはショートする戦略である。例としては、議決権株式と無議決権株式、持ち株会社の株式と子会社の株式、あるいは、スタッブ・トレードとして知られるクロスオーナーシップが挙げられる。

　スタッブ・トレードの例としては、以下のようなものがある。多業種企業（各企業は別々に株式を発行している）の株式を所有している保険会社を想定する。マネジャーは、その保険会社の株式を買い、それと同時に多業種企業に対する保険会社の持分にヘッジをかける。これによって、マネジャーは純粋にこの保険会社を所有していることになる。この保険会社株は、資産価値の半額で取引されているが、多業種企業に対する所有権部分をヘッジすることで、ヘッジ後の保険会社の資産価値は2倍となり、この株式からは2.60ドルの配当が得られることになる。保険会社の株価と、ショートした他業種企業の株価スプレッドが5.00ドルであったとすると、マネジャーは、5.00ドルのコストで、2.60ドルの配当が得られる取引を作り出したことになる。このような状態は長続きしないことから、マネジャーはスプレッドが拡大するとポジションを解消する。

レギュレーションD（ストラクチャード・ディスカウント転換証券）アービトラージ

　レギュレーションD戦略は「ストラクチャード・ディスカウント転換証券」などの用語で表される証券に投資する戦略である。レギュレーションDのもとで発行される証券は、タイムリーな資金調達を必要としている企業によって投資マネジャーに私募で発行される。

例としては、転換劣後社債（償還期間3年）で3年間ワラント付き、利子5％で、発行企業の株式への転換に際しての協議条件のあるものが挙げられる。それぞれのディール条件は、発行企業の交渉力に左右される。よりハイリスクの小規模企業であれば、マネジャーはより大幅な値引き交渉ができる。大企業が大幅な値引き協議を行うことはあまりない。ただ、転換価格は過去の期間（例——過去21日間に見られた2つの最安値の平均）にさかのぼって決定される。マネジャーたちは、下値リスクを限定するため転換価格の再設定について交渉する場合が多い。

　転換社債発行後、株式発行がSECによって登録されるまでの間は登録待機期間となる。マネジャーがこの転換劣後社債を転換する場合、非公開株にのみ転換が可能であり、登録待機期間中に譲渡することはできない。そのため、この投資対象は登録されるまで流動性が低い。この結果、価格評価はマネジャーの裁量に任され、主観的なものとならざるを得ない。多くの場合、登録までは株式でヘッジを行い、その後、60〜180日間かけて徐々にポジションを閉じていく。

リスクとリスク管理

　レラティブバリュー・アービトラージには3つのリスクが存在する。①戦略に特有のリスク、②採用する戦略の選択にかかわるリスク、③戦略のウエート付けにかかわるリスク——の3つである。戦略に特有のリスクについては、転換社債アービトラージ、債券アービトラージ、MBSアービトラージ、買収合併アービトラージ、スタティスティカル・アービトラージの章ですでに述べており、この章に出てくるその他のあまり馴染みのない戦略に関する特有のリスクを解説することは、本書の範疇を超えてしまう。ただ、注意してほしいことは、予期せぬ市場のイベントによって、ロングとショートのスプレッドが広がって

戦略ミックス

　レラティブバリューの特徴を定義するとすれば、マネジャーが戦略を組み合わせることができる点である。ポートフォリオに含まれる戦略の数は、マネジャーのリソースや専門知識に関係してくる。経験もなく、十分にその戦略について理解もしていなければ、新たな戦略をポートフォリオに加えても、リターンを高められる可能性は少ない。マネジャーは、複数の戦略を選択するかひとつの戦略に特化するかについて比較考慮しなければならない。戦略のなかには、明らかに重複する部分があったり、シナジー効果のあるものもある。例えば、レギュレーションDと転換社債アービトラージ、転換社債アービトラージとオプション、あるいは、スタティスティカル・アービトラージとペア・トレーディングなどである。

戦略のウエート付け

　レラティブバリュー・マネジャーは、戦略で利用するスキルに加え、最大のリターンを得られる戦略やリスク特性について熟知する必要がある。戦略のウエート付けに関して、慎重な判断を下すためには、金融界のさまざまな要因がどのように作用し合い、影響し合っているのかというマクロ的な視点が必要になる。

収益の源泉

　レラティブバリュー・アービトラージは、市場の方向性にベットするものではないため、マーケットニュートラル戦略のひとつに数えら

れる。言い換えれば、レラティブバリューのマネジャーが使用する戦略は、市場の方向性ではなく、2つ以上の証券間の相関関係に基づいている。これらの戦略では、過去の価格変動に照らしてその相関関係に一時的な歪みが生じている証券を取引する。一部のマネジャーは、最悪の場合もコストを抑制、明確化させて利益を狙うため「シンセティック・オプション」を組成する。通常の市場環境では、レラティブバリュー戦略は市場全体の動きを表すインデックスとの相関はほとんどなく、収益の源泉は別のところにあることが分かる。だが、多くの投資戦略と同様、こうした代替的な収益の源泉も、市場全体が急激にそして予想外の下落となる局面では、利益を上げることが困難になる。このため、証券の相関関係は、市場の方向性にベットする場合と比べて必ずしも安定的な収益の源泉となるわけではないが、それでも、市場の方向性にベットする場合と違い、その方向性とは無関係であることは確かである。複数の戦略を利用するマネジャーのように、レラティブバリューのマネジャーは、最高の収益機会に資産を配分する能力によってリターンを上げている。しかし、マネジャーは、あまりにも手を広げすぎるリスクや自分たちの専門外の市場に投資するリスクと常に共存しているのである。

最近の成長と発展

ヘッジファンドが資産運用する戦略としてのレラティブバリューは、1990年の10％から1999年の2％へとその割合が減少している。ただ、これはこの戦略の資産が減少したことを意味するわけでなく、パフォーマンスが低下したわけでもない。むしろ、ほかの戦略が急成長し、マネジャーの間でも専門化が進んだことを表している。これによって、一部でマネジャーが特定の戦略に区分される傾向が高まった。

1998年後半には、レラティブバリュー・アービトラージのリスクが

顕在化した。HFRIレラティブバリュー・インデックスでみると、年間の平均リターンは2.81%であり、8月の-5.80%を含む同年後半はマイナスの実績であった。しかし、これらの統計データは、この時期の実際の損失を十分に表していない可能性がある。これには、LTCM（ロング・ターム・キャピタル・マネジメント）の破綻による損失が計上されておらず、市場での観測よりもLTCMはより多くレラティブバリューを組み込んでいたのである。戦略で言えば、債券アービトラージ・マネジャーと、流動性の低い証券をロングし、流動性が高い証券をショートする取引を行った戦略のマネジャーが、最も大きな損失を被った。

　また、一部のマネジャー（LTCMはその筆頭ではあるが）がリターンの拡大を目指して、レバレッジを効かせ資産を複数の戦略につぎ込むなど、手を広げすぎたことも問題を大きくした。LTCMが買収合併アービトラージにまで手を広げたのがいい例である。LTCMは、シエナーテラブスの買収合併に高水準のレバレッジを効かせて400万株のポジションを保有していたと言われている。有望視されていたこのディールは9月初めに頓挫した（第7章を参照）。LTCMは、流動性の低いポジションを救うため、最悪のタイミングでそのポジションを閉じることを迫られたことになった。この時期、あらゆる戦略にとって重要であった要素は流動性であり、ひとつの戦略でさざ波が立てばそれがほかの関連のない戦略にも波及するような状況であった。以前には相関関係が見られなかった戦略の間でも相関が見られるようになっていたのである。

　レバレッジを抑制したり、意図しない価格でポジションの解消を強いられずにすんだマネジャーは、時価評価ベースでの損失を計上したものの、その後数カ月でその損失の多くを取り戻すことができた。一部のマネジャーは、下落した価格でポジションを持つことができた。自分の得意分野だけに集中していたマネジャーは、手を広げ過ぎたマ

ネジャーよりも、おおむね良い成績を残すことができた。いずれにせよ、この時期の出来事によって、レラティブバリュー・アービトラージのマネジャーにとっていかにアセット・アロケーションが重要であり、また、リスクが伴うものであるのか、ということが明らかになった。

　1999年は、レラティブバリュー・アービトラージが力強さを見せた年で、基本となる戦略がいずれも過去の平均を上回る実績を示した。米国市場での流動性は十分に高く、欧州とアジアでの景気回復もあって、レラティブバリュー取引には追い風が吹いたのである。表10.1と図10.1は、レラティブバリュー・アービトラージ戦略の過去の実績を示したものである。

表10.1　レラティブバリュー・アービトラージのリターン（1990～1999年）

ファンド数	平均規模（単位:100万USドル）	年	1月	2月	3月	4月	5月
5	84	1990	0.84	1.67	1.90	1.50	1.57
7	39	1991	2.59	3.10	2.66	1.80	0.70
10	37	1992	5.72	2.60	-0.79	2.12	1.95
13	39	1993	2.33	0.90	3.68	2.40	2.46
19	35	1994	2.48	0.44	0.33	-0.42	-0.14
29	34	1995	1.28	1.09	0.63	1.57	0.76
32	61	1996	1.46	1.43	1.15	2.04	1.74
30	87	1997	1.38	1.09	-0.66	1.30	1.83
41	166	1998	1.98	1.39	1.57	1.93	0.30
38	132	1999	2.61	0.11	0.57	2.80	1.17

注＝年間の数字は、複利で年率換算

第10章●レラティブバリュー・アービトラージ

図10.1 レラティブバリュー・アービトラージの増加──1000ドルを起点（1990/1～1999/12）

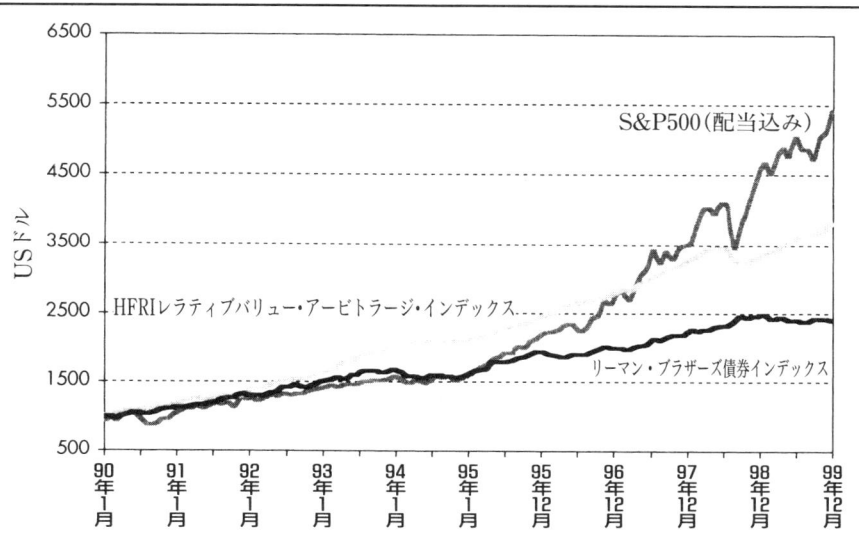

6月	7月	8月	9月	10月	11月	12月	年間
0.96	1.35	−0.46	1.04	0.56	1.32	0.40	13.38
−0.45	1.44	0.51	2.03	−0.51	0.66	−1.19	14.07
2.46	2.05	0.61	0.33	0.51	1.74	1.11	22.26
1.63	1.76	2.11	1.34	1.81	1.09	2.74	27.10
0.22	1.08	0.14	−0.28	0.13	0.04	−0.06	4.00
1.72	1.18	1.34	1.40	0.36	1.68	1.64	15.66
0.99	−0.58	1.53	0.80	0.17	1.02	1.89	14.49
1.93	1.57	1.43	1.86	0.96	1.31	0.90	16.10
0.16	−0.51	−5.80	0.19	−0.48	1.66	0.63	2.81
1.37	0.83	0.80	0.49	0.59	1.28	2.00	15.60

あとがき

　友人のひとりがある犬の話を話してくれた。その大型のジャーマン・シェパードは、通りをはさんで公園の向こう側を寝床としていた。彼が公園に向かうためには、車が激しく行き交う通りを横切らなければならない。

　その犬は名案を思いついた。通りの一角で人目につきやすいように陣取り、行き交う車に向かって激しく吠えるのである。そうすれば車は停まり、彼は思いのままに、わがもの顔で通りを横断することができた。帰りも同じことを繰り返し、彼は通りを横切るのだった。

　しかし、ある日、彼が公園から帰ろうとしたとき、どんなに激しく吠えても車が止まらなくなった。彼は思いどおりに事が運ばないのに焦り、途方にくれた。実は、今まで車が止まっていたのは、彼が吠えていたためではなく、単にそこにあった信号に従っていたためであった。その信号が渋滞を緩和するために撤去されたので、犬はなすすべなく途方にくれることになってしまったのである。

　ヘッジファンド戦略を分析し、投資判断を下すためには、因果関係を正確に理解する必要がある。そのようなとき、私はいつもこの例え話を思い出すようにしている。この犬のように、因果関係を取り違えないようにするためである。そのためには、一見すると因果関係があるように見えることであっても、本当に関連があるのかどうかを、念には念を入れて見極めることが必要となる。

　投資家がマーケットニュートラル戦略やその運用マネジャーを評価するときに最も陥りやすい誤りは、その戦略やマネジャーが投資家のニーズに適しているかどうかを判断する指標として（それが良い結果であれ悪い結果であれ）、過去のトラック・レコードやパフォーマンスにとらわれすぎてしまうことである。あるマネジャーや投資アプロ

ーチが一定のリターンを生み出したとか、そのリターンがほかのアセット・クラスのリターンと統計的にある程度の相関関係を持っている、というだけでは、将来のパフォーマンスを推測する根拠としては不十分である。リターンを生む要因を明確化することができないのであれば、そのような評価プロセスによるマネジャー選定は、行為とそこで観察される結果との間に因果関係がないという点で、犬が車に向かって吠えているのと何ら変わりがない。

　ここで紹介したマーケットニュートラル投資戦略を使いこなすには、うわべだけ学んでも仕方がない。根底にある本質を理解することが必要なのである。本書がその目的を達成するための方法やツールを提供することになればと願っている。

用語集

CMO（Collateralized mortgage obligations） 住宅ローン債権プールからのキャッシュフローを償還順、期限償還リスク、金利などの異なるいくつかのクラスに分けた証券。モーゲージ担保証券とも呼ばれる。

PAC債（Planned amortization class bonds） 平均残存期間の異なるさまざまなクラスに分けられたCMOであり、期限前償還額が一定の範囲内に収まっているかぎり、スケジュールどおり償還されるようにサポート債と呼ばれる別の債券を活用する仕組みの債券。

TEDスプレッド（TED spreads） もともと、米国債（Treasury）とユーロダラー（Euro Dollar）の間の取引を指すものだったが、現在では、各国の国債と同一通貨の変動金利との取引を指す。

アウト・オブ・ザ・マネー（OTM、out-of-the-money） オプションの買い手が権利行使した場合に得られる利益（本源的価値）がマイナスである状況。OTMで権利行使をすると損失を被ることになる。

アット・ザ・マネー（ATM、at-the-money） オプションの買い手が権利行使した場合に得られる利益（本源的価値）がゼロである状況。

アセット・スワップ（Asset swap） 2つの資産間でキャッシュフローの交換を行うこと。

イールド・カーブ・アービトラージ（Yield curve arbitrage）
国債のイールド・カーブ上の異なる点で、ロングとショートを建て、両者の相関関係の歪みからリターンを得ようとする戦略。

インプライド・ボラティリティ（Implied volatility） ブラックショールズ・モデルなどのモデル式を使用して逆算されたボラティリティであり、今後の価格変動に対する市場参加者のコンセンサスを表している。

インベストメント・バリュー（Investment value） 転換社債の債券部分の価値であり、投資家にとっての推定下限価値のひとつである。

インベストメント・プレミアム（Investment premium） 転換社債の市場価格とインベストメント・バリューとの差のことで、インベストメント・バリューに対する割合で表される。インベストメント・プレミアムを表す式は以下のとおり。

$$インベストメント・プレミアム＝\frac{転換社債の市場価格－インベストメント・バリュー}{インベストメント・バリュー}$$

エクスポージャ（Exposure） あるポジションが市場でさらされているリスクの大きさあるいは量。

オプション調整後スプレッド（OAS、Option-adjusted spread） MBSの将来のキャッシュフローを現在価値に割り引いて得られたカーブと国債のイールド・カーブとの平均スプレッド。金利ボラティリティとMBSの期前償還リスクを加味したうえで求めた、国債に対する超過リターンとも言える。

株式交換による買収合併（Stock swap merger） 被買収企業の株主がキャッシュではなく買収企業の株式を受け取る合併。

カラー（Collar） 株式交換による買収合併において、買収企業の株価が一定のレンジを割り込んだ場合、被買収企業は追加の株式を受け取るか、極端な場合には買収を拒否することができる。このレンジがカラーである。

期限前返済（償還）（Prepayments） 満期以前に借り手が元本の全部または一部を返済すること（債券の場合は、発行者が債券を償還させること）。

グロース株（Growth stocks） 今後高い利益成長が見込まれる企業の株式。

クワドラティック・オプティマイザー（Quadratic optimizers） 2次元の最適化ツール。APTやBARRAなどの最適化において用いられる。

コール・オプション（Call option） 決められた権利行使価格で原資産を購入する権利。

コンバージョン・バリュー（Conversion value） 転換社債の株式としての価値を表している。ある時点での市場価格で株式に転換した場合の転換社債の価値。コンバージョン・バリューを表す式は以下のとおり。
コンバージョン・バリュー＝転換比率×株式の時価

コンバージョン・プレミアム（Conversion premium） 投資家が転換社債を株式に転換した場合に受け取ることのできる金額を超えた支払い額。転換社債を株式に転換できるオプション価値を表している。コンバージョン・プレミアムを表す式は以下のとおり。

$$コンバージョン・プレミアム＝\frac{転換社債の市場価格－コンバージョン・バリュー}{コンバージョン・バリュー}$$

コンベクシティ（Convexity） 最終利回りの変化に対するデュレーションの変化を示す尺度。

サポート債（Support bonds） 期限前償還率が変化した場合でもPAC債のキャッシュフローが影響を受けないようにするための緩衝材として機能する債券。期限前償還率の変化によって償還期間が大きく変わることがある。コンパニオン債とも呼ばれる。

シーケンシャル型CMO（Sequential-pay CMOs） 平均残存期間の異なるさまざまなクラスに分けられ、元本償還が逐次発生するCMO。

システマティック・リスク要因（Systemic risk factors） 金利や石油価格など、その変動によって株式市場全体に影響を与える共通の要因。

ショート・インタレスト・リベート（Short interest rebate） 株の空売りによって得たキャッシュからの利息収入。

ショート・セリング（Short selling） 証券を借り受けて市場で売却すること。その後、同じ証券を安値で買い戻し、証券価格の下落

によって利益を上げることを意図したもの。

シンセティック・オプション（Synthetic option）　複数のオプションや先物を組み合わせることにより構築されたポジション。

スタティック・リターン（Static return）　クーポンによる利息収入や、空売りによるショート・インタレスト・リベートなど、市場の証券価格変動によって左右されないリターン。

スタブ・トレード（Stub trades）　クロス・オーナーシップともいい、ある企業がほかの企業の株式を所有していることから生じる株価のミスプライシングを見つけだし、裁定を通じて利益を上げる取引。

スプレッド（Spread）　類似する、あるいは関連性のある2証券の利回りの差。スプレッドは、ベーシス・ポイントを単位とする。

セクター（Sector）　生産物または市場が類似している企業群。ヘルスケア、バイオ・テクノロジー、金融、インターネットなど。

ゼロ・デュレーション（Zero duration）　債券アービトラージにおいて、市場金利水準が変化しても影響を受けない状態。

戦略的買収（Strategic acquisition）　生産力の拡大など、ビジネス上の狙いのある非競争的な買収。

相関関係（Correlation）　相関回帰分析の用語で、従属変数と独立変数の関係の強度を表す。同様の市場環境下で得られるリターンの

正負が同じであれば、投資対象資産間や複数の戦略の間に正の相関があることになる。

担保金（Collateral） 証券を借り受ける際に預託する現金または流動性の高い証券。

定性分析（Qualitative analysis） 数値化できない将来の企業成長に不可欠な要因についての分析。

ディレクショナル・エクスポージャ（Directional exposure） ヘッジを行っていないポジションが市場に対して負っているリスク量。

デュレーション（Duration） 金利変動に対する債券価格の感応度。以下の簡便式で表される。

$$デュレーション = \frac{債券の価格変動 \div 債券価格}{金利の変動幅}$$

デリバティブズ（Derivatives） ほかの金融資産価格と直接連動して価格が決定する金融商品。例としては、オプション（株式オプションの価格は、原資産となる株式の価格によって決定される）、先物取引（先物価格は、原資産の価額によって決定される）などがある。

デルタ（Delta） 転換社債アービトラージにおいては、同銘柄の株式に対する転換社債の価格感応度。現在の価格での転換社債の価格曲線に対する接線の傾きとして算出される。

転換価格（Conversion price） 転換社債から株式に転換することのできる価格のこと。

転換社債（Convertible bonds） 一定数の発行企業の株式に転換が可能な社債。

転換比率（Conversion ratio） 転換社債の保有者が転換社債を株式に転換した場合に、転換社債1単位当たり受け取ることのできる普通株の株数。転換比率を表す式は以下のとおり。

$$転換比率 = \frac{額面価格}{転換価格}$$

途中償還（Call feature） 債券の発行者が償還日前に債券を買い戻すこと。

ドル・ニュートラリティ（Dollar neutrality） ロングのポジションを大量に持つ一方、同額かほぼ同水準のショート・ポジションでこれを相殺し、金額ベースでゼロに近づけた状態。

トレーディング・ポジション（Trading positions） 短期的な価格の歪みや非効率性を狙うオポチュニスティックなポジション。

二項モデル（Binomial model） 原資産価格などの変動について上昇か下落かどちらかが起こると仮定してオプション価格を導き出すモデル。

ネット・エクスポージャ（Net exposure） ロング・ポジションとショート・ポジションが同額でないため、市場の値動きから影響を受ける部分。以下の簡便式で表される。

$$ネット・エクスポージャ = \frac{ロング・エクスポージャ - ショート・エクスポージャ}{投資元本}$$

バスティッド・コンバーティブル（Busted convertibles）
額面以下、またはインベストメント・バリューと同水準で取引されている転換社債。

パススルー（pass-throughs） 住宅ローン債権等のプールから生み出されるキャッシュフローをそのまま投資家が受け取ること。

バリュー投資（Value investing） 株価の水準が割安のまま放置されている銘柄に投資を行い、その水準が是正されるまでその銘柄を保有する投資手法。

ヒストリカル・ボラティリティ（Historical volatility） 過去の原資産価格のデータをもとに、各期間の収益率から算出されるボラティリティ。

ファンダメンタル・バリュー（Fundamental value） 有形・無形の企業資産を反映した、証券の本源的または実質的価値。

ファンダメンタルズ分析（Fundamental analysis） 企業の財務内容の健全性についての分析。

プット・オプション（Put option） 決められた権利行使価格で原資産を売却する権利。

ブラックショールズ・モデル（Black-Scholes option pricing model） フィッシャー・ブラックとマイロン・ショールズによって発表されたオプション価格決定に関するモデル。実際に入手可能な変数を用いてオプション・プレミアムの計算を可能にした。

ブリッシュ・ヘッジ（Bullish hedge） ロング・バイアス・ヘッジともいい、転換社債と同銘柄の株式に対する強気の見方を背景に、その株式の価格変動に対して中立となるより少ないポジションで空売りを行うヘッジである。

プリペイメント・デュレーション（Prepayment duration） ほかの変数から独立した期前償還率の変化に対するMBSの価格感応度。

ベアリッシュ・ヘッジ（Bearish hedge） ショート・バイアス・ヘッジともいい、転換社債と同銘柄の株式に対する弱気の見方を背景に、その株式の価格変動に対して中立となるより多いポジションで空売りを行うヘッジである。

ベーシス取引（Basis trades） 国債を買う一方で、これに対応する先物を売る取引のこと。

ヘッジ（Hedging） ディレクショナル・エクスポージャを低減する目的で、対となるポジションに対してとられる投資手法。

ポジション（Position） ポートフォリオで保有する個々の持分（例――シティ・グループ株1000株）。

銘柄選択リスク（Stock selection risk） 株式市場全体やセクターの方向性のほかに、投資先企業特有の要因で投資収益が左右される。このリスクを銘柄選択リスクという。

モーゲージバック・セキュリティーズ（MBS、Mortgage-

backed security）　貯蓄貸付組合（S&L）や商業銀行、モーゲージ会社などの金融機関が設定した、住宅購入者向けローン債権の持分を示す証券。

流動性（Liquidity）　投資家の求めに応じて資産を売却換金することについての対応力。ある資産に対して買い手がほとんど存在しない場合は、流動性がないことになる。

レギュレーションD（Regulation D）　証券の私募発行に関する米国証券取引委員会（SEC）の規則。適格投資家の条件なども定めている。

レバレッジ（Leverage）　資金の借入れやデリバティブズを利用し、投資元本を上回る規模のエクスポージャを作り出すこと。例えば、投資額1ドルに対してエクスポージャを1.50ドルにすることができる。

レバレッジド・バイアウト（LBO、Leveraged buyout）　買収企業が借り入れによって資金調達をし、被買収企業を買収すること。敵対的買収の場合が多い。

レポ取引（Repurchase agreement or Repo）　買い戻し条件付きで債券を売却し資金を調達する取引。

訳者あとがき

　本書は、1990年代の米国におけるマーケットニュートラル戦略投資の状況を投資戦略ごとに解説している。著者は米国を代表するヘッジファンドの情報ベンダー会社の社長でもあり、それぞれの投資戦略について客観性と公平性をもって冷静に記述している。内容は運用手法そのもののテクニカル的な側面に触れた部分よりも、それぞれの投資戦略ごとにファンドの運用担当者が市場での実際の出来事に直面するなかで何をどう判断して行動したのかという事例を紹介した部分が多くなっている。その意味で、これからヘッジファンド投資あるいはマーケットニュートラル戦略を採用するファンドへの投資を検討している企業年金などの事務局の運用担当者が、マーケットニュートラル戦略の世界を概観するには適切な著書であると思う。

　本書の構成は、1章から3章がマーケットニュートラル戦略全般についての総論であり、4章から10章がそれぞれの運用戦略について触れた各論となっている。手っ取り早く本書全般を理解するには3章をお読みいただきたい。3章では4章以降で触れることになるそれぞれの運用戦略について簡潔に解説を加えているからである。むしろ4章以降は、必要に応じて辞書的に使っていただいてもよいのかもしれない。

　翻訳に当たり、訳者がこだわった点のひとつに本書の邦題がある。原題の『Market Neutral Investing : Long/Short Hedge Fund Strategies』を素直に訳せば「マーケットニュートラル投資戦略」となるのだろうが、同書の内容は投資戦略手法そのもの解説よりも、マーケットで起こった具体的な実話の紹介を中心により広い視野からマーケットニュートラル戦略をとらえていることから、題名からも本書の記述内容についてのイメージが読者に伝わるように『マーケットニ

ュートラル投資の世界』とした。

　加えて、翻訳作業では、原書の記述内容を単に日本語に置き換えるというよりは、一般の読者が筆者の意図をより理解しやすくなるように解説的に日本語を補うなどしている。また、邦訳した場合にその日本語が必ずしも原文を表さないと疑われるものについては、極力原文をカタカナ表記した。

　翻訳に当たって、専門的な運用ストラクチャーにかかわる貴重なアドバイスをいただいた各方面の運用関係者の方々に深く感謝する。

訳者代表　代田秀雄

■著者紹介

ジョセフ・G・ニコラス（Joseph G. Nicholas）

ヘッジファンドとオルタナティブ投資戦略の権威。ヘッジファンド・リサーチ（HFR）LLCおよびヘッジファンド・リサーチ（HFR）Inc.の創業者で社長。HFR LLCは、米国証券取引委員会（SEC）登録の投資顧問会社でファンド・オブ・ファンズとマルチ・マネジャー・ポートフォリオの構築と管理を専門としている。HFR Inc.は、業界随一の規模とカバレッジを誇るヘッジファンドのデータベースである「HFRデータベース」など、ヘッジファンド関連データ提供の大手である。また同氏はチューリッヒHFRインデックス・ファンドを共同開発した。このファンドは、マーケットニュートラルおよびヘッジファンドの各戦略別インデックスへの投資を世界で初めて可能としたものであり、日次ベースでの時価開示など高い透明性などを特徴としている。著書に『ヘッジファンドのすべて──世界のマネーを動かすノウハウ』（東洋経済新報社）がある。オルタナティブ投資に関する講演多数。CNN等にも出演。デポール大卒（商学士）、ノースウエスタン大学ロースクール修了（法学博士）。

MARKET-NEUTRAL INVESTING by Joseph G. Nicholas
Copyright © 2000 by Joseph G. Nicholas
Japanese translation published by arrangement with Bloomberg L.P.
c/o The Marsh Agency through The English Agency (Japan) Ltd.

■訳者紹介

三菱信託銀行受託財産運用部門

当部門はファンドマネジメント業務、ポートフォリオマネジメント業務、企画・リサーチ業務に分かれており、9つの各部間の連携を密にして、組織的・効率的な運用体制を確立している。ヘッジファンドなどのオルタナティブ投資についても体制を整え、顧客ニーズに多角的に対応する体制を整備している。翻訳は、ヘッジファンド業務立ち上げにかかわった以下のメンバーを中心に実施した。なお翻訳に当たり、専門的アドバイスを猿田昌洋、高橋賢司、中根逸平、島村正治の各氏から得た。

代田秀雄（年金運用部運用企画グループ主任ファンドマネジャー）
横川　直（投資企画部業務戦略グループ主任調査役）
大平　亮（投資企画部業務戦略グループ主事）
矢部雅樹（投資企画部業務戦略グループ主事補）
近藤正宏（投資企画部システム企画グループ主事）プロジェクト管理

2002年3月23日　初版第1刷発行
2008年2月5日　　第2刷発行

ウィザードブックシリーズ㉛

マーケットニュートラル投資の世界
ヘッジファンドの投資戦略

著　者	ジョセフ・G・ニコラス
訳　者	三菱信託銀行受託財産運用部門
発行者	後藤康徳
発行所	パンローリング株式会社
	〒160-0023　東京都新宿区西新宿7-9-18-6F
	TEL　03-5386-7391　FAX　03-5386-7393
	http://www.panrolling.com/
	E-mail　info@panrolling.com
編　集	エフ・ジー・アイ（Factory of Gnomic Three Monkeys Investment）合資会社
装　丁	新田"Linda"和子
印刷・製本	株式会社シナノ

ISBN978-4-939103-55-1
落丁・乱丁本はお取り替えします。
また、本書の全部、または一部を複写・複製・転訳載、および磁気・光記録媒体に
入力することなどは、著作権法上の例外を除き禁じられています。

©MITSUBISHISHINTAKUGINKOJUTAKUZAISANUNYOUBUMON 2002　Printed in Japan

アレキサンダー・エルダー博士の投資レクチャー

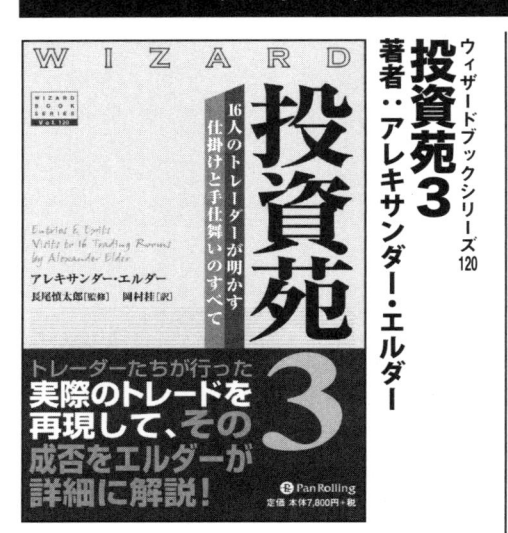

ウィザードブックシリーズ120
投資苑3
著者：アレキサンダー・エルダー

定価 本体7,800円＋税　ISBN:9784775970867

【どこで仕掛け、どこで手仕舞う】
「成功しているトレーダーはどんな考えで仕掛け、なぜそこで手仕舞ったのか！」――16人のトレーダーたちの売買譜。住んでいる国も、取引する銘柄も、その手法もさまざまな16人のトレーダーが実際に行った、勝ちトレードと負けトレードの仕掛けから手仕舞いまでを実際に再現。その成否をエルダーが詳細に解説する。ベストセラー『投資苑』シリーズ、待望の第3弾！

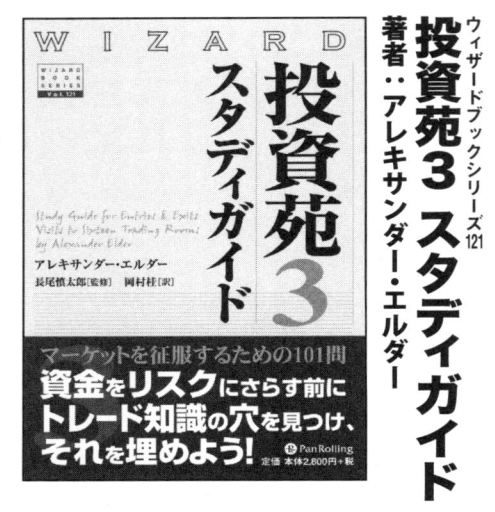

ウィザードブックシリーズ121
投資苑3 スタディガイド
著者：アレキサンダー・エルダー

定価 本体2,800円＋税　ISBN:9784775970874

【マーケットを理解するための101問】
トレードで成功するために必須の条件をマスターするための『投資苑3』副読本。トレードの準備、心理、マーケット、トレード戦略、マネージメントと記録管理,とレーダーの教えといった7つの分野を、25のケーススタディを含む101問の問題でカバーする。資金をリスクにさらす前に本書に取り組み、『投資苑3』と併せて読むことでチャンスを最大限に活かすことができる。

DVD トレード成功への3つのM～心理・手法・資金管理～

講演：アレキサンダー・エルダー　　定価 本体4,800円＋税　ISBN:9784775961322

世界中で500万部超の大ベストセラーとなった『投資苑』の著者であり、実践家であるアレキサンダー・エルダー博士の来日講演の模様をあますところ無く収録。本公演に加え当日参加者の貴重な生の質問に答えた質疑応答の模様も収録。インタビュアー：林康史（はやしやすし）氏

DVD 投資苑～アレキサンダー・エルダー博士の超テクニカル分析～

講演：アレキサンダー・エルダー　　定価 本体50,000円＋税　ISBN:9784775961346

超ロングセラー『投資苑』の著者、エルダー博士のDVD登場！感情に流されないトレーディングの実践と、チャート、コンピューターを使ったテクニカル指標による優良トレードの探し方を解説、様々な分析手法の組み合わせによる強力なトレーディング・システム構築法を伝授する。

トレード基礎理論の決定版!!

ウィザードブックシリーズ9
投資苑
著者:アレキサンダー・エルダー

世界各国ロングセラー
13カ国語へ翻訳――日本語版ついに登場!

定価 本体5,800円＋税　ISBN:9784939103285

【トレーダーの心技体とは？】
それは3つのM「Mind=心理」「Method=手法」「Money=資金管理」であると、著者のエルダー医学博士は説く。そして「ちょうど三脚のように、どのMも欠かすことはできない」と強調する。本書は、その3つのMをバランス良く、やさしく解説したトレード基本書の決定版だ。世界13カ国で翻訳され、各国で超ロングセラーを記録し続けるトレーダーを志望する者は必読の書である。

ウィザードブックシリーズ56
投資苑2
著者:アレキサンダー・エルダー

エルダー博士のトレーディングルームを誌上訪問してください!

定価 本体5,800円＋税　ISBN:9784775970171

【心技体をさらに極めるための応用書】
「優れたトレーダーになるために必要な時間と費用は？」「トレードすべき市場とその儲けは？」「トレードのルールと方法、資金の分割法は？」――『投資苑』の読者にさらに知識を広げてもらおうと、エルダー博士が自身のトレーディングルームを開放。自らの手法を惜しげもなく公開している。世界に絶賛された「3段式売買システム」の威力を堪能してほしい。

ウィザードブックシリーズ50
投資苑がわかる203問
著者:アレキサンダー・エルダー　定価 本体2,800円＋税　ISBN:9784775970119

分かった「つもり」の知識では知恵に昇華しない。テクニカルトレーダーとしての成功に欠かせない3つのM(心理・手法・資金管理)の能力をこの問題集で鍛えよう。何回もトライし、正解率を向上させることで、トレーダーとしての成長を自覚できるはずだ。

投資苑2Q&A
著者:アレキサンダー・エルダー　定価 本体2,800円＋税　ISBN:9784775970188

『投資苑2』は数日で読める。しかし、同書で紹介した手法や技法のツボを習得するには、実際の売買で何回も試す必要があるだろう。そこで、この問題集が役に立つ。あらかじめ洞察を深めておけば、いたずらに資金を浪費することを避けられるからだ。

バリュー株投資の真髄!!

ウィザードブックシリーズ 4
バフェットからの手紙
著者：ローレンス・A・カニンガム

定価 本体 1,600円+税　ISBN:9784939103216

【世界が理想とする投資家のすべて】
「ラリー・カニンガムは、私たちの哲学を体系化するという素晴らしい仕事を成し遂げてくれました。本書は、これまで私について書かれたすべての本のなかで最も優れています。もし私が読むべき一冊の本を選ぶとしたら、迷うことなく本書を選びます」
——ウォーレン・バフェット

ウィザードブックシリーズ 87・88
新 賢明なる投資家
著者：ベンジャミン・グレアム、ジェイソン・ツバイク

定価（各）本体 3,800円+税　ISBN:（上）9784775970492
（下）9748775970508

【割安株の見つけ方とバリュー投資を成功させる方法】
古典的名著に新たな注解が加わり、グレアムの時代を超えた英知が今日の市場に再びよみがえる！　グレアムがその「バリュー投資」哲学を明らかにした『賢明なる投資家』は、1949年に初版が出版されて以来、株式投資のバイブルとなっている。

ウォーレン・バフェットが師と仰ぎ、尊敬したベンジャミン・グレアムが残した「バリュー投資」の最高傑作！　「魅力のない二流企業株」や「割安株」の見つけ方を伝授する。

ウィザードブックシリーズ 10
賢明なる投資家
著者：ベンジャミン・グレアム
定価（各）本体 3,800円+税
ISBN:9784939103292

ウィザードブックシリーズ 116
麗しのバフェット銘柄
著者：メアリー・バフェット、デビッド・クラーク
定価 本体 1,800円+税
ISBN:9784775970829

なぜバフェットは世界屈指の大富豪になるまで株で成功したのか？　本書は氏のバリュー投資術「選別的逆張り法」を徹底解剖したバフェット学の「解体新書」である。

ウィザードブックシリーズ 44
証券分析【1934年版】
著者：ベンジャミン・グレアム、デビッド・L・ドッド
定価 本体 9,800円+税
ISBN:9784775970058

グレアムの名声をウォール街で不動かつ不滅なものとした一大傑作。ここで展開されている割安な株式や債券のすぐれた発掘法は、今も多くの投資家たちが実践して結果を残している。

ウィザードブックシリーズ 125
アラビアのバフェット
著者：リズ・カーン
定価 本体 1,890円+税
ISBN:9784775970928

バフェットがリスペクトする米以外で最も成功した投資家、アルワリード本の決定版！　この1冊でアルワリードのすべてがわかる！　3万ドルを230億ドルにした「伸びる企業への投資」の極意

マーケットの魔術師 ウィリアム・オニールの本と関連書

ウィザードブックシリーズ 12
オニールの成長株発掘法
著者：ウィリアム・オニール

定価 本体2,800円＋税　ISBN:9784939103339

【究極のグロース株選別法】
米国屈指の大投資家ウィリアム・オニールが開発した銘柄スクリーニング法「CAN-SLIM（キャンスリム）」は、過去40年間の大成長銘柄に共通する7つの要素を頭文字でとったもの。オニールの手法を実践して成功を収めた投資家は数多く、詳細を記した本書は全米で100万部を突破した。

ウィザードブックシリーズ 71
オニールの相場師養成講座
著者：ウィリアム・オニール

定価 本体2,800円＋税　ISBN:9784775970331

【進化するCAN-SLIM】
CAN-SLIMの威力を最大限に発揮させる5つの方法を伝授。00年に米国でネットバブルが崩壊したとき、オニールの手法は投資家の支持を失うどころか、逆に人気を高めた。その理由は全米投資家協会が「98～03年にCAN-SLIMが最も優れた成績を残した」と発表したことからも明らかだ。

ウィザードブックシリーズ 93
オニールの空売り練習帖
著者：ウィリアム・オニール、ギル・モラレス
定価 本体2,800円＋税　ISBN:9784775970577

氏いわく「売る能力もなく買うのは、攻撃だけで防御がないフットボールチームのようなものだ」。指値の設定からタイミングの決定まで、効果的な空売り戦略を明快にアドバイス。

[DVDブック] 大化けする成長株を発掘する方法
著者：鈴木一之　定価 本体3,800円＋税
DVD1枚 83分収録　ISBN:9784775961285

今も世界中の投資家から絶大な支持を得ているウィリアム・オニールの魅力を日本を代表する株式アナリストが紹介。日本株のスクリーニングにどう当てはめるかについても言及する。

ウィザードブックシリーズ 19
マーケットの魔術師
著者：ジャック・D・シュワッガー
定価 本体2,800円＋税
ISBN:9784939103407
オーディオブックも絶賛発売中!!

トレーダー・投資家は、そのとき、その成長過程で、さまざまな悩みや問題意識を抱えているもの。本書はその答えの糸口を「常に」提示してくれる「トレーダーのバイブル」だ。

ウィザードブックシリーズ 49
私は株で200万ドル儲けた
著者：ニコラス・ダーバス　訳者：長尾慎太郎、飯田恒夫
定価 本体2,200円＋税　ISBN:9784775970102

1960年の初版は、わずか8週間で20万部が売れたという伝説の書。絶望の淵に落とされた個人投資家が最終的に大成功を収めたのは、不屈の闘志と「ボックス理論」にあった。

マーケットの魔術師シリーズ

ウィザードブックシリーズ 19
マーケットの魔術師
著者：ジャック・D・シュワッガー
定価 本体 2,800円+税　ISBN:9784939103407

【いつ読んでも発見がある】
トレーダー・投資家は、そのとき、その成長過程で、さまざまな悩みや問題意識を抱えているもの。本書はその答えの糸口を「常に」提示してくれる「トレーダーのバイブル」だ。「本書を読まずして、投資をすることなかれ」とは世界的トレーダーたちが口をそろえて言う「投資業界の常識」だ！

ウィザードブックシリーズ 13
新マーケットの魔術師
著者：ジャック・D・シュワッガー
定価 本体 2,800円+税　ISBN:9784939103346

【世にこれほどすごいヤツらがいるのか!!】
株式、先物、為替、オプション、それぞれの市場で勝ち続けている魔術師たちが、成功の秘訣を語る。またトレード・投資の本質である「心理」をはじめ、勝者の条件について鋭い分析がなされている。関心のあるトレーダー・投資家から読み始めてかまわない。自分のスタイルづくりに役立ててほしい。

ウィザードブックシリーズ 14
マーケットの魔術師 株式編《増補版》
著者：ジャック・D・シュワッガー
定価 本体 2,800円+税　ISBN:9784775970232

投資家待望のシリーズ第三弾、フォローアップインタビューを加えて新登場!!　90年代の米株の上げ相場でとてつもないリターンをたたき出した新世代の「魔術師＝ウィザード」たち。彼らは、その後の下落局面でも、その称号にふさわしい成果を残しているのだろうか？

◎アート・コリンズ著 マーケットの魔術師シリーズ

ウィザードブックシリーズ 90
マーケットの魔術師 システムトレーダー編
著者：アート・コリンズ
定価 本体 2,800円+税　ISBN:9784775970522

システムトレードで市場に勝っている職人たちが明かす機械的売買のすべて。相場分析から発見した優位性を最大限に発揮するため、どのようなシステムを構築しているのだろうか？ 14人の傑出したトレーダーたちから、システムトレードに対する正しい姿勢を学ぼう！

ウィザードブックシリーズ 111
マーケットの魔術師 大損失編
著者：アート・コリンズ
定価 本体 2,800円+税　ISBN:9784775970775

スーパートレーダーたちはいかにして危機を脱したか？　局地的な損失はトレーダーならだれでも経験する不可避なもの。また人間のすることである以上、ミスはつきものだ。35人のスーパートレーダーたちは、窮地に立ったときどのように取り組み、対処したのだろうか？

トレーディングシステムで機械的売買!!

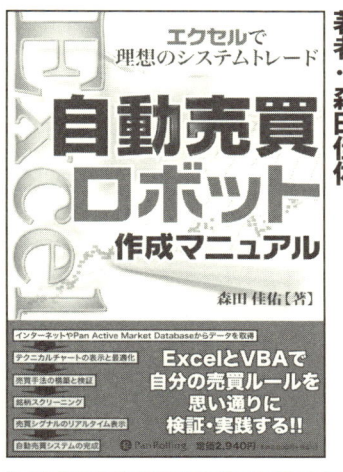

自動売買ロボット作成マニュアル
エクセルで理想のシステムトレード
著者：森田佳佑

定価 本体2,800円＋税　ISBN:9784775990391

【パソコンのエクセルでシステム売買】
エクセルには「VBA」というプログラミング言語が搭載されている。さまざまな作業を自動化したり、ソフトウェア自体に機能を追加したりできる強力なツールだ。このVBAを活用してデータ取得やチャート描画、戦略設計、検証、売買シグナルを自動化してしまおう、というのが本書の方針である。

売買システム入門
ウィザードブックシリーズ11
著者：トゥーシャー・シャンデ

定価 本体7,800円＋税　ISBN:9784939103315

【システム構築の基本的流れが分かる】
世界的に高名なシステム開発者であるトゥーシャー・シャンデ博士が「現実的」な売買システムを構築するための有効なアプローチを的確に指南。システムの検証方法、資金管理、陥りやすい問題点と対処法を具体的に解説する。基本概念から実際の運用まで網羅したシステム売買の教科書。

現代の錬金術師シリーズ
自動売買ロボット作成マニュアル初級編
エクセルでシステムトレードの第一歩
著者：森田佳佑
定価 本体2,000円＋税　ISBN:9784775990513

操作手順と確認問題を収録したCD-ROM付き。エクセル超初心者の投資家でも、売買システムの構築に有効なエクセルの操作方法と自動処理の方法がよく分かる!!

トレードステーション入門
やさしい売買プログラミング
著者：西村貴郁
定価 本体2,800円＋税　ISBN:9784775990452

売買ソフトの定番「トレードステーション」。そのプログラミング言語の基本と可能性を紹介。チャート分析も売買戦略のデータ検証・最適化も売買シグナル表示もできるようになる！

ウィザードブックシリーズ 54
究極のトレーディングガイド
全米一の投資システム分析家が明かす「儲かるシステム」
著者：ジョン・R・ヒル／ジョージ・プルート／ランディ・ヒル
定価 本体4,800円＋税　ISBN:9784775970157

売買システム分析の大家が、エリオット波動、値動きの各種パターン、資金管理といった、曖昧になりがちな理論を適切なルールで表現し、安定した売買システムにする方法を大公開！

ウィザードブックシリーズ 42
トレーディングシステム入門
仕掛ける前が勝負の分かれ目
著者：トーマス・ストリズマン
定価 本体5,800円＋税　ISBN:9784775970034

売買タイミングと資金管理の融合を売買システムで実現。システムを発展させるために有効な運用成績の評価ポイントと工夫のコツが惜しみなく著された画期的な書！

心の鍛錬はトレード成功への大きなカギ！

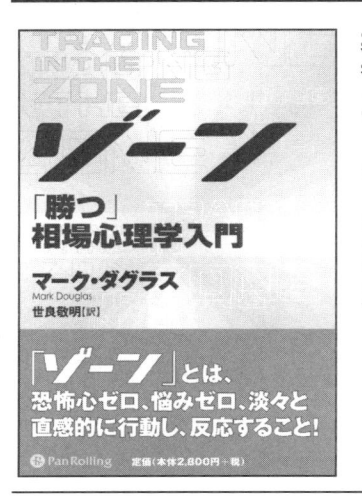

ウィザードブックシリーズ 32
ゾーン 相場心理学入門
著者：マーク・ダグラス
定価 本体 2,800円＋税　ISBN:9784939103575

【己を知れば百戦危うからず】
恐怖心ゼロ、悩みゼロで、結果は気にせず、淡々と直感的に行動し、反応し、ただその瞬間に「するだけ」の境地、つまり「ゾーン」に達した者こそが勝つ投資家になる！　さて、その方法とは？　世界中のトレード業界で一大センセーションを巻き起こした相場心理の名作が究極の相場心理を伝授する！

ウィザードブックシリーズ 114
規律とトレーダー　相場心理分析入門
著者：マーク・ダグラス
定価 本体 2,800円＋税　ISBN:9784775970805

【トレーダーとしての成功に不可欠】
「仏作って魂入れず」――どんなに努力して素晴らしい売買戦略をつくり上げても、心のあり方が「なっていなければ」成功は難しいだろう。つまり、心の世界をコントロールできるトレーダーこそ、相場の世界で勝者となれるのだ！　『ゾーン』愛読者の熱心なリクエストにお応えして急遽刊行！

ウィザードブックシリーズ 107
トレーダーの心理学
トレーディングコーチが伝授する達人への道
著者：アリ・キエフ
定価 本体 2,800円＋税　ISBN:9784775970737

高名な心理学者でもあるアリ・キエフ博士がトップトレーダーの心理的な法則と戦略を検証。トレーダーが自らの潜在能力を引き出し、目標を達成させるアプローチを紹介する。

ウィザードブックシリーズ 124
NLPトレーディング
投資心理を鍛える究極トレーニング
著者：エイドリアン・ラリス・トグライ
定価 本体 3,200円＋税　ISBN:9784775970904

NLPは「神経言語プログラミング」の略。この最先端の心理学を利用して勝者の思考術をモデル化し、トレーダーとして成功を極めるために必要な「自己管理能力」を高めようというのが本書の趣旨である。

ウィザードブックシリーズ 126
トレーダーの精神分析
自分を理解し、自分だけのエッジを見つけた者だけが成功できる
著者：ブレット・N・スティーンバーガー
定価 本体 2,800円＋税　ISBN:9784775970911

トレードとはパフォーマンスを競うスポーツのようなものである。トレーダーは自分の強み（エッジ）を見つけ、生かさなければならない。そのために求められるのが「強靭な精神力」なのだ。

相場で負けたときに読む本　～真理編～
著者：山口祐介
定価 本体 1,500円＋税　ISBN:9784775990469

なぜ勝者は「負けても」勝っているのか？　なぜ敗者は「勝っても」負けているのか？　10年以上勝ち続けてきた現役トレーダーが相場の"真理"を詩的に表現。

※投資心理といえば『投資苑』も必見!!

日本のウィザードが語る株式トレードの奥義

生涯現役の株式トレード技術
著者：優利加
定価 本体 2,800円＋税　ISBN:9784775990285

【ブルベア大賞2006-2007受賞!!】
生涯現役で有終の美を飾りたいと思うのであれば「自分の不動の型＝決まりごと」を作る必要がある。本書では、その「型」を具体化した「戦略＝銘柄の選び方」「戦術＝仕掛け・手仕舞いの型」「戦闘法＝建玉の仕方」をどのようにして決定するか、著者の経験に基づいて詳細に解説されている。

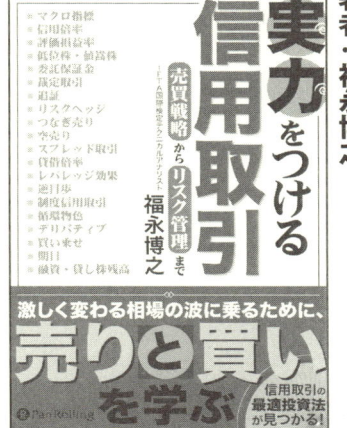

実力をつける信用取引
売買戦略からリスク管理まで
著者：福永博之
定価 本体 2,800円＋税　ISBN:9784775990445

【転ばぬ先の杖】
「あなたがビギナーから脱皮したいと考えている投資家なら、信用取引を上手く活用できるようになるべきでしょう」と、筆者は語る。投資手法の選択肢が広がるので、投資で勝つ確率が高くなるからだ。「正しい考え方」から「具体的テクニック」までが紹介された信用取引の実践に最適な参考書だ。

生涯現役の株式トレード技術
【生涯現役のための海図編】
著者：優利加
定価 本体 5,800円＋税　ISBN:9784775990612

数パーセントから5％（多くても10％ぐらい）の利益を、1週間から2週間以内に着実に取りながら"生涯現役"を貫き通す。そのためにすべきこと、決まっていますか？　そのためにすべきこと、わかりますか？

【DVD】生涯現役のトレード技術
【銘柄選択の型と検証法編】
講師：優利加　定価 本体 3,800円＋税
DVD1枚 95分収録 ISBN:9784775961582

ベストセラーの著者による、その要点確認とフォローアップを目的にしたセミナー。激変する相場環境に振り回されずに、生涯現役で生き残るにはどうすればよいのか？

【DVD】生涯現役の株式トレード技術 実践編
講師：優利加　定価 本体 38,000円＋税
DVD2枚組 356分収録　ISBN:9784775961421

著書では明かせなかった具体的な技術を大公開。4つの利（天、地、時、人）を活用した「相場の見方の型」と「スイングトレードのやり方の型」とは？　その全貌が明らかになる!!

【DVDブック】4つの組み合わせで株がよくわかる テクニカル分析MM法
著者：増田正美　定価 本体 3,800円＋税
DVD1枚 72分収録　ISBN:9784775961216

MM（マネー・メーキング）法は、ボリンジャーバンド、RSI、DMI、MACDの4つの指標で構成された銘柄選択＋売買法。DVDとテキストを活用して知識を効率的に蓄積させよう！

トレード業界に旋風を巻き起こしたウィザードブックシリーズ!!

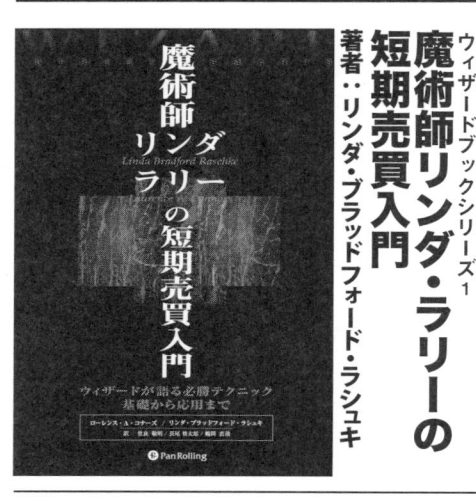

ウィザードブックシリーズ1
魔術師リンダ・ラリーの短期売買入門
著者:リンダ・ブラッドフォード・ラシュキ

定価 本体 28,000円+税　ISBN:9784939103032

【米国で短期売買のバイブルと絶賛】
日本初の実践的短期売買書として大きな話題を呼んだプロ必携の書。順バリ(トレンドフォロー)派の多くが悩まされる仕掛け時の「ダマシ」を逆手に取った手法(タートル・スープ戦略)をはじめ、システム化の困難な多くのパターンが、具体的な売買タイミングと併せて詳細に解説されている。

ウィザードブックシリーズ2
ラリー・ウィリアムズの短期売買法
著者:ラリー・ウィリアムズ

定価 本体 9,800円+税　ISBN:9784939103063

【トレードの大先達に学ぶ】
短期売買で安定的な収益を維持するために有効な普遍的な基礎が満載された画期的な書。著者のラリー・ウィリアムズは30年を超えるトレード経験を持ち、多くの個人トレーダーを自立へと導いてきたカリスマ。事実、本書に散りばめられたヒントを糧に成長したと語るトレーダーは多い。

ウィザードブックシリーズ 51・52
バーンスタインのデイトレード【入門・実践】
著者:ジェイク・バーンスタイン　定価(各)本体7,800円+税
ISBN:(各)9784775970126　9784775970133

「デイトレードでの成功に必要な資質が自分に備わっているのか?」「デイトレーダーとして人生を切り開くため、どうすべきか?」――本書はそうした疑問に答えてくれるだろう。

ウィザードブックシリーズ 130
バーンスタインのトレーダー入門
著者:ジェイク・バーンスタイン
定価 本体 5,800円+税
ISBN:9784775970966

ヘッジファンドマネジャー、プロのトレーダー、マネーマネジャーが公表してほしくなかった秘訣が満載!　30日間で経済的に自立したトレーダーになる!

ウィザードブックシリーズ 53
ターナーの短期売買入門
著者:トニ・ターナー
定価 本体 2,800円+税
ISBN:9784775970140

「短期売買って何?」という方におススメの入門書。明確なアドバイス、参考になるチャートが満載されており、分かりやすい説明で短期売買の長所と短所がよく理解できる。

ウィザードブックシリーズ 37
ゲイリー・スミスの短期売買入門
著者:ゲイリー・スミス
定価 本体 2,800円+税
ISBN:9784939103643

20年間、大勝ちできなかった「並以下」の個人トレーダーが15年間、勝ち続ける「100万ドル」トレーダーへと変身した理由とは?　個人トレーダーに知識と勇気をもたらす良書。

相場のプロたちからも高い評価を受ける矢口新の本！

実践 生き残りのディーリング
著者：矢口新

定価 本体 2,800円＋税　ISBN:9784775990490

【相場とは何かを追求した哲学書】
今回の『実践 生き残りのディーリング』は「株式についても具体的に言及してほしい」という多くの個人投資家たちの声が取り入れられた「最新版」。プロだけでなく、これから投資を始めようという投資家にとっても、自分自身の投資スタンスを見つめるよい機会となるだろう。

矢口新の相場力アップドリル【為替編】
著者：矢口新

定価 本体 1,500円＋税　ISBN:9784775990124

相場を動かす2つの要因、実需と仮需について徹底的に解説!!
「アメリカの連銀議長が金利上げを示唆したとします。このことをきっかけに相場はどう動くと思いますか？　さぁ、あなたの答えは？」——この質問に答えられるかで、その人の相場に関する基礎的な理解が分かる。本書を読み込んで相場力をUPさせよう。

矢口新のトレードセンス養成ドリル
著者：矢口新
定価 本体 1,500円＋税　ISBN:9784775990643

インターネットの本屋さん「マネーのまぐまぐ」に連載中の問題に、本書の核になる「TPAの視点」からという本書ならではの解説を追加編集。「価格変動の本質とは何か」や「価格の動きがもっとも大切なこと」など、さまざまな問題を解きながら、トレードセンスを向上させるための"ドリル"です。

矢口新の相場力アップドリル［株式編］
著者：矢口新
定価 本体 1,800円＋税　ISBN:9784775990131

相場の仕組みを明確に理解するうえで最も大事な「実需と仮需」。この株価変動の本質を54の設問を通して徹底的に理解する。本書で得た知識は、自分で材料を判断し、相場観を組み立て、実際に売買するときに役立つだろう。

マンガ 生き残りの株入門の入門 あなたは投資家？投機家？
原作：矢口新　作画：てらおかみちお
定価 本体 1,800円＋税　ISBN:9784775930274

タイトルの「入門の入門」は「いろはレベル」ということではない。最初から相場の本質を知るべきだという意味である。図からイメージすることで、矢口氏の相場哲学について、理解がさらに深まるはずだ。

心構えから具体例まで充実のオプション実践書

最新版 オプション売買の実践
著者：増田丞美
定価 本体 5,800 円＋税　ISBN:9784775990278

【プロが実際のトレードでポイントを解説】
瞬く間に実践者のバイブルとなった初版を最新のデータで改訂。すべてのノウハウが実例を基に説明されており、実践のコツが分かりやすくまとめられている。「チャートギャラリープロ」試用版CD-ROM付き。

最新版 オプション売買入門
著者：増田丞美
定価 本体 4,800円＋税　ISBN:9784775990261

【オプション売買は難しくない】
世界的なオプショントレーダーである著者が、実践に役立つ基礎知識、ノウハウ、リスク管理法をやさしく伝授。小難しい理論よりも「投資家」にとって大切な知識は別にあることを本書は明確に教えてくれる。

オプション売買学習ノート
頭を使って覚えるオプションの基礎知識 & 戦略
著者：増田丞美　定価 本体 2,800 円＋税
ISBN:9784775990384

「より勉強しやすいカタチ」を求めて生まれたオプション書初の参考書&問題集。身に付けた知識を実践で応用が利く知恵へと発展させる効率的な手段として本書を活用してほしい。

オプション売買の実践 <日経225編>
著者：増田丞美
定価 本体 5,800 円＋税　ISBN:9784775990377

日本最大のオプション市場である日経225オプション向きの売買戦略、そしてプロたちの手口を大公開。225市場の特色に即したアドバイス、勝ち残るための知恵が収められている。

オプション倶楽部の投資法
著者：増田丞美
定価 本体 19,800 円＋税　ISBN:9784775990308

増田丞美氏がスーパーバイザーを務める「オプション倶楽部」が会員だけに公開していた実際の取引を分かりやすく解説。オプション売買の"真髄"的な内容が満載された究極の書。

プロが教えるオプション売買の実践
著者：増田丞美
定価 2,800 円＋税　ISBN:9784775990414

オプション取引が「誤解」されやすいのは株式投資や先物取引とは質もルールも全く異なる「ゲーム」であると認識されていないから。ゲームが異なれば優位性も異なるのだ。

DVDブック 資産運用としてのオプション取引入門
著者：増田丞美　定価 本体 2,800 円＋税
DVD1 枚 122 分収録　ISBN:9784775961384

まずはDVDを一通り見てみよう。そしてテキストで学んだことを復習してほしい。投資家として知っておきたいオプションの本質と優位性が、初心者にも着実に理解できるだろう。

サヤ取りは世界三大利殖のひとつ！

為替サヤ取り入門
著者：小澤政太郎

定価 本体 2,800円＋税　ISBN:9784775990360

【為替で一挙両得のサヤ取り】
「FXキャリーヘッジトレード」とは外国為替レートの相関関係を利用して「スワップ金利差」だけでなく「レートのサヤ」も狙っていく「低リスク」の売買法だ!!　本書はその対象レートを選択する方法、具体的な仕掛けと仕切りのタイミング、リスク管理の重要性について解説している。

サヤ取り入門【増補版】
著者：羽根英樹

定価 本体 2,800円＋税　ISBN:9784775990483

あのロングセラーが増補版となってリニューアル!!　売りと買いを同時に仕掛ける「サヤ取り」。世界三大利殖のひとつ（他にサヤすべり取り・オプションの売り）と言われるほど独特の優位性があり、ヘッジファンドがごく普通に用いている手法だ。本書を読破した読者は、売買を何十回と重ねていくうちに、自分の得意技を身につけているはずだ。

マンガ サヤ取り入門の入門
著者：羽根英樹，高橋達央
定価 本体 1,800円＋税
ISBN:9784775930069
サヤグラフを表示できる「チャートギャラリープロ」試用版CD-ROMつき

個人投資家でも実行可能なサヤ取りのパターンを全くの初心者でも分かるようにマンガでやさしく解説。実践に必要な売買のコツや商品先物の基礎知識を楽しみながら学べる。

マンガ オプション売買入門の入門
著者：増田丞美，小川集
定価 本体 2,800円＋税　ISBN:9784775930076

オプションの実践的基礎知識だけでなく「いかにその知識を活用して利益にするか？」を目的にマンガで分かりやすく解説。そのためマンガと侮れない、かなり濃い内容となっている。

マンガ オプション売買入門の入門2［実践編］
著者：増田丞美，小川集
定価 本体 2,800円＋税　ISBN:9784775930328

マンガとしては異例のベストセラーとなった『入門の入門』の第2弾。基礎知識の理解を前提に、LEAPS、NOPS、日経225オプションなどの売買のコツが簡潔にまとめられている。

実践的ペアトレーディングの理論
著者：ガナパシ・ビディヤマーヒー
定価 本体 5,800円＋税　ISBN:9784775970768

変動の激しい株式市場でも安定したパフォーマンスを目指す方法として、多くのヘッジファンドマネジャーが採用している統計的サヤ取り「ペアトレーディング」の奥義を紹介。

本気の海外投資シリーズ

タイ株投資完全マニュアル 入門編【改訂版】
著者：石田和靖（協力：石田 和靖）
阿部 俊之

定価 本体 1,800 円＋税　ISBN:9784775990551

口座開設の話を全面改定＆タイの最新情報を追加など、タイ株投資の火付け役となった"前作"の内容を踏襲しつつリニューアル！
これからの国「タイ」は、大きく発展する可能性を秘めた魅惑の楽園。本書は、そんな「タイ」に投資するにはどうしたらいいのかを解説した"日本初"の本格的なマニュアル本です。「タイ」への投資は魅力が満載。まだ割安な今こそ、タイ投資を！

15万円からはじめる本気の海外投資完全マニュアル
著者：石田和靖

定価 本体 1,800 円＋税　ISBN:9784775990209

これからは、「これからの国」へ投資も視野に！
かつての日本のように"高成長している"新興諸国を投資セクターとしたファンドに投資して中長期的に資産を増やそうと提案している本書。「日本人にとって身近な金融センター（＝香港）を拠点にしよう」など、著者の経験に基づきながら、海外投資初心者でも無理なく第一歩を踏み出せるように海外投資を紹介。

アメリカ株投資完全マニュアル [基礎知識＆口座開設編]
著者：麻生 稔

定価 本体 1,800 円＋税　ISBN:9784775990407

さぁ、アメリカ株でデイトレード！
本書では、アメリカ株で生き残ってきた著者が「アメリカ株で生き残るための方法」を紹介。具体的に言うと、プロと遜色ない手法（＝テクニカル分析）を選択し、デイトレードで取引しようと勧めている（なぜデイトレードなのかは本書にて）。

目次
・第1章　アメリカ株投資の基礎知識
・第2章　アメリカ株で生き残るための「基礎知識」
・第3章　アメリカ株で生き残るための「口座開設（基本情報とその手順）」
・第4章　アメリカ株でできる各種取引について
・第5章　麻生流　アメリカ株で生き残るためのルール

満員電車でも聞ける！オーディオブックシリーズ

本を読みたいけど時間がない。
効率的かつ気軽に勉強をしたい。
そんなあなたのための耳で聞く本。
それがオーディオブック!!

パソコンをお持ちの方は Windows Media Player、iTunes、Realplayer で簡単に聴取できます。また、iPod などの MP3 プレーヤーでも聴取可能です。

オーディオブックシリーズ 12　規律とトレーダー　相場心理分析入門
著者：マーク・ダグラス

定価 本体 3,800 円＋税 （ダウンロード価格）
MP3 約 440 分 16 ファイル 倍速版付き

ある程度の知識と技量を身に着けたトレーダーにとって、能力を最大限に発揮するため重要なもの。それが「精神力」だ。相場心理学の名著を「瞑想」しながら熟読してほしい。

オーディオブックシリーズ 11　バフェットからの手紙
著者：L・A・カニンガム

定価 本体 4,800 円＋税 （ダウンロード価格）
MP3 約 707 分 26 ファイル 倍速版付き

バフェット「直筆」の株主向け年次報告書を分析。世界的大投資家の哲学を知る。オーディオブックだから通勤・通学中でもジムで運動していても「読む」ことが可能だ!!

オーディオブックシリーズ 1
先物の世界 相場の張り方

相場は徹底的な自己管理の世界。自ら「過酷な体験」をした著者の言葉は身に染みることだろう。

オーディオブックシリーズ 2
格言で学ぶ相場の哲学

先人の残した格言は、これからを生きる投資家たちに常に発見と反省と成長をもたらすはずだ。

オーディオブックシリーズ 5
生き残りのディーリング決定版

相場で生き残るための100の知恵。通勤電車が日々の投資活動を振り返る絶好の空間となる。

オーディオブックシリーズ 8
相場で負けたときに読む本～真理編～

敗者が「敗者」になり、勝者が「勝者」になるのは必然的な理由がある。相場の"真理"を詩的に紹介。

ダウンロードで手軽に購入できます!!

パンローリングHP　http://www.panrolling.com/
（「パン発行書籍・DVD」のページをご覧ください）

電子書籍サイト「でじじ」　http://www.digigi.jp

■CDでも販売しております。詳しくは上記HPで――

Pan Rolling オーディオブックシリーズ

相場で負けたときに読む本 真理編・実践編

山口祐介　パンローリング
[真] 約160分 [実] 約200分
各 1,575円 (税込)

売り上げ 1位

負けたトレーダー破綻するのではない。負けたときの対応の悪いトレーダーが破綻するのだ。敗者は何故負けてしまうのか。勝者はどうして勝てるのか。10年以上勝ち続けてきた現役トレーダーが相場の"真理"を詩的に紹介。

生き残りのディーリング 投資で生活したい人への100のアドバイス 決定版

矢口新　パンローリング
約510分　2,940円 (税込)

売り上げ 2位

——投資で生活したい人への100のアドバイス——
現役ディーラーの座右の書として多くのディーリングルームに置かれている名著を全面的に見直しし個人投資家にもわかりやすい工夫をほどこして、新版として登場。現役ディーラーの座右の書。

その他の売れ筋

マーケットの魔術師

ジャック・D・シュワッガー
パンローリング　約1075分
各章 2,800円 (税込)

——米トップトレーダーが語る成功の秘訣——
世界中から絶賛されたあの名著がオーディオブックで登場！

マーケットの魔術師 大損失編

アート・コリンズ, 鈴木敏昭
パンローリング　約610分
DL版 5,040円 (税込)
CD-R版 6,090円 (税込)

「一体、どうしたらいいんだ」と、夜眠れぬ経験や神頼みをしたことのあるすべての人にとって必読書である！

規律とトレーダー

マーク・ダグラス, 関本博英
パンローリング　約440分
DL版 3,990円 (税込)
CD-R版 5,040円 (税込)

常識を捨てろ！
手法や戦略よりも規律と心を磨け！
ロングセラー『ゾーン』の著者の名著がついにオーディオ化!!

NLPトレーディング

エイドリアン・ラリス・トグラ
パンローリング約590分
DL版 3,990円 (税込)
CD-R版 5,040円 (税込)

トレーダーとして成功を極めるため必要なもの……それは「自己管理能力」である。

私はこうして投資を学んだ

増田丞美
パンローリング　約450分
DL版 3,990円 (税込)
CD-R版 5,040円 (税込)

10年後に読んでも20年後に読んでも色褪せることのない一生使える内容です。実際に投資で利益を上げている著者が今現在、実際に利益を上げている考え方＆手法を大胆にも公開！

マーケットの魔術師 ～日出る国の勝者たち～ Vo.01

塩坂洋一, 清水昭男
パンローリング　約100分
DL版 840円(税込)
CD-R版 1,260円 (税込)

勝ち組のディーリング

トレード選手権で優勝し、国内外の相場師たちの交流を経て、プロの投機家として活躍している塩坂氏。「商品市場の勝ちパターン、個人投資家の強味、必要な分だけ勝つ」こととは！？

マーケットの魔術師～日出る国の勝者たち～ 続々発売中!!

Vo.02
FX戦略：キャリートレード 次に来るもの
松田哲, 清水昭男
パンローリング 約98分

Vo.03
理論の具体化と執行の完璧さで、最高のパフォーマンス築け!!!!
西村貴郁, 清水昭男
パンローリング 約103分

Vo.04
新興国市場——残された投資の王道
石田和靖, 清水昭男
パンローリング 約91分

Vo.05
投資の多様化で安定収益／銀座ロジックの投資術
浅川夏樹, 清水昭男
パンローリング 約98分

Vo.06
ヘッジファンドの奥の手拝見／その実態と戦略
青木俊郎, 清水昭男
パンローリング 約98分

Vo.07
FX取引の確実性を摑み取れ／スワップ収益のインテリジェンス
空隼人, 清水昭男
パンローリング 約100分

Chart Gallery 4.0 for Windows

パンローリング相場アプリケーション
チャートギャラリー
Established Methods for Every Speculation

最強の投資環境

成績検証機能が加わって 新発売！

検索条件の成績検証機能 [New] [Expert]

指定した検索条件で売買した場合にどれくらいの利益が上がるか、全銘柄に対して成績を検証します。検索条件をそのまま検証できるので、よい売買法を思い付いたらその場でテスト、機能するものはそのまま毎日検索、というように作業にむだがありません。

表計算ソフトや面倒なプログラミングは不要です。マウスと数字キーだけであなただけの売買システムを作れます。利益額や合計だけでなく、最大引かされ幅や損益曲線なども表示するので、アイデアが長い間安定して使えそうかを見積もれます。

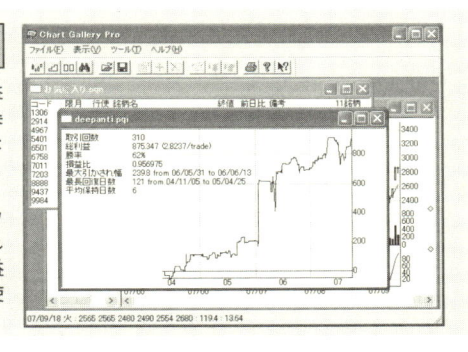

チャートギャラリープロに成績検証機能が加わって、無敵の投資環境がついに誕生!!
投資専門書の出版社として8年、数多くの売買法に触れてきた成果が凝縮されました。
いつ仕掛け、いつ手仕舞うべきかを客観的に評価し、きれいで速いチャート表示があなたのアイデアを形にします。

●価格（税込）
チャートギャラリー 4.0
エキスパート **147,000 円** ／ プロ **84,000 円** ／ スタンダード **29,400 円**

●アップグレード価格（税込）
以前のチャートギャラリーをお持ちのお客様は、ご優待価格で最新版へ切り替えられます。
お持ちの製品がご不明なお客様はご遠慮なくお問い合わせください。

プロ 2、プロ 3、プロ 4 からエキスパート 4 へ	105,000 円
2、3 からエキスパート 4 へ	126,000 円
プロ 2、プロ 3 からプロ 4 へ	42,000 円
2、3 からプロ 4 へ	63,000 円
2、3 からスタンダード 4 へ	10,500 円

ここでしか入手できないモノがある

Pan Rolling

相場データ・投資ノウハウ
実践資料…etc

今すぐトレーダーズショップに
アクセスしてみよう！

1 インターネットに接続して http://www.tradersshop.com/ にアクセスします。インターネットだから、24時間どこからでもOKです。

2 トップページが表示されます。画面の左側に便利な検索機能があります。タイトルはもちろん、キーワードや商品番号など、探している商品の手がかりがあれば、簡単に見つけることができます。

3 ほしい商品が見つかったら、お買い物かごに入れます。お買い物かごにほしい品物をすべて入れ終わったら、一覧表の下にあるお会計を押します。

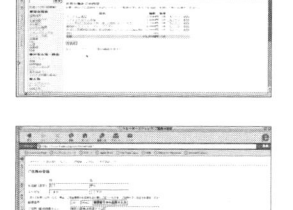

4 はじめてのお客さまは、配達先等を入力します。お支払い方法を入力して内容を確認後、ご注文を送信を押して完了（次回以降の注文はもっとカンタン。最短2クリックで注文が完了します）。送料はご注文1回につき、何点でも全国一律250円です（1回の注文が2800円以上なら無料！）。また、代引手数料も無料となっています。

5 あとは宅配便にて、あなたのお手元に商品が届きます。
そのほかにもトレーダーズショップには、投資業界の有名人による「私のオススメの一冊」コーナーや読者による書評など、投資に役立つ情報が満載です。さらに、投資に役立つ楽しいメールマガジンも無料で登録できます。ごゆっくりお楽しみください。

Traders Shop

http://www.tradersshop.com/

投資に役立つメールマガジンも無料で登録できます。 http://www.tradersshop.com/back/mailmag/

パンローリング株式会社　〒160-0023 東京都新宿区西新宿7-9-18-6F
Tel：03-5386-7391　Fax：03-5386-7393
http://www.panrolling.com/
E-Mail info@panrolling.com

お問い合わせは

携帯版